物語 ギリシャ哲学史 II

ソクラテスからプロティノスまで

ルチャーノ・デ・クレシェンツォ◉谷口 伊兵衛＝訳

アポロン（太陽神）に尋ねてみた――

「私は何をなすべきでしょうか」と。

するとアポロン答えて曰く――

「笑え、そして大衆を啓発せよ（RIDI E FAI FOLLA GROSSA E COLTA）」。

すぐには分からなかったが、
後でこの字謎《アナグラム》を見破ることに成功し、表われいでたるは――

『物語ギリシャ哲学史（STORIA DELLA FILOSOFIA GRECA）』。

一九八六年九月一一日、デルフォイにて

STORIA DELLA FILOSOFIA GRECA Vol. 2
by Luciano De Crescenzo

First published by Mondadori Editore, 1986
Japanese language translation rights arranged with
Luciano De Crescenzo c/o Grandi & Associati, Milani
through Tuttle-Mori Agency, Inc., Tokyo

目次

凡　例

1　邦訳には Luciano De Crescenzo, *Storia della Filosofia Greca. Da Socrate in poi* (Milano : Arnoldo Mondadori Editore, 1986, 1987[6]) を底本とした。

2　Linde Birk の独語訳 (Zürich : Diogenes Verlag, 1988), Jorge Binaghi の西語訳 (Barcelona : Editorial Seix Barral, 1987), Louis Mézeray の仏語訳 (Paris : Julliard, 1989) をも参照した。

3　原書中、引用指示の不正確な個所は、訳者の調査により、訂正ないし削除した。

4　引用文中、既訳のある分は最大限に活用させていただいた (文体を変えた個所もある)。

5　訳注は〔　〕の中に二段組小活字で挿入した ([　] は原書中にあるもの、その他の〔　〕は、訳者による補足個所である)。

装幀・大石一雄

物語　ギリシャ哲学史　II

――ソクラテスからプロティノスまで――

第1章　ソクラテス

ソクラテスに好意を寄せずにおれる人はあるまい。彼は思いやりがあり、粘り強く、聡明で、皮肉屋で、寛大であると同時に、不屈さも兼ね備えていた。こういうタイプの人間が地上に現れることはときどきあるものだ——われわれみんなを少なからず変えてしまった人たちが。いわんとしているのは、イエス・キリストとか、ガンディー、仏陀、老子とか、アッシジのフランチェスコのことである。

だが一つの点でソクラテスはこれらの人たちとは違っているのであり、それは彼の行動がまったくの普通人と変わりないということだ。現に、今しがた列挙した偉人たちにあっては、彼らをかくも桁外れの卓越に至らせたのには称賛も多少はたらいていたのではという疑いがつきまとうものだが、ソクラテスに関してはそんなためらいは微塵もない。このアテナイの哲学者はごく平凡な人物だったのであり、贖罪《しょくざい》をもくろむことはしなかったし、弟子の群れを従えようと望んだりもしなかった。彼について一つだけ触れておくと、予言者たちにはまったく見慣れぬ習慣、つまり、ほうぼうの宴会に顔を出し、酒を飲み、機会があれば遊女《ヘタイラ》と同衾《どうきん》するという習慣さえあったのである。

何らの書き物をも残さなかったため、ソクラテスは哲学史家にとっていつも問題になってきた。いったい、彼は誰だったのか。その思想はどういうものだったのか。われわれが手にしている唯一の直接の資料は、クセノフォンの証言、プラトンの証言と、アリストテレスが〝伝聞〟で伝えている若干のコメントだけなのだ。しかも、クセノフォンが残してくれたソクラテスの人物描写《ポートレート》はプラトンのそれとはまっく違っているし、両者が符合している場合は、前者が後者を敷き写したからなのだ。他方アリストテレスについてはどうかといえば、彼の客観性に疑念が挿しはさまれてもいたし方ない。

クセノフォンは、ここだけの話だが、哲学の才能に輝く人物ではなかった。せいぜいのところ、格好のよい将軍や、有用な回想録作者といえる程度だ。少年の頃から、アテナイの甘い生活《ドルチェ・ヴィータ》に浸かり、宴会、レスリング、体操競技等に通っていたが、とうとうある日のこと、路地でソクラテスに出会った。この哲学者は持っていたステッキで通せん坊をし、彼の目を見つめて尋ねた——

「魚はどこで売られているか知ってるかい。」

「もちろん。市場だよ。」

「じゃ、人びとが君子になる場所を知ってるかい。」

「知らないよ。」

「それじゃ、ついて来なさい。教えてやるから。(1)」

だから、クセノフォンがソクラテスの散歩にその先ついて行ったといっても、それは知恵への愛からというよりも、友人たちの前で偉ぶるためだったのだ。

しかし二年後、たぶん面倒な議論にうんざりしたからなのだろうが、たまたま出くわした最初の戦争に志願した。スパルタ王アゲシラオスの息子キュロスの宮廷をはじめ、師匠が足を踏み入れたこともないような数多くの場所に出入りした。全生涯を戦闘と小競り合いのうちに過ごし、ほとんどいつも異国の軍隊の兵士として戦った。

彼がソクラテスについて語るときには、あたかも自分が国選弁護人でもあるかのごとき態度を取っている。すなわち訴訟の後で彼の名誉を回復させようとつとめ、彼を誠実で、信心深く、官憲に従順な人物として描述している。

クセノフォンの行った人物描写が多少儀礼的であるとすれば、プラトン（優れて創造性豊かな天才）によるそれは、過度なまでに正反対のことを行っている。換言すると、『対話篇』をいろいろ読むとき、人はプラトンの主人公がはたしてソクラテスの思想を表明しているのか、それともむしろ彼の作者の考えを表明しているのではないか、と自問せざるを得なくなる。事態がこのありさまだから、私としては、自分の知っている限りを物語り、読者各位が個人的見解を形成していただくようにするほかはない。

容姿の上では、ソクラテスは五〇年代のフランスの役者ミシェル・シモン（一八九五〜一九七五）に似ており、映画『検察側の証人』（一九五八年）におけるチャールズ・ロートン（一八九九〜一九六二）みたいに動いていた。生まれたのは、西暦紀元前四六九年、場所はアテネから徒歩で三〇分の、リュカベットス（リカビトス）丘に位置する市外行政区《デーモス》アロペケである。占星術ファンのためにいっておくと、彼は山羊座だったらしい。それというのも、一月の初頭に生まれたからだ。

彼の家族は中産市民階級のゼウギタイ（「牛の引き具を所有する者」の意。アテナイで重きをなしていたうちで最下級の第三階級）に属していた。父親ソフロニスコスは彫刻師か、または郊外の石屋だったらしく、母親ファイナレテは産婆だった。[2]

ソクラテスの幼年時代については、実際上、何も分かってはいないし、正直なところ、子供の彼を想像するのはいささか難しい。いずれにせよ、かなり裕福な家庭に生まれた以上、彼はアテナイのすべての若者たち同様、普通の学校教育を受けたと考えられるし、十八歳のときには軍役に就き、二十歳に達して必要な装備を買い入れてから、重装歩兵《ホプリテス》〔鎧甲を身につけ、盾、剣、槍を有する完全武装の兵士〕となったと想像される。

少年時代には、彫刻家の父親のアトリエで手伝いをしたらしいが、ある日のこと、クリトンが「彼の才気喚発ぶりに魅きつけられ[3]」、知への愛に手ほどきするために彼を連れ去った。ディオゲネス・ラエルティオスがその『ギリシャ哲学者列伝』の中で語っているところでは、ソクラテスの師匠にはアナクサゴラス、ダモン、アルケラオスがいたとのことであり、しかも彼はアルケラオスの好き人──より正確にいえば、エロメノス──とも呼ばれた[4]（当時、男色関係において、年上の愛人はエラステス、また年下の愛人はエロメノスと呼ばれていた）。

ところで、われを忘れてソクラテスをゲイの一人と見なす前に、始めから誤解を一掃しておくために、ギリシャ哲学者たちにおける男色について一言述べておきたい。同性愛は当時ごく普通だったから、これが〝ギリシャ的愛〟として歴史の中に登場したのも理由がなかったわけではないのだ。プルタルコスのごときは、それを〝教育的男色〟と呼んだ[5]。

いずれにせよ、それは決して醜聞の対象ではなかったのであって、現に、シラクーザの僭主《せんしゅ》ヒエロンは、若きダイロコスに惚れ込んだときに、ごく簡単にそのことをこう表明している──「美しいものが余の気に召すのは当たり前だ[6]」と。この場合、〃美しい〃ものが少年であれ、男であれ、女であれ、そんなことは取るに足りぬささいなことに過ぎなかった。

同性愛者たちの状況は、キリスト教の出現とともに厄介なものとなり始める。すなわち、新しいモラルが導入されてからは、性はただ生殖の手段としてのみ許されるだけで、他のいかなる種類の性関係も罪で汚されたものと見なされてきたのであり、その結果として、迫害や偏見が今日まで広く行きわたり、はびこっている。

後年、ソクラテスはこの種の恋愛関係をほかにもいろいろと体験したが、そのうちでも有名なのは、アルキビアデスとの関係である。アリスティッポス[7]が著書『古代人の情欲について』第四巻の中で述べていることとは反対に、ソクラテスがこの弟子に惚れ込んだのではなくて、むしろ後者が師匠に惚れ込んだのだった。そのことは、『饗宴』の驚くべき一節からもはっきりと浮かび出てくるとおりである。この席で、ぶどう酒が多少回ってきた若きアルキビアデスが、ソクラテスへのすてばちの愛を告白する——

「……実際、この人の話を聞くごとに、それによって、狂躁的なコリュバスたち〔小アジアのフリュギアに由来する女神キュベレに仕える神官たち。笛や太鼓を鳴らしての狂躁的な音楽と猥雑狂乱の舞踏によって、神憑りの陶酔的状態に陥ったという〕よりもはるかに激しくぼくの心臓は動悸を打つ……のだ[8]。」

「さて諸君、ぼくは一対一で会ったのだ。そして、ぼくは思った。恋をしている者がその恋人と二人だけで差し向かいになると話し合うようなことを、この人もすぐに話し合うだろうとね。そう思ってぼくは悦んだ。ところがそうしたことは全然起こらなかった。かえっていつもと同じ調子でぼくと話し合い、共に一日を過ごした上で、去って行くのが常だった。

その後、いっしょにからだを鍛えようと誘っていっしょにやったものだ。何らかそこでかたをつけようと思ってね。そういうわけで、誰もいないところでよくこの人はぼくといっしょにからだを鍛えて組み打ちをしたものだ。そして、このあと何をいう必要があるというのか。つまり、何一つ得るところはなかったのだから。ところで、このような仕方ではぜんぜん成果が挙がらなかったので、ぼくは思った――この人にはしゃにむに突進しなければならないのだ。それにまた、何といってもすでに手がけてしまったことだから、それから手を引いてはならないし、むしろ今となっては、事の何たるかを見届けなければならないぞ、と。

そこで、ぼくはいっしょに食事しようとこの人を誘った。まさに、恋をしている者がその恋人に策を弄するあの手口そのままである。そして、このこともすぐには聞き入れてくれなかったが、それでもしばらくしてぼくのいうことに従った。しかし最初来たときは、食事を終えるとこの人は帰りたいといった。で、そのときは、ぼくも恥ずかしかったので、帰ってもらったのだ。ところがぼくは再び策を弄して、食事を済ましたあと、夜中までずっと話し合い、そしてこの人が帰ろうとしたとき、時間の遅いことを口実にして、むりやり泊まらせた。そこで、この人はぼくと隣合せの、この人が食事のとき使った寝椅子でやすんだ。しかもその部屋には、ぼくらのほかには誰も寝なかったのだ……。」(9)

ソクラテスは五十歳近くになってからクサンティッペと結婚したが、これは、彼が妻を欲したというよりも息子が欲しかったかららしい。そのときまでは、彼はいつも結婚を避けてきたし、また、結婚すべきか否かと助言を求められると、決まってこう答えるのを常としていた――「好きなようにしなさい。してもしなくても後悔するだろうから[10]」。

どぎつい性格の女性クサンティッペは、口やかましくて独占欲の強い妻の典型として歴史に残っているし、彼女は俗間の知名度ではソクラテス以上のようにさえ思える。一九三〇年代には、日刊紙「コッリエーレ・デッラ・セーラ」の児童用付録「コッリエーレ・ディ・ピッコリ」が毎週次のような同じ四行詩で始まる続き漫画を彼女に献げていた――
Tutti sanno che Santippe
matta andava per le trippe.
Trippe a pranzo, trippe a cena,
Dio per Socrate che pena!
周知のとおり、クサンティッペは
臓物料理《トリップ》に熱中していた。
明けても暮れても臓物料理、
哀れソクラテスこそ災難だ。
ソクラテスとクサンティッペとの関係については、いつもいささか話に尾ひれがつけられてきた。二人の関係はきっと、人が想像する以上にはるかに正常なものだったに違いない。クサンティッペは多くのおかみさんと同じように、現実感覚にたけ、日常生活の諸問題にあえぐ主婦だったのであり、一人（または三人）の子供を養育しなければならなかったし、しかも亭主は、母親から受け継いだ僅かな遺産を除いては、一文も家へ持ち帰らなかったのだ。

皮肉っぽいが、お人よしの彼は妻を愛しており、ひたすら彼女の我儘を通させていた。クサンティッペをもっとも立腹させたのは、夫がほとんど一言もしゃべってくれないということだった。アテナイの広場では友人たちとあんなによくしゃべる彼が、家では全然口を利かなかったのだ。ディオゲネス・ラエルティオスの語るところでは、クサンティッペがある日夫婦げんかで激昂のあまり、ソクラテスにバケツ一杯分の水をぶっかけた。すると彼はこういっただけだった――「遅かれ早かれ、クサンティッペの雷鳴《かみなり》が雨に変わることは分かっていたんだ」(11)。

ある日アルキビアデスが彼に尋ねた――「どうして彼女に我慢してばかりいるのですか」。すると彼は答えて、「こういう女と一緒に生活するのは、暴れ馬を仕込むのと同じくらい役立つことがあるものだ。その後では、広場《アゴラ》で同類の者に出くわすときのよい準備となるからね」(12)。「しかも、ぼくはもうすっかり慣れっこになっているよ。滑車がガラガラ鳴り続けているのを聞いているようなものだね」(13)。

アリストテレスが述べているところによれば、ソクラテスには第二の妻もいたとのことだ。これはほかでもない、〝義人〟アリスティデスの娘、ミュルトなる者だった(14)。プルタルコスによれば、ソクラテスが二重婚をしたのは、好意からにほかならないという。それというのも、ミュルトはアリスティデスの近親だったけれども、極度の窮乏に陥っていたからだ(15)。

ほかの説によると、これはソクラテスが酔っ払ったある晩、家に連れてこられて、内縁関係ができたものだという。ミュルトが妻だったにせよ、愛妾だったにせよ、彼女は二人の息子ソフロニスコスとメネクセノスを生んだのであり、これにより、ソクラテスはクサンティッペとの間にもうけた長男ランプロクレスと併せて三人の子供を子孫として残したわけだ。

こういうことは大して驚くに値しないのであって、なにしろアテナイの政府は生粋のアテナイ市民

の数を増やすために、市民たちに幾人もの女性と子供をつくることを奨励していたのである。(16)

ソクラテス－クサンティッペ－ミュルトの三角関係については、ブルネット・ラティーニの著書(17)の中に面白い挿話が出ている。この著者は参考までに触れておくと、ダンテが地獄の第六の圏——男色家たちの圏——の中に入れているかの有名な「セル・ブルネット」（「地獄篇」第十五歌三〇および三二行）のことである。次に掲げる引用は歴史的根拠は皆無だが、ソクラテスとクサンティッペの夫婦関係が中世ではどう見られていたかを知らせてくれる。

「ソクラテスは当時は非常な大哲学者だった。それに、大変な醜男《ぶおとこ》であったのであって、ひどく背が低く、顔は毛深く、鼻の穴は大きくて反り返っており、頭は禿のうえにへこんでおり、首と肩も毛深く、脚は細くて湾曲していた。二人の妻をかかえ込んでいて、彼女らはしばしば口論したりつかみ合いの喧嘩をしたりしていた。夫が今日は一方に好意を示したかと思うと、翌日は他方に心を移すといううぐあいだったからだ。そして、彼のほうは彼女らがけんかの最中に出くわすと、けしかけて髪の毛を引きちぎり合ったり、平手打ちを食わせ合ったりさせて、こんなに不正直な男のために争い合っているのを面白がるのだった。それからとうとうある日のこと、彼女らが髪の毛を引き抜き合うのをからかっていると、突如彼女らは仲直りをして、今度は一緒になって彼のほうに襲いかかり、彼をやり込め、彼の髪の毛をひどく引き抜いたものだから、残っていた僅かな頭髪が一本もなくなってしまった。」

戦争に話を移すと、ソクラテスは立派な兵士、いな、立派な水兵だったといってよい。西暦紀元前四三二年に、彼は二千人を超えるアテナイ人とともに乗船し、北ギリシャの小都市ポティダイアを征圧のために派遣された。この都市はアテナイの宗主権に反抗していたのである。ころはペロポネソス戦争〔前四三一～前四〇四にかけて、アテナイのデロス同盟とスパルタのペロポネソス同盟との間で争われ、アテナイ側の敗北で終わった〕の最中だった。アテナイ人たちは、この反抗がトラキア全域に広がるのを怖れて、この地域に討伐部隊を送らざるを得なかったのである。

まさしくこの折に、ソクラテスは若きアルキビアデス〔（前四五〇頃～前四〇四頃）アテナイの将軍。ソクラテスの弟子となる〕の生命《いのち》を救って最初の軍功章を獲得する。すなわち、彼はアルキビアデスが戦場に負傷して倒れているのを見て、背負い、敵陣を横切って安全な所へ移したのだった。

けれども、この哲学者の勇気以上にわれわれを驚かすのは、戦争の困苦に対しての彼のまったくの無関心ぶりである。これについては、アルキビアデス自ら『饗宴』の中でこう語っている。

「ぼくらにはともどもポティダイア出征のことが起こり、かの地で親しい戦友として食事を共にすることになった。そこでまず第一に、困苦に対してであるが、この人はぼくだけでなく、ほかのすべての者にたちまさっていた。出陣のさなかよくあるように、われわれがどこかで孤立させられ、糧食を欠くことを余儀なくされたときには、ほかの連中は辛抱強さの点でからきしだめであった。

またそれとは反対に、大御馳走のあるときにも、この人だけはそれを堪能《たんのう》することができた。どんなものでもそうだが、ことに飲むことにおいて著しく、欲しくなくても強いられれば、いつも皆より強かった。そしてこれは何よりも驚くべきことだが、ソクラテスの酔っ払っているのをいまだかつて誰一人見た者はないのだ。ところでこのことについてはすぐとまた証拠が現われるだろうと思う。さらには冬の寒さに耐える強さという点であるが――というのは、その地の冬はたいへんなものだからだが――、この人は、ほかにもいろいろと驚嘆に値する振舞いをしたが、ことにあるとき、世にもすさまじい寒気が襲来して、誰も屋内から外に出ないが、出る者があれば、皆ほんとうにびっくりするほどたくさんのものを身にまとい、フェルトや羊の毛皮を靴にしてその中に足をくるみ込む始末だったが、この人はこういう状態の中で、あの以前いつも着ていたような外套を着て外に出、しかも氷の上を裸足で、靴を履いたほかの連中よりもやすやすと歩いたのだ。しかし兵士たちは、この人が自分たちを馬鹿にしているのだと思って、白い眼で見るのだった。（中略）

またあるときには、彼は思索に思いを集中して、朝早くから同じ所に立ち続けていた。そしてその考えごとがはかどらないので、投げ出さずになおも探求し続けて立っていた。そして時間はもう午《ひる》になってしまった。兵士らは彼がそうしているのを知って、みな訝《いぶか》りながら、『ソクラテスが朝早くから何か想いをめぐらして立ち続けている』と互いに語り合った。ついに、イオニアの兵隊の中のある連中が、夕方になっていたので食事を済ましてから――そのときは夏のことでもあったので――蓙蒲団を持ち出して涼しさの中で寝ながら、同時にまたこの人を、はたして一晩中立ち続けるのかどうかと見張っていた。ところが、暁がやって来て太陽が昇るまでこの人は立っていたのだ。」(18)

アルキビアデスのこの話から察するに、ソクラテスはシャーマンかインドの哲人みたいに、強硬症《カタレプシー》に陥ることができたらしい。確かなことは、この人物が現代人には習い性となっている安楽な生活にまったく超然としていたということだ。彼のふだん着は天候に関係なく、キトンと呼ばれる短いチュニックで、ときたまにトリボン（マント）のこともあった。これを彼は右肩の上から（ἐπὶ δεξιά）肌に直接はおっていた。

サンダルとかウールのセータは論外だ。また、贅沢品にはからっきし関心がなかった。ある日、彼はアテナイのとある店の前に立ちどまり、たくさんの陳列品を眺めて驚きの叫びをあげた――「ぼくには何と多くのものが無用なことか[19]」と。

ポティダイア攻囲の八年後、彼はボイオティア人と戦うことになる。戦闘はすぐさまアテナイ側に不利となり、自軍は出会い頭に打ち負かされ、蹴散らされてしまう。ソクラテスやアルキビアデスも退却を余儀なくされた。

「ぼくは騎馬で、この人は徒歩の重武装で従軍していたのだ」とアルキビアデスは語っている。「……ここでは、ポティダイアよりももっとよくソクラテスを観察できたのだ。（中略）〝大威張りの水禽《みずどり》よろしく濶歩して、横目をやりながら〟〔アリストファネス『雲』三六二行〕あたりの敵味方を落ちついて見まわし、兵士らの間を進んで行ったのだ。もしこの人に誰か手を出そうものなら、この人から手ひどい抵抗を受けるだろうということは、誰の目にも、それも非常に遠くからでさえ、一目瞭然という姿だった。[20]」

四十七歳のとき、彼はまたも軍隊に召集され、アンフィポリス遠征に加わった。このときも彼は軍人としての義務を果たしている。不思議なことには、西暦紀元前五世紀のガンディー〔マハトマ・ガンディー（一八六九～一九四八）。インド独立運動のリーダー〕ともいうべき非暴力主義者としてのあらゆる素質を備えた人物が、ひとたび戦場に出るや、えり抜きの兵士と化したのである。実をいうと、ソクラテスは祖国や国権に関しては、改革家的な考え方をしていたとはいえ、いつも法律を遵守する一市民だったのだ。以下の二つの挿話から、彼の道徳的信念がどういうものだったかを理解できよう。

　三十人僭主《せんしゅ》の首長になっていたクリティアス〔（前四五〇〜前四〇四）スパルタ軍のアテナイ支配時に、三十人僭主の一人だった〕がある日、ソクラテスほか四名のアテナイ人に対し、サラミスに出向いて民主主義者のレオンを逮捕し、アテナイへ――そこで死刑に処するために――連れてくるように命じた。返事をする代わりに、この哲学者は何もそんなことを命じられなかったみたいに帰宅した、このような不服従が自分の生命を失わせるかもしれないのを十分承知の上で。幸いなことに、クリティアスはそうこうするうちに没した。この話はソクラテス自ら、プラトンの『弁明』の中で披瀝しているものである――

「その時は……わたしは、言葉によってではなくて、行動によって、もう一度こういうことを示したのです。つまりわたしには、死はちっとも（中略）気にならないが、不正不義は決して行わないということ、このことにはあらゆる注意を払っているということです。[21]」

　またあるときには、たまたま抽選で審議員に決まり、プリュタネイア〔五百人の政務審議会を構成する各部族五十人の審議員が一年の十分の一の期間就任する執行部のこと〕に加わったことがあった。このとき、十人の軍事委員が、アルギヌーサイ島沖での海戦でアテナイの沈没船の乗組員の生命を折からの暴風雨のために救助しなかったというので、裁判に付されることになっていた。これら軍事委員中、誰がこの過失の責任を負うべきか否かを確定することが不可能だった以上、十把ひとからげに裁決しようというのは明らかに不当な即決裁判のケースだった。民衆は被告者たち全員の有罪判決を要求したが、ソクラテスはただ一人この提案に反対し、難破船事故に遭った乗組員の近親者たちのいろいろの脅迫を冷静に甘受したのである。(22)

不幸なことには、ソクラテス自身が被告席に就かねばならなくなったときには、このような冷静な裁判にはめぐり合わなかった。若いメレトスなる者から瀆神〔国教に対する不敬ないし無視の行動〕で告発されて、ソクラテスは同胞たちからドクニンジンを飲むよう判決が下されたのだ。

ところで、この瀆神の罪というのは実に妙な一件だった。アテナイ人は日常生活ではこと宗教に関してはひどく寛大さを示していたくせに、ある場合には、神々の存在についてほんのかすかな疑念を表明するだけで、危険に身を曝されたのである。実をいうと、アテナイでは誰も他人の信仰についてはは気にかけていなかったのだが、政敵とか、ソクラテスのような——峻厳な弁証術をもって毎日、現政権を脅かしている——人物を厄介払いするためとなれば、どんな口実でも好都合だったのだ。

〝瀆神〟で告発された哲学者としては、アナクサゴラス、プロタゴラス、アポロニアのディオゲネスが思い浮かぶが、彼らはすべて、ソクラテスとは違って、逃亡によって助かったのである。(23)ここではしかし、プラトンやクセノフォンが伝えているがままに訴訟のなりゆきを語ることはしないで、五百人の審議員のうちの二人——エウテュマコスとカリオス——の立場に身を置き、それを〝端的に〟よみがえらせることにしよう。

「フィロニデスの息子カリオスよ、君も陪審員の仲間なのだな。僕の見るところ、君の甘いタレクシアの床のぬくもりを味わうよりも、君の旧師を裁くほうが大事らしいな。」

「エウテュマコスよ、今朝、夜の明けるのを見たのはなにも僕だけではないと思うよ。街が正義を渇望するアテナイ市民たちでひしめいていた頃、ヒュメットス山脈の彼方にはまだ太陽は姿を現していなかったんだ。考えてもごらん、僕の住んでいるスカンボニデスでは、ソクラテスの裁判を見物するために広場《アゴラ》へ出かけるアテナイ人たちがあふれていたため、通りを歩くこともままならなかったほどなのだ。商人の多くは店も信頼の厚い奴隷に任せ、たくさんの小便壺《アミス》(24)が暗闇の中で上階から、わいわいと抗議している通行人めがけてぶちまけられる有様だったんだ。要するにあたりの奇妙な喧騒《けんそう》といったら、裁判に出かけるというよりも、オスコフォリア(25)にでも出向くような始末だったんだよ。」

時は西暦紀元前三九九年二月、まだ暗闇の夜中だというのに、何千人ものアテナイ人がアゴラへと向かっている。どの市民も松明《たいまつ》を手にした奴隷を先頭に立たせている。当時のアテナイの街路はすぐに渋滞するのだった。プルタルコスの語っているところによれば、通路があまりに狭かったため、家から外出するたびごとに、通行人に当たらないように警告するためには扉を叩かなくてはならなかったという。

時間が経つにつれて、判事になろうとする人びとの長い列が抽選箱の前に出来上がる。市警の任務を帯びた公的な奴隷たちが、判事用に指定された場所を野次馬の群れで塞がれないようにするため、〝赤のロープ〟を持って入口の前に立っている。赤色を塗ったばかりのこのバリケードに触れた市民は、一年間集会に参加する権利（μισθὸς ἐκκλησιαστικός）を失うことになるのだった。

ペリクレス時代の裁判は次のように行われていた。執政官《アルコン》たち〔通常九名〕が年の初めに、三十歳以上のアテナイ人六千人を抽選する。これらの者は民衆裁判所（ヘリアイア）を構成し、これらのなかから、各訴訟ごとに、五百名の裁判官が選ばれる手筈になっていた。

第二次の――最終の――抽選は訴訟当日の朝に行われる慣わしだった。被告人に裁判官を買収する暇を与えないためである。この抽選を行うために、裁判所の入口に大理石製の水平に割れ目がついた抽選箱――κληρωτήριον――が置かれ、この中に各候補者がそれぞれの身分が彫られているブロンズの板を投入するのである。この板はまさしく身分証だったのであり、名、姓、デーモス（つまり、出生地）が刻まれていた。

たとえば、「カリオス、フィロニデスの息子、スカンボニドスZデーモス出身」とあれば、最後の字母Zは、カリオスがその行政区《デーモス》の第六区域に属することを意味した。

この板が割れ目から投入されるや、内部の仕掛けが作動し、白色または黒色のさいころが、一連のレールの上に転がり出てくる。そして、抽選箱から出てきたさいころの色に従って、その市民が陪審団の一員となるか否かが決まるのだった。裁判官は職務にたいして出席謝礼金を受けた。一日につき三オボロス〔一オボロスは六分の一ドラクマに相当〕で、一人の労働者の俸給の約六〇パーセントくらいだった。[26]

「昨年は籤運に四回も恵まれてね――とエウテュマコスは語りだす――三回は人民判事に、もう一回は、ファレロン(27)近辺で春に持ち上がった訴訟で、フレアットイ裁判所の裁判官を勤めたよ。」

フレアットイというのは、すでに追放の刑を宣告されたアテナイ人について裁く場合にのみ召集される特別裁判所だった。被告人は祖国に足を踏み入れて汚すことのないように、岸から数メートル離れて錨《いかり》で止められたボートの中で自己弁護することを強いられ、他方、裁判官たちは浜辺に沿って陣取るのだった。

「ダモンの息子アウリロコスについて、われらは裁定したんだ」とエウテュマコスは続ける。「自分は彼の父の友人であるので、彼の生命を救おうと全力を尽くしたのだが、彼の立証責任は有無を言わせぬくらいに多く、ついに彼の死刑を宣告するの已むなきに至ったよ。」

「ソクラテスに関しても救い出すすべはあるまい」とカリオスは心から同情しながら、ため息まじりに語り出す。「自分が彼よりも愚劣であると感じている連中は夥しいし、こういう劣等感を抱いている連中くらい復讐心の強い者はいないいんだ。」

「万一死刑が宣告されたら、ソクラテスは自ら責任を取るに決まっているよ。彼はかつて地上に存在したなかで最も傲慢な人間なのだからね。」

「しかもみんなに向かって、彼が、ぼくは何も知らぬ、ぼくは無知な人間なのだ、と公言でもしたら、お手上げだよ」とカリオスが叫ぶ。

「増上慢ここに極まれりさ」とエウテュマコスは応じる。「それでみんな一人ひとりに言わんとしているのは、『ぼくは無知な人間だ。だがきみはきみが無知であることを知らない以上、ぼくよりもっと無知な人間なのだ』ということさ。彼の隣人がいつもこんなふうに侮辱されれば逆らわずにいるはずはないし、仕返しするに決まっているよ。あえていうなら、あの老人が七十歳になるまで、一度も陶片追放《オストラキスモス》(28)に処されずにこれたのが不思議なくらいだ。」

オストラキスモスとは、当時ひどく流行していた奇妙な手続きであって、いわば選挙のさかさまみたいなものだった。誰かアテナイ人が、同市民の一人がポリスに対して何らかの害をなすかも知れぬと確信したときには、アゴラへ赴いて、この人物の名前をオストラコン（陶片追放の投票に用いられる陶片）の上に書き記すだけでよかった。

こうしてやり玉にあげられた者への告発が合計六千に達するや、友人、近親者に別れを告げるための十日間の猶予が与えられるだけで、それからは国外追放の道を歩まねばならなかった。署名した人びとの数に応じて、刑期は五年から十年に分かれており、しかも、こういう意志表示をした市民たちにはいかなる証拠の提出も要求されなかった。

この慣行はアテナイの真の創建者クレイステネス（前六〇一～前五七〇頃）が、個人崇拝の弊を防ぐための手段として導入したものだった。プルタルコスはこの制度を「嫉妬に対する気安めとしては思い遣りのあるもの(29)」と呼んでいる。オストラキスモスが今日でも行われていたとしたら、政治家や、テレヴィ・タレントや、トップクラスのスポーツ選手で故国を去らねばならぬ者は、数知れないであろう。あえてその名前を挙げることはしないが、読者諸賢が各自、好ましくない人物の一覧表を作成されるのは自由である。

さて、ソクラテスが登場。まったく平然としたようすだ。着古したマント（τρίβων）をはおり、オークの木の枝を切って作った杖に身を支えながら進んでくる。

「やあ、いつもの頑固爺だわい」とカリオスが叫ぶ。「見たところ、瀆神の罪で裁かれる訴訟にというより、宴会にでも出向くといった感じだぞ。ほほ笑んだり、立ち止まったりして、友人に話しかけ、居合わす者みんなに挨拶しているじゃないか。」

「ますますこじらせるばかりなのに」とエウテュマコスは、前よりも気難しそうに訴える。「しかも彼は気がついていないんだ、みんなから有罪と思われていることや、彼が恐れをなして哀願する姿をみんなが見たがっていることを。」

そうこうするうち、ソクラテスは壇上にのぼった。最高執政官の左側に着席し、書記官が訴訟の開始を宣言するのをじっと待っている。

「陪審員殿《ヘリアスタイ》」、と書記官が宣言する。「神々は抽選箱の中から諸君の名前を選び給うた。メレトスの息子メレトスにより、瀆神の科で告発されし、ソフロニスコスの息子ソクラテスにその罪を赦すことにするか、それとも有罪判決を下すことにするかを決せんがために。」

アテナイの裁判所には、検察官の姿はなかった。起訴することはどの市民にもできたが、もちろん、これはその市民の全責任においてなされるのだった。もしも被告人が死刑を宣告されれば、その者の財産の十分の一を受け取るのだが、逆に、無罪を宣告されれば、告訴人自らが千ドラクマの罰金を支払うのだった（ただし、起訴に賛成の票をたった五分の一も獲得しなかった場合のみ）。

弁護人もやはり存在しなかった。被告人は教養があろうが、読み書きができなかろうが、自ら弁護しなくてはならなかった。被告人がその能力に欠けると感じている場合には、訴訟の開始される前に、ロゴグラフォス（つまり、口頭弁論を起草しうる法律家。信頼できそうな者を選んで、この者から被告人は弁論を頭に叩き込むのだった）を招き寄せることができた。こういう代書屋で歴史に残っている者に、アンティフォン、プロディコス、デモステネス、リュシアスがいる。(30)

「メレトスの息子メレトスに発言を許可します」と書記官が宣言し、それから、凝った服装をした巻き毛の若者に合図する。

メレトスは起訴用の小壇に登る。その表情は尊大で、しかも苦悩が刻まれている。悲劇詩人に似つかわしい感じだ。ソクラテスのような老人を追いつめるのが気にかかると思わせたがっている。

「アテナイの裁判官諸氏よ」と若者は口を切り、相対峙して坐っている判事全員にゆっくりと視線を動かしながら続ける。「私、メレトスの息子のメレトスは、ソクラテスに対し、青年たちを堕落させ、都市が認めている神々を認めず、ダイモンを信じ、異教の儀式を実行している科で告訴するものです。」

群衆の間から長いざわめきが起きる。この攻撃は容赦のない、かつ明確なものだった。メレトスは数秒間沈黙して、今述べたばかりの言葉の重大さを強め、それから、言葉を一語ずつ区切って続ける。

「私、メレトスの息子のメレトスは、ソクラテスがその権能外の物事に介入した科で告訴するものです。彼は地下のもの、天上のものを詮索し、みんなとあらゆる物事について議論し、しかもいつでも、最悪の意見を最良のものとして見せかけようと努めたのです。かかる犯罪への処罰として、彼に死刑を宣告することをアテナイ人のみなさんに要求します。」


この最後の言葉を聞いて、みんなは一斉にソクラテスのほうを振り向く、彼の反応を見ようとして。哲学者の顔には深い驚きの表情が読み取れる。被告人というよりも、傍観者であるかのような感じだ。エウテュマコスはカリオスを肘でそっとつついて合図し、状況判断を行う――

「ソクラテスはわが身がどんな窮地に陥ったか分かっていないのではないかね。メレトスのいうとおりだった。ソクラテスが神々を信じたことのないことは周知なんだ。こんなことを言ったこともあるそうだよ、『雨を降らせるのはゼウスではなくて、雲なのだ。そうでないのなら、ぼくらは晴天でも雨が降っているのを見かけるはずだ(31)』とね。」

「実は――とカリオスが反論していう――こんなことをソクラテスにいわせているのはアリストファネスなのであって、ソクラテス本人がそういっているのではないよ。」

訴訟はその間も進行し、メレトスに続いてもう二人の告発者――アニュトスとリュコン――が壇上に登ろうとしている。

「アポロドロスの語ったところでは——とカリオスは続ける——ソクラテスは昨夜リュシアスの助力を断ったらしいよ。」

「口頭弁論でも書いてやったのかい。」

「そう。しかも並外れた演説だったらしいよ。」

「そうだろうな。ケファロスのあの息子はアテナイの代書屋でもピカ一だからな。でも、いったいなぜ断ったりしたのだろう。」

「断ったばかりではない。おまけにリュシアスが助力を申し出たことを非難したんだ。『きみはその巧妙な弁舌をつかって私のために裁判官たちを欺こうってんだな。でも国法を欺いておきながら、どうして私のために尽くそうなどと考えるのだい』といったらしいよ。」

「いつもの思い上がりだね。」


アニュトスとリュコンはそれぞれの発言を終えたところだ。書記官は口頭弁論の時間を計る水時計を回転させてから、宣言する——

「ソフロニスコスの息子ソクラテスに発言を許可します。」


ソクラテスはまるで時間稼ぎでもしようとするかのように周囲を見回し、うなじをひっかき、執政官長を一瞥し、それからすぐに裁判官たちのほうに向き直る——

「アテナイ人のみなさん、私の告発人たちの論拠をお聞きになって、どんな印象を持たれたかは存じません。確かに両人の発言には大変な説得力がありましたから、私本人の問題でなかったなら、私とて彼らの言葉を信じてしまうところでした。ですが、事実を申せば、この両名の市民が語ったことには何の真実も含まれてはおりません。

ところで、これから私が語る弁論が美辞麗句で飾り立てられていないとしたら、ご勘弁ください。私はいつものやり方で、率直かつ気取らずに申し上げるつもりです。ですがその代わり、正しいことをいうように終始努めます。ですから、次の点だけに留意していただきたい――つまり、私がこれから申し述べることが正しいか否か、ということです。」

「さてはまた、ひねくれた弁論をやり出したわい。」エウテュマコスがいらだちの仕草をしながら叫ぶ。「やれやれ、何といけ好かぬ男だ!」

「お願いだから静かにしてくれよ、エウテュマコス――とカリオスが頼む――聞こえないじゃないか。」

「みなさんにお話ししたいのは――とソクラテスが続ける――ぼくが幼少の頃からの親友カイレフォンに起きた奇妙な出来事のことです。彼がある日デルフォイへ出かけ、大胆にもこんな奇妙な質問を神託に伺ったのです――『ソクラテスより賢い者が誰かこの世にいるや?』と。デルフォイのアポロンがどう答えたかご存知でしょうか。『いや、この世にはソクラテスより賢い者はおらぬ』だったのです。カイレフォンがぼくにこの答を報らせてくれたときのぼくの驚きようをご想像ください。これによって神は何をいわんと欲し給うたのか?

ぼくは自分が多くも少なくも知らないことを承知していますし、神が嘘をつかれることはあり得ませんから、自問したのです——この謎をもっていったい神は何をいわんとしておられるのだろう、と。今となってはカイレフォンはもはや幽明境《さかい》を異にしていますから、ここに呼び出せる証人は彼の弟だけです。」

「だが、カイレフォンのこんな話が瀆神という非難とどんな関係があるのか知りたいものだ」と、エウテュマコスが大声で叫ぶ。「ソクラテスにあってぼくの我慢ならぬことがあるとすれば、それはこういうふうにして、主題を論ずるのを避けようとするやり方だ。これだけでも、彼を死刑に宣告してやりたいよ！」

「神のこの啓示を理解するために——とソクラテスは相変わらず冷静に続ける——ぼくは出発して、賢者であると評判のひとりの人を訪ねました。アテナイ人のみなさん、その人の名前は申し上げないでおきます。それが政治家だったことを知っていただければ十分です。

ところで、この立派な人はなるほど賢者のようにお見受けしましたが、実のところはまったくそうではなかったのです。そこで、ぼくはその人にそのことを分からせてあげようとしたら、そのために、ぼくは憎まれだしたのです。

それからすぐに、何人か詩人たちの所へ出向きました。彼らの詩を、あるいは少なくともぼくには最良と思われた詩を取り上げて、詩人たちにそれらが何をいわんとしているのかと尋ねました。市民のみなさん……本当のことを申し上げるのもいささか気恥ずかしいのですが……何か詩作についておよそ最悪のことをいっている張本人は、まさに作者だったのです。

政治家や詩人の後で、ぼくは芸術家たちのところに出向きました。それでぼくが発見したことがお分かりでしょうか。これらの人たちは、各自の手仕事をうまくこなせるとの自覚があるため、各自がほかのもっと重要で、もっと困難な事柄でも賢いと思っていたのです。

そのときぼくは神託のいわんとしていたことが分かったのです。『ソクラテスが人間のうちでもっとも賢いわけは、彼は自分が無知であることを知っている唯一人の人間であるからなのだ』と。

しかし、そうこうするうちに、ぼくは詩人、政治家、芸術家の反目を受けました。ですから、今日、ぼくが詩人であるメレトスや、政治家であるアニュトスや、雄弁家であるリュコンから、法廷で告発されているのも偶然というわけではないのです。」

「ソクラテス、きみが今いったことは、遠回しの言葉に過ぎない――とメレトスがいい返す。――青年を腐敗させているという告発に対してのほうをむしろ弁護し給え。」

「でも、メレトス。いったいどうしてぼくが青年を腐敗させうるときみは思ったりするのかい。」

「太陽は石であり、月は土でできていると青年にいい聞かせてだよ。」

「きみはぼくを別人と混同しているらしいね。そんなことは、読む気にさえなれば、青年は読めるんだよ。一ドラクマ出せば、クラゾメナイのアナクサゴラスの本は広場《アゴラ》のどんな片隅でも買えるんだから。」

「きみは神々を信じてはいない！――とメレトスが立ち上がり、人さし指で哲学者を脅迫しながら続ける――きみはダイモンしか信じてはいない！」

「それで、そのダイモンとは誰のことなんだ？――とソクラテスは動揺することなく尋ねる――神々のしつけの悪い息子のことか？　してみると、きみがここで主張しているのは、ぼくが神々を信じなくて、ただ神々のこういう息子の存在を信じているということだ。このことはつまり、ぼくが馬でなくて、若駒を信じているというようなものだ。」

聴衆の笑いに、ソクラテスの声は一瞬かき消される。それでこの哲学者は聴衆が注目するようになるのを待ち、やおら第二の告発人のほうに振り向く。

「それで、アニュトス、きみはぼくの死刑を要求しているくせに、ぼくが堕落させたという青年たちを全員、ここの裁判官の前になぜ連れてこなかったのかい。きみの仕事を助けるために、彼らの名前を明らかにしてやってもいいぜ。今日では大半の者はもう年を取っているし、ぼくの反対証言に立ち、ぼくが彼らを堕落させたことを確信することもできるだろうよ。

ほら、ここに見物しているのもいるじゃないか。クリトンとその息子クリトブロス。スフェットのリュサニアスとその息子アイスキネス。さらには、ケフィシアのアンティフォン。ニコストラトス。パラリオス。アデイマントスとその弟プラトン。アイアンタドロスも弟のアポロドロスと一緒にいるではないか。

ねえ、アニュトス。ぼくが流刑地に出発し、もう二度とお目にかかることはしないと約束すれば、きっときみの心を和らげることができるのかも知れないね。でもいいかい、ぼくが服従したとしたら、それはただきみを喜ばせるためだけにすることになろうよ。なぜというに、実のところは、こんなことをするとアテナイの人びとにとって大きな害になるだろうとぼくは確信しているのだからね。

いやぼくとしては、あくまでもやり抜くつもりだ。あんたらを刺激し、あんたらを説得し、あんたらを一人ずつ叱責し、そして、血統の良い雌馬が眠ろうとすると脇腹を刺すアブみたいに、終日あんたらの後を追いかけることをね。だって、これはアポロン神がぼくに要求されていることなのだからね。

市民のみなさん、ぼくがいま申し上げた雌馬とはアテナイのことです。そして、もしもみなさんがぼくを死刑に処されるなら、あなたたちの良心を目覚めさせてくれるアブはほかにそう簡単に見つかりますまい。もう十分です。ぼくが申し上げられる言い分はすべて今、申し上げました。

さあ今度は多くの人びとがいつもやるように、ぼくの友だち、両親、幼な児を入らせて、あなたたちの同情を喚起すべきなのかも知れません。ぼくにだって、家族はあるのです。三人の息子がいますからね。ぼくは彼らをみなさんに見せるようなことはいたしません。だって、ここでの一件はぼくの名声やあなたたちの名声にかかわっているのですからね。裁判官たる者、心を動かされたからといって赦免してやるべきではなく、ただひたすら国法を遵守すべきなのです。」

最後の一滴が水時計の中に落ちる。ソクラテスは弁論を終え、引き下がって、後ろに置かれた木製の椅子に坐る。ごく内輪の友人たちがおずおずと拍手して、公衆の同意を引き寄せようとするが、この試みも大方の無関心に出くわして効果はない。さて、投票の開始だ。

「ぼくには明白だ。彼は有罪だよ——とエウテュマコスが座席から立ち上がって断言する。——そして彼が有罪でないにしても、ぼくはやはり有罪の判決を下すよ。彼の弁説、他人の信念を絶えずぐらつかせる彼のやり方、こうしたものはみなポリスにとって有用ではない。ソクラテスは周囲に不信をばらまいている。まさしく悲観論者だよ。早く死ねば、それだけみんなにとってはましなのさ。」

「ぼくはきみほど確信はない——とカリオスはきっぱり反論していう。——その名に恥じぬ都市というものは、見張ってくれる人を常に持っていなくてはならないし、ソクラテスこそそれを立派にやりおおせる唯一の人物なんだ。彼は公平だし、政治に介入したりしないし、何にもまして、貧乏だ。たとえ有罪だとしても、私的な利害から行動したのではないことは確かだよ。」

「じゃ、カリオス、きみの考えでは、貧乏は青年に示すべき好例だというのかい。ぼくらの息子が彼のように育つべきだとでも？　絶えず広場《アゴラ》を徘徊しては、『善とは何か』『悪とは何か』『正義とは何か』『不正とは何か』と互いに尋ね合うような具合に。」

エウテュマコスは返事を待たずに、投票箱のほうに向かい、黒い小石《プセフオス》（死刑の宣告を意味する）を投ずる。裁判官席の間を通りがかりに、彼は他の審判者たちにも影響を及ぼそうと試みる——

「ソクラテスにはもうこりごりだ。これを最後に厄介払いしようよ。奴は自らをアテナイをちくちくとうるさく刺しまくるアブになぞらえている。よかろう、奴の言葉をそっくり使って言い返してやるまでだ。アブを追っぱらおうとしない馬がいるものか、馬に手があったらアブをひねりつぶさずにおくものか！」

カリオスはまだ迷っている。彼は多数の意見はどうかを知ろうとして、隣席の人びとに尋ねかけている。陪審団はどうやら、ほぼ同数の二つのグループに割れているらしい。ソクラテスを忌み嫌っているグループと、彼をこの世で最良の人と見なしているグループとに。それぞれが、投票箱の前で列をつくって順番を待つ間、自分の説を主張している。

一方、すでに投票をすませた者たちはベンチに座って、軽食を取っている。弁当籠《かご》を開け、イワシ、オリーヴ、大麦パン(32)のケーキをそこから取り出している。アンティフォンは十一人衆(33)の長に許可を得てから、ソクラテスに近づき、彼にイチジクの実とクルミの実の入った皿を差し出す。

アテナイでは訴訟はまる一日続き、裁判官たちは法廷から離れることを禁じられていた。日没時になると、いかなるケースであれ、判決が言い渡されなければならなかった。未決拘留者が、自分の判決を待つというような事態は、当時はまだなかったのである。

ところで、開票結果がとうとう発表されることになる。

「アテナイ市民諸氏よ！――書記官が厳かにきり出す――ヘリアスタイ〔民衆法廷陪審員〕によって言い渡された判決は以下のとおりです。白票二二〇、黒票二八〇、よって、ソフロニスコスの息子ソクラテスには死刑判決が下されました！」

〝おお！〟というどよめきが防止柵の後ろにすし詰めになった民衆の間から湧き上がる。クリトンは顔を両手で覆っている。一呼吸入れてから、書記官が言葉を続ける。

「さて今度は、アテナイの法律に従い、死刑囚に対し、自ら代替刑を提案するよう要求したいと思います。」

ソクラテスは再び立ち上がり、周囲を見渡してから、当惑のしるしに両手を広げる。

「代替刑ですと？　でもこのわたしが何か刑に値するようなどんなことをしたというのです？　生涯にわたり、わたしは私的な利益、家族、家庭をないがしろにしてきたのです。軍隊の指揮権も、公職も、手に入れようと切望したことはまったくないし、陰謀とか、反乱の企てに加担したこともまったくありません。このように行動してきた者が、どんな罰を受けるというのです？　わたしの思い違いでなければ、自分は国費でプリュタネイオン(34)の客人となる褒美に浴するくらいの権利はあると思います。」

この最後の言葉は、抗議の合唱でかき消された。この哲学者の不条理な要求は、多数の裁判官の耳には、愚弄ないしまったくの挑発と響いた。ソクラテス本人も誇張だったことに気づき、何とかして聴衆をなだめようとしつつ、言葉を続けるのだった――

「はい、はい。市民諸君。わたしの言葉が誤解されたことは認めます。わたしの正義感が或る人からは不遜の表われと受け取られたのです。ですが、はっきりおっしゃっていただきたい。いったいどんな罰をこのわたしが提示できたというのです。投獄？　追放？　罰金？　いったいどんな罰金をこのわたしが払えるというのです。お金のために教えたことのまったくないこのわたしが。せいぜいのところ、わたしにできるのは銀貨一ミナを提示することくらいでしょう。」

抗議はますます激しさを増していった。銀貨一ミナくらいでは、死刑宣告に対する代替刑としてはほとんど無に等しいではないか！　ソクラテスは死刑を確定するためにあらゆることをしているかのように見えた。

「もう結構です——とソクラテスはため息をつき、クリトンや他の弟子たちに合図しながら続ける——。ここにいるわたしの友だちはわたしが三〇ミナの罰金を引き受けるように主張しています。彼ら自ら、その保証人になりたがっているようです。」


こうして、第二回目の開票が行われた。死刑か三〇ミナの罰金に処するかについて。不幸なことには、この哲学者の先の提案（つまり国費でプリュタネイオンの客として扱われること）が裁判官たちをひどく激怒させたため、最初は彼の側についていた多くの者も、今度は反対側に回ってしまった。今回は、投票箱の中は黒石のほうがはるか多数となり、三六〇対一四〇であった。

「アテナイ市民諸君——とソクラテスは締めくくりにかかる——わたしの怖れるのは、諸君がポリスに対して大きな責任をもって行動してはいないのでないかということです。わたしはもう老人だから、待っているだけで死はひとりでに自然と訪れます。諸君が決めたように行動すれば、わたしを罰したという確信が諸君には持てないことになるのですよ。そもそも死ぬということが何なのか、ご存知ですか？　それは次の二つのうちの一つに決まっています。無の中に入り込むか、それとも、ほかのどこかに転生するか。

前者の場合なら、きっと信じていただけることでしょうが、死は有益ということになるでしょう。苦痛も苦悩ももうなくなるのですから。逆に後者の場合なら、多数の卓越した人びとと出会うという好機に恵まれることになるでしょう。オルフェウス、ミューズ、ホメロス、ヘシオドスと出会ったり、話し合ったりするためなら、諸君の誰だってどんな犠牲でも払うでしょう。また、パラメデスや、テラモンの息子アイアスといった、不当な扱いをされて死んでいった英雄たち(35)と会って話すためなら。でも、出発の時がもうきました――わたしは死ぬため、諸君は生きるために。わたしたちのいずれがより幸せな運命を持つのかは、誰にも分かりません。神々だけがご存知なのですから。」

ソクラテスはなぜ死刑を宣告されたのか？　これは、二四〇〇年経っても、未解決の問題である。人間は生きるためには、確信を必要とするし、それがないときには、きまって誰かが出てきて、一般の幸福のためにそういう確信を発見するものである。イデオローグ、予言者、占星術師たちが、あるときは善意から、あるときは打算から、社会の不安をなだめるために数々の真理を言明し続けてやめない。ところが、ある人が現れて、誰もほんとうは何らかのことを知ってはいないのだと主張したとすると、この人はすばやく、政治家や聖職者にとって社会のいちばんの敵となるのであり、こういう人は死なねばならないのだ！


プラトンは四つもの対話録をソクラテスの死に割いている。

『エウテュフロン』では、この哲学者はまだ自由人として、裁判所に赴き、メレトスからの彼に対する提訴を聞くことになっている。

『ソクラテスの弁明』には、訴訟についての記述が含まれている。

『クリトン』では、ソクラテスは牢獄でこの最愛の友からの訪問を受けている。

『ファイドン』は、哲人の生の最後の瞬間や、霊魂の不滅についての彼の言明を報告している。

これらの本はしばしば再版され続けており、この大哲学者の性格や思想をより深く知ろうとするすべての人びとに読むことをお勧めしたい。(36)

ソクラテスに対しての死刑宣告が、訴訟の直後に実行に移されたわけではない。ちょうどこの時分には、デロスへ向けての使節が出発したのであり、伝統の定めから、この聖なる船が往復する期間には、死刑の執行が禁じられていたからである。(37)

それゆえ、二〇日後も、彼は同郷かつ同じ軍の友人クリトンと牢獄の中で会ったりしている。

夜が明けかけていた。ソクラテスはまだ眠っており、クリトンは彼の床の傍に黙って座っている。しばらくして、哲学者が突然目を覚ます。友人を認めて、尋ねる――

「どうしてなのだ、クリトン。今時分、やって来たりして。それとも、もう早いことはないのかね。」

「いや、早いことは、早いのだよ。」

「いったい何どきだね。」

「夜明け少し前だ。」

「妙だね、どうしてきみを、看守が通す気になったのかしらん。」

「もうぼくとなじみになっているのだ、ソクラテス。よくここへ通うからね。それに、ぼくのほうから何かと心づけもしているのでね。」

「それで、きみがやって来たのは、たった今なのかね、それとも、さっきからなのかね。」

「かなりさっきからだ。」

「それでいて、どうしてすぐぼくを起こさなかったのだ、黙ってそばに座っていたりして。」

「とんでもない、ソクラテス。ぼくだって、きみの身になったとしたら、こんな苦しみのなかを、眠らずにいたいなどとは思わなかっただろう。そればかりでなく、きみがいかにも気持ちよげに眠っているのを認めて、さっきから感心していたのだ。そしてわざと、きみを起こさずにいたのだ。できるだけ気持ちよく過ごしてもらおうと思ってね。そしてたびたび、以前にも、一生を通じて、きみを仕合わせな性分の人だと思ったことがあるけれど、今度のこの災難で、特にそのことを感じたね。いかにもやすやすと、それに堪えて、取り乱すところがないものね。」

「それは、クリトン、こんな年になって、いよいよ死期が迫ってきたのを、むずがったりするのも、へんなものだろうからね。(38)」

その名を表題にもつ対話の中で、クリトンの態度は、ワトソン博士がシャーロック・ホームズに対して取っているそれにいくぶん似ている。つまり、師匠がしゃべると、「そのとおりだ、ソクラテス」とか、「ほんとうにそうだよ、ソクラテス」といった言葉だけで話を遮断しているに過ぎない。逆に、哲学者のほうは、英国の探偵よりもはるかに機転が利き、彼は「分かりきったことさ、ねえクリトン」といった、無慈悲な言を繰り返して友人を辱めるようなことは決してしない。要するに、よく考えてみると、この対話はソクラテスのモノローグにほかならないのである。

「いったい何で、こんなに早くやってきたのかね。」

「知らせを、ソクラテス、もってきたのだ。つらい知らせをね——とクリトンは深い悲しみに満ちた声で答える——。友だちの告げたところによると、デロスからの船がスニオン岬を回航したばかりだというんだ。今日または遅くとも明日にはアテナイに到着するに違いないんだ。」

「それが恐ろしいことだとでもいうのかい。遅かれ早かれ到着するに決まっているよ——とソクラテスが答える——。そうなるのが神々の御意にかなった、というだけのことさ。」

「そんな言い方はしないで、きみはぼくの言を容れて、自分を救うことをやってみないかね。牢番ともすでに意志の疎通を計ったところ、彼らはそうたくさんお金を出さなくとも、きみをここから逃がしてくれるというんだ。そのほか、テバイのシンミアス、ケベス、そのほかの幾人かもお金を出してきみの逃亡を手助けする気でいるんだ。誰からもいつかこんな非難を浴びせられたくないんだ——『クリトンは、金銭をつかいたくないために、ソクラテスの逃亡を手助けしなかったのだ』と。」

「ぼくだって逃亡する覚悟はできているよ。でも、それに先だって一緒に考えてみるべきではないかね。アテナイ人たちの意に反して脱獄を試みるのがはたして正しいのかどうかを。正しいとなれば、決行しよう。だが、正しくないとなれば、それを差し控えようではないか。」

「うん、そうだ、ソクラテス。」

「きみは考えないのかい、クリトン、人は生涯においていかなる理由からであれ、不正を働くべきではない、と。」

「いかなる理由からでも、やってはいけない。」

「その前に不正を蒙ったとしてもか？」

「その場合でもだ。」

「またこう考えてみよう。いまぼくがここから脱走しようとしているところへ、国法が、国家公共体とともにやって来て、ぼくたちの前に立って、『どうか、ソクラテス、言っておくれ。お前は何をするつもりなのだ。そのお前がやりかけている所業というものは、わたしたち国法と国家全体を、お前の勝手で、一方的に破壊しようともくろんでいることになりはしないかね』とこのように尋ねるとしたら、またほかにも、この類の問いがなされるとしたならば、ぼくたちは、クリトンよ、何と答えたものだろうか。ぼくたちは国法に向かって、『それは国家が、われわれに対して、不正を行ったからです。不当の判決を下したからです』といおうか？」

「たしかに、それこそわれわれの言おうとすることだよ、ソクラテス。」

「では、もし国法が、こう言ったとしたら、どうだね。『ソクラテス、きみは知っているはずだ。人間の存在はことごとく、国法によって規制されている以上、国家の下す判決は正しかろうが正しくなかろうが、すべて忠実に守るべきだということを。お前に生を授けたのは、わたしたちではなかったのか。つまり、わたしたちのしきたりによって、お前の父はお前の母を娶り、お前を産ませたのではないのか。祖国は尊敬すべきこと、敵に対してしりごみしてはいけないことをお前に教えたのはわたしたちではないのか』と。こんな問いが国法からなされたとしたら、ぼくらはどう答えることができよう——彼らの言っていることは正しいのか、それとも間違っているのだろうか。」

「正しい、というしかないよ。」

「それでもなお、きみはお望みかね。ぼくが何かの衣裳を身につけて、女の変装をしてまで、アテナイを脱走してテッサリアへ行くことを。そこへ行けば、秩序も抑制も、最大限に無視されているからね。それも、老人の身で、余生も残り少ないというのに！　そして、最も大切な法を踏みにじっておきながら、徳だの、正義だのについてまだしゃべることがどうしてできるだろうか。」

「たしかに、できはしないよ。」

「ねえ、クリトン。きみにも分かるとおり、ぼくには逃亡することはほんとうにできないんだ。しかしそれでもぼくを説きふせることができると思うのなら、言ってくれたまえ。最大限の注意を払って聞かせてもらうよ。」

「いや、ソクラテス、ぼくには言うことがないよ。」

「それなら、これで勘弁してくれたまえ、クリトン。そして、これまでどおりにしようではないか。それが神の導きだからね。」

　翌日は死刑執行が行われることになっている。友人たちはみな監獄の扉の前に集まり、十一人衆の長が中に入れてくれるのを今か今かと待っている。友人たちはほとんど全員がやってきている――忠実なアポロドロス、どこでも顔を出すクリトンと、その息子のクリトブロス、犬儒学派のアンティステネス、貧者の[39]ヘルモゲネス、エピゲネス、若いファイドン、メネクセノス、クテシッポス、豚肉屋の息子のアイスキネス。なかには遠方から駆けつけた者もいる――テバイ人のシンミアスとケベスとか、メガラに住んでいるテルプシオンやエウクリデスとかのように。最も著名な弟子で来ていないのは、アリスティッポス、クレオブロトス、なかんずく、プラトン——彼は当日発熱していたらしい——である。

弟子たちが彼の独房に入ってみると、師匠がクサンティッペや末の息子と一緒にいる。訪問者たちを見るや、この夫人は絶望の叫びを発し始めた——

「さあ、ソクラテス、お前さんの友だちがお前さんと話したり、お前さんが彼らと話すのもこれが最後だわよ！」

そこで、哲学者はクリトンのほうに向き、頼み込む——

「クリトン、お願いだから、誰かに女房を家へ連れ帰らせてくれないか。」

「だって、お前さんは無実の罪で死ぬんだよ！」クサンティッペは独房の外に連れ去られる間にも抵抗をやめない。

「それじゃ、何が望みなのかい」とソクラテスは言い返す——「俺が有罪で死ぬことかい？」

その間に、牢番の一人が囚人の踝《くるぶし》につないであった鎖を解き放した。

「快楽と苦痛とは何と奇妙なものだね——とソクラテスはずきずき痛む踝をマッサージしながらいう——どうやらこの二つのものはそれぞれがいつもその反対と入れ替わるのであり、二つは同一人物においては決して同時には生じないようだ。さっきまでは、鎖の重みでわたしの脚には苦痛しかなかったが、今ではもう、苦痛に代わって快楽が芽生えている感じがする。もしもアイソポス（イソップ）が苦痛と快楽とのこの関係について省察したとしたら、きっとすばらしい寓話を作り上げたことだろうなあ。」

それから、会話は死とあの世に移った。これについて、ソクラテスは地獄と天国に似ざるを得ないようなあるものを引き合いに出した。

「わたしが思うに、死者にはある未来が取っておかれてあるし――と師匠は一字一句正確に語るのだった――しかもこの未来は悪人よりも善人にとってのほうがましなものだろうよ。」

こうして、霊魂の不滅についての議論が始まった。テバイ人のシンミアスは肉体と楽器に、また霊魂をこの楽器から生ずるハーモニーにくらべながら、「竪琴《リュラ》（つまり肉体）が壊れると、ハーモニー（つまり霊魂）もそれと一緒に死んでしまう」と主張した。しかし、ケベスはそれに承服せず、輪廻の加護を提起した。

「霊魂とは、生涯の間に多数の衣服を消費した人間に似ているんだ。すべての衣服、言い換えると、すべての輪廻は、それらの持ち主よりも短命なものなのであるが、ただし、一番最後の衣服だけはそれの持ち主よりも生き延びるであろう。」

したがって、ケベスの意見によれば、人が死ぬときには、その最後の順番に到達したわけだから、その生を終えるという不運に遭うのかも知れない、ということになる。しかし、ソクラテスは反対の見解を持っていて、彼は霊魂の不滅というテーゼを主張した。みんながこの問題にひどく熱中したため、クリトンは間に割って入り、師匠の言動に注意を与えざるを得なくなった――

「ソクラテス、牢番があなたにできるだけしゃべらぬほうがよいと言っています。彼の言い分では、あなたが興奮しすぎると、毒があなたの体にあまり効かなくなり、彼としては、二回、または三回すらもあなたに毒薬を飲ませざるを得なくなるだろう、というのです。」

「それじゃ、奴に言ってくれ。二度でも三度でも毒薬を準備してくれ、でも今はわたしたちに話させてもらいたいって。」

それから、彼は弟子たちのほうを向き、再び霊魂について論じ始めた。

「死後に何も残らないことを望むのは、悪者でしかあり得ないし、彼らがそう考えるのも当然なのだ。だって、それこそ彼らの関心事なのだからね。でも、わたしとしては確信があるんだが、彼らは地獄の底をおびえながら彷徨《さまよ》うのであり、そして、清浄に、あやまつことなくその生をすごし終えた者だけが真の大地を見れるのだ。」

「ソクラテス、その〝真の大地〟とはどういう意味なのです？」とシンミアスがとまどいながら尋ねた。

「わたしの信ずるところをいえば、こうだ」とソクラテスは答えた、「まず第一に、〝大地〟は球状である。それが天空の中心に位置している以上、それが落ちないためには、空気とかまたほかのこの種の強制力はなに一つ必要としない。

さらにつづいては、この〝大地〟はなにかまったく巨大なものであり、ファシス河〔黒海東岸に流れ込む、コルキス（コーカサス）の河〕からヘラクレスの柱〔古代人が世界の境とした、ジブラルタル海峡を挟んで屹立する二つの大岩。ヘラクレスが両者を切り開いたとされる〕にいたる地域に住んでいるわれわれは、その大地のほんの僅かな一部分にいるにすぎないということ、それはちょうど沼のほとりに住む、蟻や蛙のように、われわれもまたこの海（地中海）の周辺に住んでいるのだが、これに似た地域はほかにもたくさんあって、そのさまざまな地域にこれまたさまざまな多くの人間が住んでいるということなのだ。

というのは、大地をめぐっていたるところに、形態においても大きさにおいても、種々さまざまな多くの窪み〔イオニア自然哲学の伝統に立つ、アナクサゴラスおよびその弟子アルケラオスの説〕があり、われわれはこの大地の窪みの中に住んでいるのだが、それとは気づかず、上方の表面《おもて》に住んでいると思っているからだ。それはちょうど、だれかが深海の底のただなかに住んでいながら、海の表面を天空だと信じているようなものだ。

話によると、この〝大地〟そのものは、上方から観れば、ちょうど十二面の皮革で縫い合わされた鞠(40)のように、それぞれの面が判然と色分けされた、多彩なものに見えるというのだ。その大地の、ある部分は、美において驚嘆するほかはない紺碧の色、またある部分は、金色《こんじき》に光り映え、さらに白く輝く限りの部分は、白亜よりも雪よりも白い。

大地のもつ窪みまでもが、外から見た場合には、すっかり水と空気に満たされているために、それ自身がまた、他のさまざまな色彩がおりなすいろどりのうちに、きらめく一種の色調を表わしている。だから、樹木にしても花々にしても果実にしても、まさに大地自身のかくばかりの美に照応しているといえよう。また、山々にしても同様であり、さらには同じく相応じて、石にしても、その滑らかさ、透明さ、色合いはひときわ美しい！　この場所で、しあわせな人間〔至福者〕たちは、ちょうどわれわれが海のほとりに住んでいるように、空気のほとりに住んでいるというのだ。」

「こんなことをいっているのは誰なのです？」とシンミアスが当然の質問をした。

ところが、ソクラテスはこの割り込みを無視したまま、話を続けた——

「しかも、この大地の底には一つの大きな裂け目があって、ホメロスや他の詩人たちはそれをタルタロス（奈落）と名付けているのである。この裂け目へはすべての河が流れ込み、またそこから再びそれぞれの河へと流れ出るのである。それらのうち、とりわけ四つを挙げねばならない。大地のもっとも外側を周りめぐって流れているオケアノス（大洋）。反対の方向に流れていて、アケルシアス湖に達するアケロン（冥界の河）。水も沼も煮えたぎっていて、裂け目の見つかる所ではどこでも、溶岩流みたいに地上に破片を噴き出すピュリフレゲトン（灼火の流れ）。最後に、コキュトス（悲傷の流れ）――この流れも、螺旋状に進んで、大地の内部へと入り込み、ついにはタルタロスに流れ込む。

このアケルシアス湖では、死者たちのうち、大罪にまみれた者の霊魂が浸される。彼らのうち、一時の激怒から暴虐を犯した者は、多少とも長い時期を経てから、表面へ再び戻ることを許されるが、他の者たちは、罪の重さの故に永久に罰せられることになる。だから、生者たちの霊魂には次のような運命が見舞うのだ。つまり、悪者たちはタルタロスへ投げ込まれ、清浄な者たちはこの〝大地〟の上に住むわけだ。それだから、われわれはこの生において、哲学を通して徳と知を獲得するのがよいのだ。その報いは美しく、希望は大きいのだから！」

「ソクラテス、今あなたのいったことをあなたは本当に信じているのですか」、とシンミアスは質問をやり直した。

「そんなことを信ずるのは、思慮分別にあふれた者にはふさわしくはないかも知れないが、内面の大きな満足感をもたらしてくれるよ……。」

ちょうどそのとき、一人の奴隷が独房の戸口に現れた。すりつぶしたドクニンジンの入った杯を手にして。

「さあ、いよいよ運命がお呼びだ」とソクラテスはいいながら、立ち上がった。

「わたしたちに何か指示しておくことはないか、ソクラテス」とクリトンはつぶやき、なんとかして悲しみを表わすまいと努力した。

「きみを埋葬するのは、どんなふうにしたものだろうか？」

「なんとでも、きみたちの欲するとおりに。もっともそれは、きみたちがわたしという者を摑まえていて、わたしがきみたちから逃れ去らないとしての話だがね」とソクラテスは微笑を浮かべながら、答えた、「ねえ、クリトン、まだまだきみにはわたしが了承されていないのだ。わたしといえば、いま対話を交わし、その議論の一つひとつを然るべきところにおいた、このソクラテスがそれなのに、きみはそうは思わず、むしろもう少し後で屍体となって見られるもののほうを、わたしだと思っているではないか？」

時間が迫ってきた。最後の別れをするために、クサンティッペ、ミュルト、そして三人の子供たちが呼び込まれた。ソクラテスはみんなを優しく抱き締め、それから立ち去らせた。アポロドロスはもう涙をこらえることができなかった。十一人衆（刑務委員）に仕える者が再び入ってきた。

「ソクラテス——とこの番人は言った——、あなたなら、わたしも醜態を見ないですむでしょう。これが他の人なら、わたしはきまってそれを見せつけられるのですがね。じじつ彼らときたら、きまってアテナイやわたしをののしり呪うものなのです。しかし、あなたという人は、これまでここにきた連中のうちで誰よりも品性高く、しかも穏やかな、世にもすぐれたお人だと、わたしはこの期間中、折にふれて深く感じました。」

　こういうや、十一人衆に仕えるその者は涙にむせび、独房から頭をめぐらして立ち去っていった。ソクラテスは多少とまどった。彼はもはやいう言葉も知らなかったのだ。それで、なおも高まりかけた感動の雰囲気を追い払うために、クリトンのほうに向き、奴隷にドクニンジンを持って入ってくるように命じさせた。

「何をそんなに急ぐのかね、ソクラテス。まだ山際には日も残っているし、すっかり沈んでしまったとは、わたしには思われないのだがね——とクリトンは抗議した——。それにまた、ほかの者なら通告を受けた後も、おおいに食べたり飲んだりするものだし、なかには自分の好きな女と寝たりする連中もいる始末で、ずいぶん遅くなってからやっと毒を飲むということも、わたしは知っているのだ。」

「自分の死の瞬間を遅らせるのが得になると思っている場合には、そういうことをするのは当然だろう——とソクラテスが言い返した——。しかし、わたしはそういうことはしないし、これもまた当然のことだ。なぜって、いつまでも生きることに執着したりしたら、かえって自らに嘲笑を招くだけだし、わたしが生涯かけて説いてきたことをことごとく一瞬のうちに打ち消すことになるだろうからね。」

　さて、ドクニンジンの杯を持った男が独房に入ってきた。

「ところで君——とソクラテスはその男に尋ねた——、むろん、君はこのことに詳しいだろう。いったいどうすればいいのかい？」

「いや何ということはありません――とその奴隷が答えた――。ただこれを飲んで、それからあなたの両脚が重たく感じられるまで歩きまわること、それから横になることです。そうすれば、毒はひとりでに効いてくるでしょう。」

「どうなのかな、君――とソクラテスは尋ねた――、この飲み物を、ある神のために灌奠《かんてん》することは許されているのか、いないのか。」

「そういう問いにはわたしどもは関係ありません。ちょうど、飲むに適量と思うだけしか、すりつぶしていないのです。」

　こういいながら、奴隷がソクラテスに毒杯をさし出すと、ソクラテスは少しも躊躇することなく、それを一気に飲みほした。きっぱりとした、この突然の行動に、そのときまでは涙をこらえてきた者たちも含め、居合わせたすべての人たちは動転したのだった。クリトンは絶望のあまり、立ち上がるや、独房から去っていった。アポロドロスは、すでにそれまでもたえまなく涙にくれていたが、この期にいたって、嘆きといらだたしさのあまりに叫喚した。ファイドンは両手で顔を覆って泣いた。

　哀れソクラテスはなすすべを知らなかった。彼は歩きまわり、誰かれとなく何とか慰めようとした。彼はクリトンを呼んで、独房へ戻らせ、アポロドロスの髪の毛をさすったり、ファイドンを抱き締めたり、アイスキネスの涙をぬぐってやったりした。

「なんということをしでかすのだ！　驚いたね、諸君――とソクラテスは抗議しながらも、何とか慰めようと努力するのだった――わたしがクサンティッペを送り返したのは、こんな間違いが生じないように、とそれがいちばん心にかかっていたからなのだ。諸君のほうがもっとひどい態度を取るだろうなどとは想像もしていなかった。さあ、哲人や義人にふさわしく、静かにしたまえ、耐えてくれ。」

この言葉を聞いて、弟子たちは面目なく思い、涙をこらえた。それで、ソクラテスは奴隷から勧められたとおり、独房の中を歩きまわることができた。数分後、脚が重たくなってきたのを感じたので、彼は小さいベッドの上に横たわり、最期をじっと待った。

奴隷はソクラテスの脚を強く圧して、感覚がありますか、と尋ねた。ソクラテスは、ない、と答えた。毒が効いたのだ。下腹のあたりは、すでに全部冷たくなっていた。

「クリトン——とソクラテスはつぶやいた——、アスクレピオス〔医療の神〕に鶏を一羽おそなえしなければならなかった。その責を果たしてくれ。きっと忘れないように。」

「うん、たしかにそうしよう——とクリトンは答えた——。しかし、きみ、ほかに何かいうことはないか？」

こう彼は尋ねたが、ソクラテスはもう何も答えなかった。

数日後、アテナイ人たちはソクラテスの死刑執行を悔いた。喪のしるしとして、体育館、劇場、格闘技場は閉じられた。アニュトスとリュコンは追放され、メレトスは死刑に処されたのだった。

ソクラテスの生涯と思想は一つだった。じじつ彼は接触したすべての人に、絶えず真理を探し求めた。猟犬が獲物を求めるように、彼は人びとを追い求め、街角でつかまえ、質問責めにして、自分らの内部、心の奥底を眺めることを強いたのである。

この哲学者の偉大さに敬意を表するに吝《やぶさか》ではないが、多くのアテナイ人たちはきっと彼をペストみたいに避けたであろうと思われる。彼のずんぐりした姿が聖門に現れるのを見るが早いか、みんなが「ほら、奴だぞ！　ずらかろうぜ！」(41)と叫ぶありさまが思い浮かぶのである。

　プラトンが『ラケス』（一八八Ａ）において語っているところによると、「誰でもあまりにソクラテスに近づいて話をしていると、はじめは何か他のことから話し出したとしても、彼の言葉にずっとひっぱりまわされて、しまいには必ず話がその人自身のことになり、いったんそうなると、その人の言ったことを何もかもきちんと吟味してしまうまで、ソクラテスは放してくれないだろう(42)」とのことだし、またディオゲネス・ラエルティオスの付言によれば、「探究の際に、彼の議論はますます強引なものになっていったので、彼は人びとから拳骨で殴られたり、髪の毛を引っぱられたりすることもしばしばであったし、また多くの場合は、馬鹿にされて嘲笑された(43)」とのことである。

　哲学に没頭した者がみなやったように、彼も青年時代には、きっと自然や星々の研究から開始したと思われるが、それから、ある日のこと、自然学が何の興味も引き起こし得ないことに気づき、すべての注意を知や倫理の問題に集中したらしい。誰かが彼にすばらしい教育の旅をするとか、田舎へ脱出をしてはどうかと勧めると、彼は笑いながら答えるのだった――「いや、土地や樹木は、ぼくに何も教えてくれようとはしないが、町の人たちは何かを教えてくれるよ(44)」。

　ソクラテスの思想をごく簡略に要約するために、彼の主要テーマを三つ説明することにしよう（産婆術、普遍、守護霊［ダイモン］）。

産婆術　ソクラテスが「わたしは自分が無知であることを知っている」というとき、彼は（ソフィステスたちがやっていたように）真理の存在を否定するのではなくて、真理の探求を刺激するのが目的で言っているのである。彼が言わんとしていたのは、こんなことなのであろう——「若いの[45]、この世に真理は存在するのだ。もっとも、このわたしもそれは知らないんだが。しかし、真理を知った誰かが、それを熟慮したとはわたしには思えないので、大事なのは〝知〟へ到達することだと思うんだよ。実際、そうしてはじめて、善がどこにあるかを確実に知ることができるのだ」。

さて、ソクラテスが人間の精神をどう想像していたか、記述してみることにしよう。中央には、雑草の山があり、その下には、真理——つまり、正しい状況判断、〝物事の意味〟——がしっかりと隠されている。知に到達するには何をすべきか、とソクラテスは自問する。まず第一に、雑草を除去し、次に、真理を明るみに出すこと。

第一段階——これは〝雑草除去〟、またはラテン語好きの人びとのためには pars destruens〔除去すべき部分〕と呼んでかまわないだろう——のために、ソクラテスはアイロニー（反語法）を用いている。この語はギリシャ語に由来し、「佯《いつわ》りながら尋ねる」を意味する（*εἴρομαι*＝尋ねる、*εἰρωνεύομαι*＝佯《いつわ》る）。この術では、彼に優る者はいない。彼はいつでもまったく無知で何も事情が分からないという態度を取って、対話者から学びたいというふりをするのだ。彼の質問はだんだんと核心をついていき、ついには相手を自己矛盾に当面させるのである。上述の雑草とは、実は、われわれの精神を悩ます偏見、誤った理想、迷信の全体にほかならない。

地ならしがすんだなら、真の知に到達することが可能となるが、そのためには産婆術、つまり「精神を分娩させる術」が必要となる。『テアイテトス』の中で、ソクラテスは母親のことを憶い出しながら、この術を次のように書いている。

「ぼくの心得ている産婆取り上げの術には、産婆たちのもっているほどのものは、むろんみな所属していて、ただ異なるところとしては、男たちのために取り上げの役をつとめるのであって、女たちのためでないということ、しかもその精神の産をみとるのであって、肉体のをではないということがある。」

ソクラテスは〝自分自身の〟真理を有する者とは自分を想像していず、せいぜい彼は他人が彼ら自身で真理を探求するのを手助けするのである。なぜなら、彼の言によると、「ぼくは知恵を生めない者なのだ。そしてこれは、ぼくが取り上げの役のほうをしなければならんように神（アポロン）が定め給うていて、産むことはしないようにこれを封じてしまわれたからなのだ(46)」。

容易に分かるように、こういう産婆術を実行するためには、ソクラテスは対話を必要とする。換言すると、対話者が彼にどういう刺激を与えるかに応じて、自ら話を即興で作り上げる必要がある（そういう刺激は——論拠であれ反論であれ——真理の発見において前進させる働きがある）。いかなる書き物でも、同じような効果をもつことはできまい、と彼は言っている。なぜというに、なかんずく「ぼくは何も知らない以上、何を書くことができただろう？」

ソクラテスはさらに、文字に対して深い疑念を抱いていたのであって、そのことはプラトンが『ファイドロス(47)』において彼の口から言わせている話からも明らかだ——

「エジプトに、テウト〔ギリシャのヘルメスに相当する、発明の神〕という神がいた。この神は初めて算術と計算、幾何学と天文学、さらに将棋と双六《すごろく》などを発明した神であるが、とくに注目すべきは文字の発明である。テウトがある日、当時エジプトの全体に君臨していた王様タムスのところに行って、いろいろの技術を披露した。しかし、話が文字のことに及んだとき、テウトはこう言った。

『王さま、この文字というものを学べば、エジプト人たちの知恵は高まり、もの覚えはよくなるでしょう』。しかし、タムスは答えて言った。

『たぐいなき技術の主テウトよ、あなたの生み出した文字は、あなたの言ったのと正反対の効能をもつことだろう。なぜなら、エジプト人たちは、書いたものを信頼して、ものを思い出すのに、自分以外のものに彫りつけられたしるしによって外から思い出すようになり、自分で自分の力によって内から思い出すことをしないようになるからである。』」


ファイドロスが、ソクラテスはこの話をらくらくと創作したのだと口を挟むと、ソクラテスは激しく言い返した——

「おそらく君には、語り手が誰であるとか、どこの国の人であるかといったようなことが、重大な問題となるのだね。なぜなら君は、もっぱらそれがほんとうにそのとおりかどうかという、ただそのことだけを考えるのではないのだから。」それから、彼はつけ加えていった、「ものを書くということには、思うに、次のような困った点があって、その事情は、絵画の場合とほんとうによく似ているようだ。すなわち、絵画が創り出したものを見ても、それは、あたかも生きているかのようにきちんと立っているけれども、君が何かを尋ねてみると、いとも尊大に、沈黙して答えない。書かれた言葉もこれと同じだ。言葉というものは、ひとたび書きものにされると、どんな話でも、いつでも、父親の助けを必要とする。自分だけの力では、身を守ることも自分を助けることもできないのだから。」

筆者の私としては、ソクラテスもイエス・キリストと同様、読み書きができなかったのではないかといつも疑ってきた。なるほど、ディオゲネス・ラエルティオスによると、彼はアイソポス風の寓話を書いたとのことだが、こんなことは何の意味もない。彼は書記に口述したのかも知れないからだ。ソクラテスほどの非常に賢明な人が書き方を知らなかったなどというはずがないと異論を唱える者に対しては、私はこう答えたい——今日でも何百万のひどく賢明な人だって、テレヴィ画像での仕事の手ほどきを受けるには一週間しか必要ないのに、コンピューターの操作をまだ修得していないいままだ、と。

実をいうと、当時、読み書きできた人はごく少数だったのである。プルタルコスは、[48]文字を知らないあるアテナイ人が、オストラコン〔牡蠣の貝殻に似た陶器の小片。陶片追放の投票に用いた〕の上にアリスティデスの名を書こうと思って、直接アリスティデスにそれを渡して、その名を書いてくれと頼んだという話を告げている。アリスティデスは驚いて、その人に、追放しようと思っているそのアリスティデスを知っているのかと訊くと、「いいや、私はあの人を知りません。けれどもどこへ行っても〝正しい人〟という名を聞くので厭になります」、といった。それを聞くと、アリスティデスは何も答えず、オストラコンの上に自分の名前を書いて戻してやったとのことである。

普遍　プラトンの対話篇では、ソクラテスは対話者たちに、ある道徳的価値の定義をしばしば要求しており、すると彼らは決まって、ある特別の例を引用して答えている。しかし、ソクラテスはそれに満足せず、「より普遍的な」定義を得るように要求している。(49)

ソクラテス　メノン、きみは徳とは何であると主張するのかね？　どうか惜しまずに教えてくれたまえ。

メノン　お答えするのは別にむずかしいことではありません。まず、男の徳とは何かとおたずねなら、それを言うのはわけないこと、つまり、国事を処理する能力をもち、かつ処理するにあたって、よく友を利して敵を害し、しかも自分は何ひとつそういう目にあわぬように気をつけるだけの能力をもつこと、これが男の徳というものです。さらに女の徳はと言われるなら、女は所帯をよく保ち夫に服従することによって、家そのものをよく斉《ととの》えるべきであるというふうに、なんなく説明できます。そして子供には、別にまた子供の徳があるし、年配の者には別にまた年配の徳があって……。

ソクラテス　ずいぶんぼくも運がいいようだね、メノン、徳は一つしかないというつもりで探していたのに、徳がまるで蜜蜂のように、わんさと群れをなしてきみのところにあるのを発見したのだから。しかしだね、メノン、ついでにこの蜜蜂というものの本質について、それはいったい何であるかとたずね、それに対してきみが、蜜蜂にはいろいろとたくさんの種類のものがあると答えたとしよう。その場合、ぼくがもし次のように質問したとしたら、きみは何と答えるかね？

メノン　蜜蜂にはもちろんいろいろとたくさんの種類があるのだが、それらは何かほかの点、たとえば美しさとか、大きさとか、その他そういった何らかの点で異なっているのだ、と。

ソクラテス　でも、こういうすべての相違点にもかかわらず、「ほら、蜜蜂だ」ときみに言わせる何かが存在するのかい？

メノン　それらが蜜蜂は、蜜蜂であるという点では、どれをとってくらべてみても、互いにすこしも異なるものではない、と。(50)

ソクラテス　さては、きみはミツバチがどの種類に属するかを脇にどけておいても、それを知ることができるわけだ。それじゃ、善とは何ぞやときみに尋ねたらどうかね？

メノン　善とは、隣人を助けることや、お金のない友人にそれを与えることを意味する、と答えるだろう。

ソクラテス　ああ、では、きみがきみの友人ではない人を助けたとしたら、それは善行ではないのかい。

メノン　そういう意味ではないんだ。ぼくの友人でない誰かをぼくが助けた場合でも、それは善行だよ。

ソクラテス　きみがお金を与えたその友人が、このお金を悪用することをきみが知っている場合でも、きみは善行をしたことになるのかい。

メノン　いや、この場合には、たしかにそうではない。

ソクラテス　では要約してみると――友人にお金を与えるのは、善行であるかも知れないし、そうでないかも知れないのに対して、きみの友人でない誰かにお金を与えるのは、善行であるかも知れない、ということになる。

議論がここまで達したとき、メノンはもはや言うべきすべも知らなかったので、ソクラテスは平然と彼に新しい例をいろいろ引用しては、想像可能な、ありとあらゆる善行が何か共通なものを有しており、こういう〝共通なもの〟、こういう〝エッセンス〟だけが善なのだ、と証明してやることができた。こうして、彼は普遍――プラトンのイデアの世界の序曲――なる概念を展開しているのである。そうはいっても、はたしてソクラテスがこういうことをすべて語ったわけではないのではないか、また、ひょっとしてプラトンが前者を利用して最も有名な自説を導入するだしにしたのではないか、という疑念が残るのである。

守護霊《ダイモン》 「ある日、極めて奇妙なことが起きた。われわれが友だちの一群をつくり、アンドキデスの家で正餐を取ってからアテナイに戻った。われわれのうちには、ソクラテス、フルート奏者のカリッロス、占い師のエウテュフロン、ケベス、数名の若いアテナイ人がいた。一行は人が飲酒したときにはしばしば見られるように、陽気に浮かれていた。最年少の連中は合唱で歌っており、ソクラテスはエウテュフロンを彼の占い術のことでからかっていた。

そのときふいにわれわれの師匠は立ち止まり、しばらく自分の考えにじっと没頭し、それから道を変えた――アゴラへ到達するためには、ヘルモグリュフェ通りを辿らねばならないはずなのに、そうする代わりに、指物師街への道を辿ったのだ。彼にこう決心したわけを尋ねると、彼のダイモンによって勧められたからだと答えた。最年少の連中はこの答えを聞いて笑い、フルート奏者のカリッロスと一緒にヘルモグリュフェ通りを降り続けたが、他方、われわれ年長者のほうは、ソクラテスを一人ぼっちにしないために彼に従って別の道を辿った。最短コースを取った連中は、百メートルばかり進んで、ちょうど裁判所の場所で、反対方向からやってきた豚の大群と遭遇した。この群はあまりに数が多く、密集していたため、彼らの多くは、もときた道を引き返さざるを得なかった。フルート奏者のカリッロスは、あくまでもこの大群を突き抜けようとしたため、脚も服もすっかり泥だらけになってアゴラに到着した。」

この話はプルタルコスの著作中に含まれているもので、ずばり「ソクラテスの守護霊」と題されている。(51) 語っているのは、占い師のテオクリトスである。

「諸君の意見では、ソクラテスのダイモンの真の性質はどういうものだったと思うかい」とテオクリトスはこの話の終わりのところで問いを発している。

「ぼく自身もソクラテスのダイモンについて話題にされているのを聞いたことがある——と居合わせた者の一人が答えた——。メガラ出身のある男が告げたところによると、それはたんなるくしゃみに過ぎないという。ソクラテスのくしゃみが、右手からくるか、左手からくるか、後ろからくるか、前からくるかに応じて、彼はあれこれの決心をするのだった。

彼のくしゃみに関しては、すべてこの生理的欲求に彼が襲われる瞬間にかかっていた——彼が動いていたか、それとも停止していたか、に。前者の場合には、彼はその場に釘づけになり、後者の場合には、彼はやろうとしていたことを続行したのだった。

ぼくに語られたことは以上のとおりだが、実をいうと、ソクラテスのような人物が、このような馬鹿げたことに左右されたかも知れない、とはとても信じられない。」

プルタルコスのうわさ話を別にしても、ソクラテス本人も、彼の訴訟の間に、ダイモンがいて、困難な瞬間に勧告してくれるのだ、と公言している——

「……これはわたしには、子供のときから始まったもので、一種の声となって現れるのでして、それが現れるときは、いつでも、わたしが何かをしようとしているときに、それをわたしにさし止めるのでして、何かをなせとすすめることは、どんな場合にもないのです。そして、まさにこのものが、わたしに対して、国家社会（ポリス）のことをするのに、反対しているわけなのです。[52]」

このダイモンの解釈は多種多様である。あるものはそれを内心の声と呼び、他のものはそれを守護天使と呼び、あるいはまた、それを批判的意識、第六感、直観、等々と呼ぶものもある。私見では、それはたんに、ソクラテスが彼のもろもろの決心をそのつど動機づけしなくてもすむようにするために、自分で取っておいた一つの手段に過ぎないと思われる。

注

（1）ディオゲネス・ラエルティオス『ギリシャ哲学者列伝』加来彰俊訳（岩波文庫、（上）、一九八四年）、五七ページ。

（2）プラトン『テアイテトス』一四九A―一五〇C（『プラトン全集』2、田中美知太郎訳（岩波書店、一九七四年）、一九八～二〇二ページ）。
（3）ディオゲネス・ラエルティオス、前出書、一三四ページ。
（4）同書、一三三ページ。
（5）プルタルコス『愛をめぐる対話』、柳沼重剛訳（岩波文庫、一九八六年）、一五ページ。
（6）クセノフォン『ヒエロン』Ⅰ、33。
（7）ここにいうアリスティッポスは、ソクラテスの弟子で、キュレネ学派を開いた人物ではなくて、西暦三世紀の〝偽アリスティッポス〟のことである。
（8）プラトン『饗宴』、二二五E（『プラトン全集』5、鈴木照雄訳（岩波書店、一九七四年）、一〇八ページ）。
（9）同書、二一七B―D（邦訳、一一一～一一二ページ）。
（10）ディオゲネス・ラエルティオス、前出書、一四四ページ。
（11）同書、一四七ページ。
（12）クセノフォン『饗宴』、2、10およびディオゲネス・ラエルティオス、前出書、一四八ページ。
（13）ディオゲネス・ラエルティオス、前出書、一四七ページ。
（14）同書、一三八ページ。
（15）プルタルコス『プルターク英雄伝』河野與一訳（岩波文庫、（五）、一九五四年）、「アリスティデス」、四六ページ。
（16）ディオゲネス・ラエルティオス、前出書、一三八ページ。
（17）ブルネット・ラティーニ『哲学者たち、ならびに他の賢者・皇帝たちの花の生涯』（*Fiori e vita di filosofi e d'altri savi e d'imperadori*, Firenze, 1979）, Ⅶ.
（18）プラトン『饗宴』、二一九E―二二〇D（邦訳、一一六～一一八ページ）。

(19) ディオゲネス・ラエルティオス、前出書、一三七ページ。
(20) プラトン『饗宴』、二二一A―B〔邦訳、一一九～一二〇ページ〕。
(21) プラトン『ソクラテスの弁明』三二C―D〔『プラトン全集』1、田中美知太郎訳（岩波書店、一九七五年）、九〇ページ〕。
(22) 同書、三二B―C〔邦訳、八九～九〇ページ〕。
(23) ヤーコプ・ブルクハルト『ギリシャ文化史』新関良三訳（東京堂、一九五七年）、Ⅳ「神話との破綻」、二九四～二九五ページ。
(24) アリストファネス『スズメバチ』、九三五行「司法官殿、おいどこにいるんだ。わしに小便壺をよこしてくれ。」〔高津春繁訳、『ギリシャ喜劇全集』第一巻（人文書院、一九六一年）三二六ページ〕
(25) ディオニュソス神のための祭儀。ブドウの若枝を手にした青年男女の行進に始まり、激しい陶酔状態で終わった。
(26) ロベール・フラスリエール『ペリクレス時代のギリシャ日常生活』（*La vie quotidienne en Grèce au siècle de Périclès*, Paris: Hachette, 1959), chap., IX.
(27) **ファレロン** テミストクレスがアルコン職に就く以前の、アテナイの最古の港。テミストクレスにより、この港はピレウスに移された（西暦紀元前四九三年）。
(28) オストラキスモスについては、R・フラスリエール（前出書、chap. IX)、J・ブルクハルト（前出書、I「民主政治とアテナイにおけるその形成」、三二六ページ以下）、J・カルコピーノ『アテナイのオストラキスモス』（*L'ostracisme athénien*, Paris, Alcan, 1935）を参照。
(29) プルタルコス、前出書、「アリスティデス」、一六ページ。
(30) ロゴグラフォスについては、J・ブルクハルト（前出書、Ⅳ「雄弁術」、三一五ページ）を参照。R・フラスリエール（前出書）を参照。
(31) アリストファネス『雲』〔田中美知太郎訳、『ギリシャ喜劇全集』I（人文書院、一九六一年）、一二三六

〜二三七ページ〕。

(32) ギリシャ語では *μάζα* という。

(33) **十一人衆**　獄中と刑罰執行を監督したアテナイの司法官。

(34) **プリュタネイオン**　中央の役所であるとともに、公会堂、迎賓館をも兼ねていた。

(35) パラメデスは、オデュッセウスがプリアモスの黄金を天幕の中に隠したために、窃盗の罪をきせられ、石で打ち殺された。テラモンの息子アイアスは、アキレウスの武器を不当にも奪われたために、自殺した。

(36) プラトンは『全集』(岩波書店) のほか、文庫本でも若干のものは読むことができる。

(37) テセウスが七人の少年と七人の少女 (ミノタウロスへの犠牲) を年貢として引き連れてクレタ島へ出発したときに、アテナイ人たちはある誓いを立てた――もしもこの英雄がこれら犠牲を救出したならば、アポロン神に敬意を表して、毎年デロスへ使節団を派遣すること、そして、この船が航海中は、アテナイでは何人も国家の命令により殺されてはならないこと。

(38) プラトン『クリトン』、四三A―B〔『プラトン全集』1、田中美知太郎訳 (岩波書店、一九七五年)、一一八〜一一九ページ〕。

(39) ヘルモゲネスが〝貧者〟として知られたのは、彼が実際にそうだったからばかりでなく、彼がアテナイ随一の金持ちカリアスの兄弟であったからでもある。

(40) 十二面体は十二の五角形から成り、実際上、ほとんど球に近い。だから、ソクラテスの述べているところに従えば、この球は今日のフットボールによく似ている。

(41) ナポリ方言では、"Oilloco, oilloco, fuitavenne!" アテナイ人は "*Ἰδοῦ αὐτὸν, ἰδοῦ αὐτὸν, φεύ-γετε!*" と叫んだに違いない。

(42) プラトン『ラケス』、一八八A〔『プラトン全集』7、生島幹三訳 (岩波書店、一九七五年)、一三一ページ〕。

(43) ディオゲネス・ラエルティオス、前出書、一三五ページ。

(44) プラトン『ファイドロス』、二三〇E（『プラトン全集』5、藤沢令夫訳（岩波書店、一九七四年）、一四〇ページ）。
(45) ナポリ方言では“guagliù”.
(46) プラトン『テアイテトス』、一四九A—一五〇C（邦訳、二〇二ページ）。
(47) プラトン『ファイドロス』、二七四—二七五（邦訳、二五四～二五八ページ）。
(48) プルタルコス「アリスティデス」（前出）、一七～一八ページ。
(49) プラトン『メノン』、七一—七二（『プラトン全集』9、藤沢令夫訳（岩波書店、一九七四年）、二五〇～二五二ページ）。
(50) ここまでは『メノン』による。後続の、善に関する例は、普遍なる概念をより明白にするために、筆者（クレシェンツォ）が付加したものである。
(51) プルタルコス『ソクラテスの守護霊』、五八〇D—F。
(52) プラトン『ソクラテスの弁明』、三一D（邦訳、八八ページ）。

第2章　小ソクラテス派の人びと

ソクラテスの弟子でもっとも代表的だった人物は、アンティステネス、アリスティッポス、エウクレイデス、ファイドン、プラトン、アイスキネス、クセノフォンの七名である。このうち、最初の四人は独立して、それぞれ哲学一派を開いた。アンティステネスは犬儒《キュニコス》学派、アリスティッポスはキュレネ学派、エウクレイデスはメガラ学派、ファイドンはエリス学派を興した。伝来の著作物においては、彼らは〝小ソクラテス派〟と呼ばれているが、これはきっと、(アカデメイアの創建者)プラトンの気を悪くさせないためで、その証拠に、プラトンには〝大ソクラテス〟の称号が当然ながら与えられているのである。

ソクラテスとこれら門下各人との出会いをめぐっては、いろいろと伝説がまとわりついている。クセノフォンとのアテナイ路地での出会いについては、すでに述べた。しかし、アンティステネスに関してはどうかというと、ピレウスに住んでいたものだから、師匠の話を聴くためには、気の毒にも毎日四十スタディオン(七・四キロメートル)の道のりを徒歩で往復しなければならなかったのである。[1]

エウクレイデスとなると、問題はもっと深刻だった。それというのも、メガラ生まれだった彼は、旧い掟のせいでアテナイの地域に入ることを許されず、これを犯せば死刑に処される恐れがあったからだ。それでも、彼はこんなことに妨げられることなく、毎晩、女装して境界を越えたのだった。[2]

プラトンにあっても、事態は同然だった。ある日ソクラテスが午睡していると、膝の上で一羽の幼い白鳥をあやしている夢を見た。その白鳥は翼を広げてから、窓より飛び去った。その直後に、プラトンが戸口に現れてソクラテスに言った、「あの白鳥はぼくなのです(3)」。

アイスキネスは、門下生に加わらないか、とのソクラテスの招きに答えて言った、「ぼくは貧乏ですから、師匠にぼく自身を差し上げることしかできません」。するとソクラテスは、「で、それでは足りないと思うのかね(4)」。

エリスのファイドンは、少年の頃、アテナイ人によって奴隷にされたため、遊郭で体を売らなくてはならなかった。ところが、ソクラテスとクリトンが彼の賢さに打たれて、彼を身請けして、自由にしてやったのである(5)。

偉大な哲学者の薫育《くんいく》にもかかわらず、七名の弟子たちは互いに心底憎悪し合っていたのであり、銘々が自分はソクラテスの思想の唯一の真の解釈者だ、といって聴衆の前に立ったのである。

犬儒学派《キュニコス》の人びと

風俗史をたどってみると、ときどき、できるだけぼろ服を着ることが流行した時代があり、しかもこういうだらしない服装をするのが一つの生活スタイルの表われにほかならなかったことに気づくものである。若干の例だけに留めても、ギリシャの犬儒学派、あらゆる時代のボヘミアンたち、フランスの実存主義者たち、ビート派（beat generation）、ヒッピー族、そして最後に、今日のパンク族が思い浮かぶ。

文化的流行を別にしても、労働界と何とか妥協して暮らすよりも、戸外のセーヌ川の橋の下で眠るほうを好む人たちの古典的な例としては、教養あるルンペンたるクロシャール（clochard）がいる。味噌も糞も一緒くたにする（たとえば、犬儒学派をパンク族と混同する）ことをしたくはないが、それでも言いうることは、こういう運動のいずれにおいても、自由への抑え難い欲求があったという点だ。犬儒学派の思想に接近することを可能にする鍵は、まさにそこにこそ求めねばならないのである。

魂の至高善と解しての自由は、犬儒学派の人びとにとっては、自己満足によってしか到達され得ない。生粋の犬儒学派の人は、自らの肉体的・感情的欲求の奴隷になることは決してなく、飢え、寒さ、孤独を決して恐れず、また、性、金銭、権力、名誉に対しても決して欲求を感じはしない。もしもこういう人間が狂人に見えるとしたら、それはただ、彼の選んだ生活様式が大多数の人間のそれと根本的に異なっているからに過ぎない。

生の最高価値が魂（プシュケ）のそれであることを発見し確信してからは、犬儒学派の人は自分が生きている社会と伝統的価値に対して破壊的批判を加えるのである。これはソクラテス的思想の過激主義者なのだ。すなわち、存在を自分自身との純粋の共同生活に還元し、仮象を耐え難いアクセサリーとして拒否するのである。

アンティステネス、ディオゲネス、クラテス、メトロクレス、ヒッパルキアは、この学派のもっとも著名な代表者だった。

アンティステネスは同名のアンティステネスの息子、〝まぎれもない犬〟（Ἁπλοκύων）と綽名されていた。西暦紀元前四四六年にアテナイで生まれた。父親はアテナイ人だったが、母親は奴隷だったから、彼は完全な市民とは見なされ得なかった。しかし、このことが彼に快楽を味わうのを妨げはしなかったらしい。

哲学に興味を抱き、まずソフィストたち（ゴルギアス）、ついでソクラテス、そして最後に自分とぴたり同じ考え方をする友人仲間に加わり、後者たちとともに、〝犬儒〟学派を創設した。この学派名の由来は、彼らがいつも話し合う場所にしていたキュノサルゲス（Κυνόσαργες「白い犬」）にあるらしい。この体育場は外国学生用のもので、アテナイの壁の外のすぐ傍のイリッソス川岸にあった。

ほかの人びとの語るところでは、アンティステネスが〝犬儒学派の人《キュニコス》〟と呼ばれたのは、生涯をずっと主人のいない犬（κύων）のように生きたからだという。(6)

マグネシーアのディオクレスによると、アンティステネスは初めて「自分の外套を二倍にした」、つまり、中で眠れるだけの十分な大きさにしたというから、実際上、彼は史上初めて寝袋を考案したことになる。(7)

クセノフォンは『饗宴』の中でアンティステネスを次のように紹介している。

「私の意見では」とアンティステネスはいった、「富とは、あたかもある物体であるかのように人が家の中に貯えることのできる具体的財産ではなくて、魂の状態なのです。そうでないとしたら、なぜある人たちが、多くの財産を所有していながら、さらにお金を蓄えるためだけに危険を冒したり、苦労したりして生き続けるのか、その理由が説明できないでしょう。同じく、ある僭主たちが権勢欲や財産の虜《とりこ》になるあまり、だんだんとひどい罪を犯すようになる理由も理解できないでしょう。彼らは、いつも食べ続けていながら、決して満腹しない人びとにそっくりです。

反対に私は、一見貧乏そうですが、非常な物持ちですから、わざわざ自分でそんなものを見つけようとはしません。もっとも気に入ったところで、眠ったり、食ったり、飲んだりしており、世界全体が自分のものであるような感じがしているのです。食べ物をより欲しくなるようにするために、自分の食欲をかき立てるようにしています。つまり、しばらく絶食し、一日だけ断食した後では、口に運ぶ食べ物が何でも極上の料理に見えるのです。

私の身体が情交を求めるときには、私は醜女と交わります。こういう女は誰からも求められませんゆえ、大喜びで私を受け入れることができるからです。要するに、みなさん、大事なことは、何も必要としないということなのですよ(8)。」

彼のこういう方針にもかかわらず、結局のところ、彼は女性に関してはある種の弱みがあったに違いないことが分かるのである。それというのも、彼はある日のこと、「ああ、アフロディテを両腕に抱けたらなあ！　息の根を止めてやるのだが(9)」と洩らしたからだ。

彼の有名な言葉をもう二つ引用しておこう――「私は快楽に耽るぐらいなら、気が狂っているほうがましだ(10)」、「金銭を愛する者は誰でも善良ではあり得ない(11)」。

彼はソクラテスの〝沈着さ〟に感嘆していたが、この師匠からは、しばしば面白がってからかわれていた。たとえば、ある日のこと、アンティステネスが非常に汚い姿をし、ぼろぼろの上衣を着てやってくるのを見て、ソクラテスはいった、「アンティステネス、君の上衣の穴からも、君の名声欲がぼくにはちらつくね[12]」。

年を取るとともに、彼は同年の人が見舞われる以上に肉体的苦痛をだんだんと感じるようになった。八十一歳のとき重病にかかり、絶え間なくうめいていた。すると、ある日、彼の弟子のディオゲネスが見舞いにきた。例の資料によれば、そのときの会話はだいたい次のとおりだった[13]。

「友人は必要ないでしょうね」とディオゲネスは家に入りながら尋ねた。

「おお、ディオゲネス、よくきてくれたな」とアンティステネスは苦痛の表情を浮かべて叫んだ。

「誰が私をこの苦痛から救ってくれるだろうか」。

「これですよ」とディオゲネスは落ち着いて答えながら、短剣を示した。

「うへぇー」とアンティステネスは身をかわしながら、すくっと半身を起こして答えた、「私は『苦痛から』といったのであって、『生きていることから』といったのではないよ！」

犬儒学派のディオゲネスは西暦紀元前四〇四年にシノペに生まれた[14]。父親ヒケシアスは町の中心で両替屋を営んでいたが、ある日のこと、多量のお金を扱ったために、その一部を改鋳して贋金《にせがね》を作ろうという考えが湧いた。

哲学者エウブリデスの主張するところでは、この贋金作りを働いたのはディオゲネス本人だったという[15]。いずれにせよ、確かなのは、父親も息子もともに罰せられ、前者は終身投獄され、後者は追放されたということである。

訴訟のとき、ディオゲネスは罪をアポロンに転嫁して、自己の立場を弁護した。事実、デルフォイの神託が彼に「故郷に戻って、国体を改めよ」と命じたという。ところが、彼はどうすべきか躊躇した挙げ句、まず、市民たちに新しく貨幣を造ることを提案することから始めたらしい。

とにかく、彼が判決をコメントして述べた言葉、「シノペの人たちが私を追放の刑に処した以上、私としては、彼らに祖国から離れられないとの判決を言い渡す」が本当だとすれば、彼に科せられた罰も、それほど彼を苦しめるものではなかったに違いない。

アテナイにやってきてから、アンティステネスに会い、そして三十分も経たないうちに、犬儒学派に同調した。当初、老哲学者は自分の言葉の説得力を自慢したが、それから、この新弟子が世の端までも自分につき従おうと決心したのを悟って、杖でおどして追っ払おうとした。

ディオゲネスは少しもひるまずに、頭をさらに少々さしのべていった、「アンティステネス、さあ打ってください。そうすればお分かりになりますよ、その杖はあなたのお言葉をちょうだいする前に、私を追っ払うことができるほど、じょうぶなものではないことを」。

シノペのディオゲネスについては逸話が山ほどある。樽の中に住んでいたことや、白昼ランプをさげて街中《まち》を歩き、大声で、「人間を探しているのだ」と言い張ったことは周知のところである。

アレクサンドロス大王との出会いはあまりにも有名である。大王が馬を駆ってコリントスの市街を通ったとき、コリントス郊外のクラネイオン(16)の階段に寝そべって日向ぼっこをしているディオゲネスを見た。

「余は大王アレクサンドロスであるぞ。で、そちは何者か。」

「俺は犬のディオゲネスである。」

「何なりと望みのものを申してみよ。」

「どうか、俺を日陰におかないようにしてもらいたい。」

彼の持ち物は必要最小限に限られていた。夏冬を問わず、着たり眠ったりするための外套一着。食べるための皿一個。飲むためのカップ一個。これだけだった。ところがある日、男の子がパンの穴にソラマメを入れてもらっているのを見て、皿を捨て、また、同じ子供が手で水をすくって飲んでいるのを見て、カップをも捨ててしまった。

性欲に関しては、彼はマスターベーションを実行していた。これがもっとも簡便に満足を得られる方法だと考えていたからだ。市場の公衆の面前でこんなことをするのを咎《とが》める人に対しては、「ああ、お腹もまたこんなぐあいに、こすりさえすれば、ひもじくなくなるというのならいいのになあ」と答えるのだった。

気温の変化に慣れようとして、夏には焼けつくような砂の上に身を横たえ、冬には雪の上に身を曝した。こういう振る舞いは奇妙に見えるかも知れぬが、今日のわれわれだって、同じようなことをしているではないか。

いずれの犬儒学派と同じく、彼も快楽に対して激しい不信感を抱いていた。ある晩、知人が饗宴に出かけるのに出会って、その者に彼は叫んだ、「君はもっと悪人になって帰ってくるだろうよ」。隣人に対しての彼の敬意はあまり高くはなかった。ある日、彼が彫像に尋ねているところを人に見られた。どうしてそんなことをするのかとの問いに、彼は答えた。「断られるのを練習しているのだよ」。

彼とプラトンとの関係は決してかんばしいものではなかった。彼はプラトンとの対話を「時間のまったくの浪費」と考えていたが、プラトンのほうでもしっぺ返しをして、彼を「狂えるソクラテスだ」と呼んだのだった。(17)

哲学上のある論争において対立し、プラトンのイデア説が議論されたとき、ディオゲネスは周囲を見回していった、「ぼくには机や盃は見えるけれども、〝机というもの〟とか、〝盃というもの〟とかは、どうも一向に見えないね」。

するとプラトンは、「それはもっともだ、なぜなら、君は机や盃を見る目は持っているが、〝机というもの〟や〝盃というもの〟を考究する知性を持ってはいないからね」と応酬した。

ディオゲネスは、哲学者のプラトンが美しい品物でいっぱいの快適な家に住んでいるのを見るのが耐えられなかった。ある日、どしゃ降りのとき、彼はプラトンの寝室の中に嵐のように入り込み、泥だらけの足で、刺繍を施した掛け布団や絨毯《じゅうたん》を踏みつけ、それから再び街中に出て行って、両足を入念に汚した上でまたも部屋に入り込み、またしても掛け布団や絨毯を踏みつけた。(18)プラトンは干渉せずに、黙って見つめていた。

「ぼくはプラトンの傲慢さを足蹴にしているんだ」とディオゲネスは叫んだ。

「君だって同じくらい傲慢なやり方をしている」とプラトンがいい返した。

しかし、ディオゲネスにはユーモアのセンスも欠けてはいなかった。ある日、ひどく下手くそな射手の弓の試し矢を見物していて、彼は標的のすぐ傍に行って坐り、「私が安全に居れるのはここだけだ」といった。またあるときは、絨毯や装飾品でいっぱいの華美な邸宅にきていて、家主の顔に唾を吐いた。それから、すばやく自分の外套の端でそれを拭ってやりながら、詫びていうのだった——この家の中には、唾を吐けるほど汚らしい場所が見つからなかったもので、と。

長い一生を通して、彼はさんざんな目にあった。もう年老いてから、ある日アイギナ島への航海中に、スキルパロスの率いる海賊たちによって捕えられ、クレタ島に連れて行かれて奴隷市場で売りに出された。そして触れ役の者が、お前にはどんな仕事ができるか、と訊ねたとき、彼は「人びとを支配することだ」と答えた。

また、その折に紫の縁飾りのある立派な衣裳を身につけた、クセニアスデスなる者を見つけて、「この人に俺を売ってくれ。彼は主人を必要としている」とつけ加えた。それで、ディオゲネスはクセニアデスによって買い取られ、生涯を終えるまで、子供たちの監督として、主人の家に留まった。九十歳になったとき、彼は自分で息をつめて死んだ。

ある人たちのいうところによると、彼は死が迫っていたときに、死んだら自分を埋葬しないで、穴の中へ投げ込み、野獣の餌食にでもするように、と命じたということである。しかし、誰が彼を埋葬するかということで、弟子たちは互いに争い合い、結局、国費で彼のために円柱状の墓碑を建て、その上に大理石の犬を据えたのだった。

クラテス、(19) ヒッパルキア、メトロクレスはそれぞれ、夫、妻、〔クラテスの〕義兄であり、一つの犬儒学派家族を形成していた。彼らが生きたのは、アンティステネスよりもかなり後のことだったかから、グループのうちの最年長者クラテスがほんとうにディオゲネスの弟子であったかどうかは信じ難い。クラテスの全盛時代《アクメー》であった西暦紀元前三二三年頃には、犬儒学派のディオゲネスはすでに八十歳を越えていたのである。テバイ〔テーベ〕でも最裕福な市民の一人アスコンダスの息子だったとはいえ、クラテスはほとんど全生涯を貧乏のうちに過ごした。ディオゲネスに出会ってから、クラテスは財産をすべて金に換えて、その二百タラントンをテバイ市民たちに分配してやったということである――「クラテスはクラテスを解放する」と叫びながら。

アテナイにやってきてから、彼は「扉を開ける人」(*θυρεπανοίκτης*)[20]と綽名されたが、それは彼がところかまわずノックもせずに人の家に入り込み、人びとに処生訓を示そうとする困った癖を持っていたからだった。外見上では、彼は美男子ではなかったらしいし、たぶん少々せむしでさえあったらしい。

彼が運動場で練習しているのを見て、人びとはみな彼のことを嘲笑した。ある日、オリンピック・チャンピオンのニコドロモスなる者とけんかを始め、その結果、片目に醜い黒あざができてしまった。翌日、彼は額の上に「これはニコドロモスの仕業だ」と書き記し、打撲傷を受けた目を指し示す矢印のついた布切れを貼りつけ、アテナイ市街を散歩した。

毎晩、彼は娼婦たちが客待ちをしている四つ辻に出かけて、彼女らをわざと罵っていたが、こうした〝婦人たち〟からの悪態は、彼にとって、アゴラで他の哲学者たちをより高いレヴェルの論争に引きずり込むのに役立ったらしい[21]。

すべての犬儒学派の人びと同様、彼も大変長生きした。少食と戸外生活は、心にとって有益なだけでなく、肉体の健康にとっても有益であったに違いない。

メトロクレスはトラキアの町マロネイアに生まれた。[22] 非常に内気な子供だったので、両親は子供の性格を強くしてくれる師匠に託することに決めた。そこで当時、厳しい人として評判だった、犬儒学派のクラテスが選ばれた。

まず、クラテスは彼に身体を鍛えることを勧め、運動場へ連れて行った。不運にも、重量挙げの練習中に、メトロクレスはおならをしてしまった。そのために、彼はすっかり気落ちしてしまい、食を絶って死ぬ決心をした。

このことを知ったクラテスは、彼にそれを止めるように説いて聞かせようとしたが、果たせず、何をいっても無駄に終わったので、彼にこんな質問をすることを思いついた。

「君は生より死のほうが好きなのかい。」

「うん。」

「じゃ、君の返事からすると、死が何であり、生が何であるかを君は知り尽くしているらしいね。」

「いや、そうではないが、それでもぼくは死にたいんだ。」

「それじゃ、君が生きる決意をしたらどうなるか、また、生きることを諦めたら何を失うかを知りたくはないのかい。」

「ぼくはいったい何を失うのかね」と少年は訊いた。

「ついてきなさい。そうすればやがて分かるよ。」

翌朝早く、クラテスは二キロのハウチワ豆を食べてから、メトロクレスを連れて執政官《アルコン》たちの元に行った。

「こちらは都市のアルコンのみなさんだ。いつか、君だってその一員になれるかも知れないよ。」

こう言いながら、アルコンたちの前で深く頭を下げ、その際、おならを出した。弟子が運動場で出したのよりもはるかに派手に。それから、彼は弟子を軍司令官たち、当番評議員《プリュタネイス》たち、監督官《エフォロイ》たちのところに連れて行き、そのたびごとにびっくりするようなおならを出した。要するに、師匠があまりにも懸命にそれをやったために、少年のほうもとうとう、このちょっとした出来事に慣れてしまい、自殺しようとの考えを放棄したのだった。

メトロクレスはその後、偉大な哲学者となり、極めて高齢になってから死んだ——両手でのどを絞めることにより。

ヒッパルキア[23]はメトロクレスの妹で、史上でもユニークな女流哲学者だった。大変な美少女だったらしく、そうでなければ、すでに年老いていたクラテスと彼女との結婚について物語るときのディオゲネス・ラエルティオスの驚きは説明がつかないであろう。

マロネイアのもっとも美男子の者やもっとも金持ちの男たちがみな、彼女を娶ろうと欲したが、彼女は師匠を失わないようにするために、自殺するといって彼らを脅したらしい。両親は困りはてて、とうとうこの哲学者自身のところに出向き、どうか娘にこの企てを諦めさせてもらいたい、と嘆願するにいたった。

クラテスは、要するにそんなに悪人ではなかったし、自分の醜さを自覚していたから、彼女の前で真っ裸になって言った――「ヒッパルキア、ほら、これがあなたの花婿だ。そして財産はここにあるだけだ」。

ところが、彼女も生粋の犬儒学徒だったから、それでもクラテスを夫に選んだ。二人は公然と性交し、息子を一人得、これにパシクレスという名前をつけた[24]。

犬儒主義は一つの哲学流派というよりも、一つの生活様式だった。自らの欲求からひとたび解放されるや、犬儒学派は政治学、物理学、哲学的思弁にも関心を寄せず、もっぱら倫理学だけに専念した。彼らは自らを「家も、都市も、祖国もない、世界市民」と定義していた。

いつの時代でも、どこでも、犬儒学徒はつねに存在した。万人にとって範例となりうるものを一つだけ挙げることにしよう。西暦紀元後九〇年にキプロス島で生まれたデモナクスである。彼は誰にも迷惑をかけず、いつも上機嫌で、平和を愛し、みんなに親切だった。みんなから食べ物を与えられたから、それを乞う必要もなかった。彼が集会に姿を現すと、アルコンたちは立ち上がり、みんな絶対沈黙を守るのだった。非常な高齢になったとき、絶食によって生涯を閉じた。

アテナイ人たちは国費で彼を葬い、墓を花々で飾った。彼らは明らかに自分自身の欠陥を自覚していたのであり、彼とわが身を比べて、己の罪深さを痛感していたのだった。

キュレネ学派の人びと

犬儒学派からキュレネ学派へ至ると、大跳躍をすることになる。哲学的由来はまったく同一なのに、アンティステネスとアリスティッポスとでは、想像しうる限り、もっとも対立した思想家なのだ。前者が犬に比べられるとすれば、後者は猫の性質と行動をことごとく備えていた。[25] このことについて納得するためには、またしてもディオゲネス・ラエルティオスが伝えている、二面的な次の逸話を少々追考してみるだけでよい。[26]

ある日、ディオゲネスが野菜を洗っていると、その傍をアリスティッポスが通りかかるのを見て、ディオゲネスはからかって言った――「もし君がこんなもので食事をすることを知っていたなら、独裁者たちの宮廷でぺこぺこすることはなかったろうにね」。

するとアリスティッポスは、「君のほうだって、もし独裁者たちと交際するすべを知っていたなら、野菜なんか洗わずにすんだろうにね」とやり返した。

ほかの著者たちも同じ逸話を語っているが、応答の順序は逆になっている。今度は、アリスティッポスが先に口をきっている――「君がもし金持ちたちと話をするすべを知っていたなら、野菜なんか食べずにすんだろうにね」。

するとディオゲネスはやり返す――「でも君だって野菜を食べることを知っていたなら、権力者たちの前でぺこぺこすることはなかったろうにね」。[27]

野菜は脇にどけるとして、両者いずれの場合でも、この逸話は注目すべき二つの人生態度を浮き彫りにしている。

アリスティッポスはアフリカで（西暦紀元前四三五年頃）生まれたが、ギリシャ人であることに変わりなかった。彼が生まれたキュレネ市は、二〇〇年ばかり前に、テラ島からやってきたギリシャ人入植者によって建設されたのである。ピンダロスによると、彼の家族はリビア全体でもっとも高貴でもっとも金持ちだったとのことだが、これはどうやら、後に快楽主義者になるアリスティッポスが、幼年時代から奢侈《しゃし》に慣れっこになっていたことを正当化するためだったらしい。

十九歳（もう一年早くか遅くかも知れない）のときに、彼はオリンピック競技の折にギリシャに赴き、そこでヒスコマコスなる者と識り合う。そして後者から、アテナイには、青年たちを話術で惹きつける、ソクラテスなる名前の人物が住んでいる、との話を聞かされた。

アリスティッポスはそれを聞いたとき、感動のあまり、「彼の身体は衰弱し、顔色は青白く、やつれてきたので、とうとう焼けつくような渇きを覚えつつ、アテナイへの道をたどり、この泉から飲み、人間についての知識を手に入れようとした(28)」らしい。

ある歴史家たちの伝えているところでは、アリスティッポスはソクラテスに出会う前に、すでにソフィストたち、とりわけ、プロタゴラスと付き合っていたし、それどころか、彼自身、試練ずみのソフィストだった、とのことだ。

逆に、別の人びととの主張するところでは、彼がこういう噂を得たのは、ただ有料の授業をしたからだ、という。思うに、アリスティッポスはただたんにナポリでいうところの〝nu signore〟にほかならなかったのではあるまいか。つまり、彼は良い暮らしを好み、それを可能にするために、自分の功績に相応の支払いを要求したのだ。

ある父親が弟子入りさせるために彼のところへ連れてきて、請求された五〇〇ドラクマの教授料を払いたくないため、「それだけだせば、奴隷が一人買えますよ」というと、アリスティッポスは「ではそうしなさい。そうすれば、あなたは二人の奴隷——あなたの息子と、あなたの買い入れた奴隷——を持つことになるでしょうよ[29]」といい返した。

彼は弟子の能力に応じて異なる料金を課していた。もっとも聡明な者には値引きし、最も愚かな者には追加料金を要求したのだった[30]。

彼はある日、最善を尽くして、何とかソクラテスにも二〇ムナの金を受け取ってもらおうと試みたが、しかしこの老哲学者は、ダイモン〔守護霊〕がそれを受け取ることを許さないのだ、と〝外交的に〟答えた[31]。

アリスティッポスの同胞に対する態度は、疑いもなく、きざ《スノッブ》そのものだった。船旅をしていて、嵐に襲われたとき、彼は周章狼狽したため、相客が「われわれ凡人でも平気でいるのに、あなた方哲学者がびくびくなさるとはね」と嘲けった。すると、彼はいつになく険悪になって、こう答えた——「君とぼくとでは、助かろうとしている命が同じではないからね。ぼくはアリスティッポスの生命を、君は役立たずの生命を恐れているんだ[32]」。

アリスティッポスを理解するには、金銭に対する態度を知る必要がある。彼は決して守銭奴ではなかった。自分の（夥しい）欲望を満たすだけのものを手に入れようとしていたのだった。彼は「金のためにアリスティッポスが命を失うよりも、アリスティッポスのために金が失われるほうがましだ(33)」といつも語っていたのである。窮したときには、貧乏暮らしをする覚悟もできていたようだ。ある日、公衆浴場を出るとき、ふざけ半分に、ディオゲネスの汚くてぼろぼろの外套を羽織った。いうまでもないが、ディオゲネスはこのキュレネ学徒の緋色のクラミュス〔古代ギリシャで若者が戸外で着用したマント。右肩で留めるのが普通だった〕しか着物が残っていないのを見たとき、裸で出て行くほうを選んだ。

この話は少なくとも、自主性に関しては、アリスティッポスが同胞たちよりも先に進んでいたことを分からせてくれるし、同じ意見はホラティウスも表明していたのである――「アリスティッポスには、どんな外観・立場・事情でもぴたり似合っていましたが、彼はより良きものを目指しながら、たいてい現状に安んじていました(34)」と。

クラミュス

着物に関しては、彼とプラトンにまつわる逸話からも同じことが知られるのである。二人が〔シラクサの僭主〕ディオニュシオス〔一世（前四三〇頃－前三六七）か、二世（前三九五頃－前三四三以後）かは未詳〕の宮廷で一緒だったとき、この僭主から女装するよう命じられた。プラトンは女の衣裳を着けることはできないといって拒んだが、逆にアリスティッポスのほうはすぐに承諾して、当意即妙に〔同じエウリピデスの詩句を用いて〕「よしバッコスの宴にあっても、思慮がある女ならば、身を汚すことはなかろう(35)」と答えた。

われわれはここで、「内的自由とは何か」という中心問題に到達したことになる。アリスティッポスは精神的な安定をしっかり保持しているから、富の海であれ、権力の海であれ、エロスの海であれ、恐れることなく渡ることができるのだ、と宣言していた。

芸妓のライスと懇ろにしていると詰問されて、彼はこう言って弁明した――「ぼくが彼女を持っているのであって、彼女に持たれているわけではないよ」(ἔχω ἀλλ᾽ οὐκ ἔχομαι)[36]。または、こうもいったという――「危険なのは、入ることではなくて、出てくることができないことだ[37]」。

小話に付け加えておくと、ライスはアリスティッポスとの関係がいい宣伝になると考えて、彼からは支払ってもらわなかった[38]のに対し、かわいそうなデモステネスからは一万ドラクマもの巨額を要求したのだった[39]。

プラトンは彼が我慢できなかったし、クセノフォンは彼を毛嫌いしていたし、アイスキネスはしょっちゅう彼とけんかしていた。ディオゲネスは彼を徳の敵と見なしたし、また後の数世紀には、キリスト教が弘まるにつれて、教父たちや、信心で凝り固まった歴史家たちは、彼を散々くさした。だが、なぜ彼らはみんなアリスティッポスに腹を立てたのか。

ある人びとは、彼が哲学の教授料を支払わせたから非難されたのだといい、他の人びとは、彼が放埒《ほうらつ》な生活をしたからだ、と考えている。しかし、私見によれば、ただたんに、彼が浮かれたようすをしているのを誰もが許す気になれなかっただけのことだ、と思われる。

ソクラテスの門下生どうしの最初の思想的対立は、アリスティッポスの快楽主義――これはとりわけ、感覚的現実を意識的に知覚することである――と、プラトンのイデア論との間に発生する。これほど相異なる二人の哲学者どうしの間に、和合があり得なかったのは明らかだ。国家と共同体だけがすべてだったプラトンには、アリスティッポスのような個人主義者は反感しか抱かせ得なかったのだ。プラトンが対話篇『ファイドン』[40]の中で、ソクラテスの死に立ち会った人びとを全部数え上げる際に、わざわざアリスティッポスが欠席していたことを強調しているのも、決してゆえなしとしないのである。次にプラトンの本文を掲げよう。

「**エケクラテス**　よその都市《くに》の人たちも、いたでしょうね。

ファイドン　ええ、テバイのシンミアスも、ケベスもいたし、またファイドンダスもいました。それにメガラからは、エウクレイデスと、テルプシオンが来ていました。

エケクラテス　では、どうでしょう。アリスティッポスもクレオンブロトスも、そこに居たのではなかったでしょうか。

ファイドン　いいえ、たしか二人は、アイギナ島にいっていたということでした。」

ところで、アイギナはピレウスからほど遠くない小島であり、快楽と遊蕩の場所として知られていたのである。とりわけ、アリスティッポスの〝お気に入り〟のライスは、アイギナに住んでいた。[41]プラトンはもちろん、こういう細部をすべてことさら強調する必要を感じてはいなかったのであって、彼はアテナイ人たちが行間を十分に読み取れることを承知していたのである。

事実、これは〔暗号文でなく〕平文に直せば、「ソクラテスが死ぬ破目にあったのに、この二人はアイギナで楽しんでいた」と書いたようなものなのだ。キケロが書いていることを[42]信じるなら、あわれクレオンブロトスはこの意地悪な行を読んで、岩の張り出したところから海に身投げしたという。ソクラテスの死後、アリスティッポスは旅を重ねた。シラクサ、コリントス、アイギナ、メガラ、スキルンテ、そしてもちろん、生まれ故郷キュレネで目撃されている。すでに高齢のとき、彼は小アジアに滞在していて、ペルシャの大守アルタペルネスに捕えられたらしい(43)。死んだのはイタリアのリパリで、年は七十歳くらいだった。彼は数多くの対話録と若干の旅行記を著したが、そのうちには、『リビュア史』三巻も含まれる。この著書の若干の断簡だけが残っている。

アリスティッポスの思想の中心は、「消え去る瞬間」を生き抜くことのできる能力に向けられていたのであり、これはまさしくナポリ人の考え方そのもので、「世界が輪の中を回る以上、われらはまさに過ぎ去らんとする瞬間を活用しようではないか(44)」という詩句に含まれているものなのだ。

大半の人間は年齢に応じ、過去への憶い出に耽ったり、未来にしがみついたりして、各自の実存を耐え忍ぶ。(アリスティッポスによると)少数の秀いでた人びとだけが、現在にすっかり没入して生きることができる。

年老いた人びとが「二十歳《はたち》のときには何と幸せだったことか」(ほんとうは決してそうではなかったことが知れ渡っているのに)、と思案顔でため息をついているのをわれわれはしばしば聞くし、また、肉体的にも精神的にも絶頂の状態にある若者たちが、不確かな未来を当てにしているのを、われわれは同じくらいしばしば見かける。

だが、「この瞬間、私は病人でないし、私の愛する人たちはみんな息災だし、こんな幸せなことはない」といった、ごく簡単な確認を生じさせるだけの元気さを誰も自覚してはいないと見える。喉が渇き、コップ一杯の水を飲むことができ、その際、「この水は何とおいしいことか」と考える——これこそが、典型的なキュレネ学派的な振舞いなのだ。

「快楽はそよ風であり、苦痛は嵐だし、毎日の生活は大凪《なぎ》にも比べられる中間状態だ」。アリスティッポスのこのヨット操縦的な散文こそは、われわれの舟を快楽が合図している地帯へ差し向けることがいかに必要かをわれわれに悟らせてくれる。

キュレネ学派の思想にさらに接近するために、われわれとしては、ヘラクレイトス、アリスティッポス、ピランデッロを一緒にして、そこから一つの理論を抽き出すことにしよう。それは、時間は刻々異なる瞬間から成り立っており、人もまた、もはやその生涯の過程でいつも同じままではない、ということである。生きるということは、したがって、いたるところで局外者でありながら、正しい瞬間を正しい精神態度で摑むことなのだ。

この「現在の哲学」は、知識人たちから共感を得たことは決してない。「なげやり」(penzamme 'a salute──ナポリ方言)という、あまり重んじられないレッテルを貼られて、それは道徳的にも政治的にも身をひくことの同義語となり、したがって、社会変革の目的には用いられ得ないものとなったのである。

それにもかかわらず、アリスティッポスをまさしく人生問題に対してのその完全な独立のゆえに、ソクラテス派の中でもっともソクラテス的な者と見なす著者たちも存在する。犬儒学派にとって、〝自由〟とは快楽の奴隷状態に陥らぬために少しのもので満足できることであったとすれば、キュレネ学派にとっては、快楽に捕えられることなくそれを切り抜けうることは、〝さらに大きな自由〟を意味したのである。

アリスティッポスはその同僚エピクロスより約一世紀前に生きたし、しかも両者は、とりわけ前者のほうが後者よりもはるかに〝享楽的〟（epicurean）だったという点で互いに異なっている。事実、エピクロスは個々の快楽を区別し、それらの成り行きを見積もるのに対して、キュレネ学派の人びとはひたすら快楽のために快楽を実践し、そのことにあまり頭を悩ましはしなかったのである（μὴ διαφέρειν ἡδονὴν ἡδονῆς「快楽と快楽との間には［質的な］相違はない[45]」。

アリスティッポスの弟子でもっとも著名な者としては、娘のアレテ（彼女は快楽を享受することも、余分なものを無視することをも教育された）、テオドロス（無神論者《アテオス》といわれた）、それにヘゲシアスがいた。よくありがちなように、この弟子たちも師匠を左側から（または、この場合にはむしろ右側から）追い抜いたのだった。

テオドロスは、快楽が現れる場合はどこででも、間違った道徳至上主義に影響されることなく、それを摑まねばならない、と勧めた。エゴイズムの理論家として、彼は友情すらも認めなかった――「愚かな人びとにおいては、効用がなくなれば情もまた消えて行くし、他方、賢い人びとは自足しているのだから、友人を必要としない[46]」。

ヘゲシアスはすべての弟子の中でもっとも過激だった――「恒久的な快楽に達するのは不可能だし、生はそれのさまざまな動揺によってわれわれにとりわけ苦痛をもたらすから、死ぬほうがましなのだ」。彼は街の通行人たちを引き止めては、自殺を勧告しようとした――「あんた、聴いてくれ。いずれ死ななくてはならぬことは確かに知っているはずだが、あんたが知らぬのは、どんな死があんたを待ち伏せしているかということさ、運命があんたにむごたらしくて、つらい死や、さらにはゆっくりとした、残酷な病気を用意してしまっているかも知れないんだ。さあ、賢者の助言を聞き入れて、自殺したまえ。一瞬だけだ、何もくよくよ悩みなさんな」。
こうして、毎月、二、三人のアテナイ人を抹殺することに成功したらしい。彼はみんなから〃死を勧めし人〃（πεισιθάνατος）と渾名をつけられていたのである。(47)

メガラ学派の人びと

メガラのエウクレイデス（数学者のエウクレイデスではないから、混同しないこと）はソクラテスの門下生の中で最年長だった。彼の生没年は未詳だが、だいたい西暦紀元前四三五年から三六五年の間を生きたらしい(48)。若い時分から哲学研究を始め、まずパルメニデスに没頭した。このエレアの哲学者は、西暦紀元前四五〇年にアテナイへやってきたとき、ギリシャの哲学者たちの間に強烈な印象を残したらしい。

ところが、ソクラテスと識り合うに及んで、エウクレイデスは生涯にわたって、師の教えをパルメニデスの説と両立させようと試みた。エウクレイデスの門下生たちはメガラ学派とか、または問答競《ディアレ》技家《クティコイ》たちとも呼ばれた。それというのも、彼らは論証を問いと答えの形に並べる習慣があったからである。

エウクレイデスはパルメニデスから、この世の万物は有と名づけられる内在的価値と、他方では、非有と名づけられる仮象総体とを持つことを学んだ。われわれがある目的に到達しようと努めるときには、われわれの欲望の対象がまさしくこの有であって、仮象ではないことに注意しなければならない。

ごく卑近な例を挙げよう。仮に私が同胞たちの生活を向上させる必要を感じて、国家元首になろうと欲するならば、国家元首というこの職の有にかなり近づいたことになる。しかし、仮に私をこの役職に魅きつけているものが、ただ威信、名誉、権力だけだとしたら、私は職能の仮象に魅せられたのであって、善に到達するいかなる希望も持ってはいないことを意味する。

哲学教授たちは総じて、私が今しがたなしたようなやり方で、有の基本的な実例を決して示したがりはしない。おそらくは、彼らはそれによってもろもろの意義を俗化させること（これはモスレムにとっては、アラーの肖像をつくるようなものかも知れない）を恐れるからであろう。それとは反対に、私としては、読者諸賢に道しるべとなるような若干の手がかりをどうにかしてお示ししようとしているのである。

ソクラテスが、人生において大事なことは、認識に、したがって、善に到達するにある、といっていたから、エウクレイデスにとっては、師の思想をパルメニデスの思想と同調させ、そこから結論――善は有、つまり、永遠にして不可分な一つ――であるが、残余のものはすべて有ではないがゆえに重要ではない、との結論を抽きだすことはたやすかったのである。

むすび

ソクラテス派が没頭したのは、主として、倫理であり、彼らの先行者たちとは違い、自然研究をなおざりにした。ソクラテスにおいて革新的なことは、哲学者たちの注意を人間とその道徳的諸問題に注ぎ、こうして、哲学に実践的次元を授けたために、われわれにとって哲学がより身近になっている点だ。ここにたち至った以上、われわれとしては、そこから人生にとって有用な原理をいくつか引き出すことにしよう。

ソクラテスがいわんとしたのは、善が何であるかを知っている者は、それを望まないほど愚かではあり得ない、そんなことになれば自分自身の関心に反した行動をすることになろうから、ということだった。それだから、人生の目標は善の認識にあるわけだ。

犬儒学派の考えによれば、善は個人の自由にあるし、そして、外界によってあまりに条件づけられないようにするため、彼らは自らの本質的欲求を不可欠なミニマムに限定していた。

キュレネ学派は、善は快楽であり、悪は苦痛であると考えていた。アリスティッポスは、快楽が訪れたときにそれをつかむのが人生の目的であるが、ただし快楽によって隷属させられないように注意しなければならぬ、といっていた。

メガラ学派は、善についてより抽象的な考え方をしていた。彼らによると、善とは有であり、悪は生成なのである。つまるところ、宗教的な態度なのだ。なにしろ、エウクレイデスの考えによれば、「"善"は多くの名前で呼ばれているけれども――つまり、ときには思慮が、ときには神が、ときには知性やその他のものが善であるといわれているけれども――ほんとうは善は一つである(49)」からだ。

注

（1）ディオゲネス・ラエルティオス『ギリシャ哲学者列伝』（中）、加来彰俊訳（岩波文庫、一九八九年）、一一〇ページ。
（2）アウルス・ゲッリウス『アッティカの夜』、四巻一〇章、一―四。
（3）ディオゲネス・ラエルティオス、前出書（上）、二五二ページ。
（4）同書、一四五ページ。
（5）同書、四〇六ページ。
（6）ディオゲネス・ラエルティオス、前出書（中）、一二六ページ。
（7）同書、一一九ページ。
（8）この個所は、クセノフォン『饗宴』Ⅳ、三四以下からの翻案である。
（9）アレクサンドレイアのクレメンス『雑録』(*Stromata*) Ⅱ、四〇六、六（G. Reale, *Storia della filosofia antica*〔『古代哲学史』〕、vol. Ⅰ: *Dalle origine a Socrate*〔起源からソクラテスまで〕、Milano: Vita e pensiero, 1983⁴, p. 397)。
（10）ディオゲネス・ラエルティオス、前出書、（中）、一一一ページ。
（11）ストバエウス『選文集』〔古代テクストの集成〕、Ⅲ、一〇、四一。
（12）ディオゲネス・ラエルティオス、前出書、（中）、一一五ページ。
（13）同書、一二五～一二六ページ。
（14）シノペのディオゲネスに関するすべてと逸話は、ほかの典拠を参照したことをはっきり明示している場合を除き、ディオゲネス・ラエルティオスの前出書（中）、第二章（一二七ページ以下）から採られている。
（15）ミレトスのエウブリデスのこと。メガラ学派の創始者エウクレイデスの弟子。
（16）コリントスの近くにある森で、体育場もあり、ディオゲネスが好んで滞在したところ（ディオゲネス・

ラエルティオス、前出書、(中)、三九二ページ—訳注)。

(17) アエリアヌス『雑研究』(*Varia historia*)、XIV、三三。

(18) ブルネット・ラティーニ『哲学者たち、ならびに他の賢者・皇帝たちの花の生涯』(*Fiori e vita dif-ilosofi e d'altrui savi e d'imperadori*, Firenze : La Nuova Italia, 1979)、VIII章、一三。

(19) ギリシャ文化史には、クラテスという名の詩人、哲学者、著作家が少なくとも十一名いた。

(20) 『ス(イ)ダス』(*Su* (*i*) *da*), ed. Westermanm, p. 429 (Jacob Burckhardt, *Griechische Kulturgeschichte*, II Bd., S. 342 (7. Abshn., IV, Kap., 8)〔『ギリシャ文化史』〕、およびディオゲネス・ラエルティオス、前出書、(中)、一八四ページ。

(21) クラテスに関する逸話はすべて、ディオゲネス・ラエルティオス、同書、第五章から採られている。

(22) 同書、第六章。

(23) 同書、第七章、(96)。

(24) キュレネのエラトステネス、fr. 21 Jacoby (ディオゲネス・ラエルティオス、前出書(中)、一八六ページ参照)。

パシクレス アレクサンドレイア学派に属し、とりわけ、数学者・天文学者として知られる。

(25) すでに Joël, *Geschichte der antiken Philosophie*〔『古代哲学史』〕, I, 1921, S. 942 においても、犬儒学派を犬、キュレネ学派を猫と比較していた(*in* G. Giannantoni, *I cire naici*〔『キュレネ学派の人びと』〕, Firenze : Sansoni, 1958, p. 47)。

(26) ディオゲネス・ラエルティオス、前出書(上)、一七三ページ。

(27) ウァレリウス・マクシムス『著名言行録』(*Factorum ac dictorum memorabilium*)、IV、三—四。*Gnomologium* Vatic., 733, n. 192 (*in* G. Giannantoni, *I cirenaici, cit.*)。

(28) プルタルコス、*De curiositate*〔『好奇心について』〕, 2, 516 c (*in* Giannantoni, *op cit.*, p. 197)。

(29) プルタルコス、*De liber. educ.*〔『教育について』〕, 7, 4 f (*in* Giannantoni, *op. cit.*, p. 217)。

(30) *Excerpta e Ms. Flor. Joan. Damasc.*, II, 13, 145 (*in* Giannantoni, *op. cit.*, p. 217).

(31) ディオゲネス・ラエルティオス、前出書（上）、一七一ページ。

(32) 同書、一七五ページ。アウルス・ゲッリウス、前出書、XIX、I、1。

(33) ディオゲネス・ラエルティオス、前出書（上）、一八〇ページ。

(34) ホラティウス『書簡集』（田中秀央／村上至孝訳、一九四六年第二版、八三ページ）I、XVII、二五。

(35) ディオゲネス・ラエルティオス、前出書（上）、一八一ページ。

(36) ナウクラティのアテナイオス『食卓の賢人たち』(*Deipnosophistai*)、XI、五四四（独訳 *Das Gelahrtengastmahl*, Leipzig, 1985)。キケロ『親しい人びとへの手紙』(*Epistulae at familiares*), IX、二六二、テオドレトゥス『ギリシャ人の意志の指導』(*Graecorum affectionum curatio*), VIII、五〇、アレクサンドレイアのクレメンス『雑録』、II、XX、一一八。またホラティウス『書簡集』I、I、一九〔田中秀央／村上至孝訳、五ページ〕――Et mihi res, non me rebus subjungere conor（また私を世間にではなく、世間を私に従わせよう）。

(37) ディオゲネス・ラエルティオス、前出書（上）、一七四ページ。

(38) G. B. L. Colosio, *Aristippo di Cirene filosofo socratico*〔『ソクラテス派の哲学者、キュレネのアリスティッポス』〕, Torino, 1925.

(39) アウルス・ゲッリウス、前出書、I、八。

(40) プラトン『ファイドン』（「プラトン全集」1、松永雄二訳、岩波書店、一九八〇年二版）、一六〇〜一六一ページ。

(41) 「アリスティッポスはしばしばアイギナ島で贅沢な生活をしていた」（アテナイオス、前出書、XII, 544 d（独訳、S. 334)。

(42) "Epigramma in ambraciotam Cleombrotum est, quem ait, cum ei nihil accidisset adversi, e muro se it mare abiecisse lecto Platonis libro"〔アンブラキアのクレオンブロテスについてのエピ

グラムがある。彼は、何も不幸なことが起きなかったとき、プラトンの本を読んだ後で、崖から海へ身投げしたといわれる」（Cicero,『トゥスクラヌム荘対談集』*Tusculanae*, I, 34, 84)。

(43) ディオゲネス・ラエルティオス、前出書（上）、一八二ページ。

(44) "Si 'o munno è 'na rota, pigliammo 'o minuto che sta pe' passà." これは、フィオレッリ・ヴァレンテのカンツォーネ『われらは同郷ナポリの生まれ』（*Simme 'e Napule paisà*）中の一行である。

(45) ディオゲネス・ラエルティオス、前出書（上）、一八九ページ。

(46) 同書、一九八ページ。

(47) 同書、一八九ページ。

(48) 同書、二〇八ページ。

(49) 同書、二〇八〜二〇九ページ。

第3章　ナポリの犬儒学徒《キュニコス》シッショ

五〇年代に私も一人の犬儒学徒《キュニコス》と識り合いになった。名前はシッショ・モランテで、たいていはアマルフィの海岸に住んでいた。無頼の紳士ながら、見かけがよく、ご婦人には親切で、態度は控え目、定まった住居もなく、やや気どり屋で、スペイン貴族のように誇り高く、ポケットには一文なし、というよりも、ポケットさえなかった。それというのも、中に何かを入れるようなことをしないために、彼はポジターノ〔イタリア南部、カンパーニャ州南部のサレルノ県中部の町〕でもっとも腕利きのズボン・テーラー、ペピートにポケットを縫いつけさせていたからだ。

シッショの姿が見かけられたのは四月から十月にかけての暖かい季節だけで、その後、寒くなり始めると、彼はいつのまにか姿を消し、冬眠に入ってしまうらしかった。彼がコルティーナ・ダンペッツォとかセストリエーレ〔ピエモンテ地方に位置する。スキーのメッカとして有名〕に、夏の間に識り合った或る婦人の客人として姿を見せていたと報じる人もいるにはいたが、そういう情報はほとんど決まって間違っていたのであって、みんなは想像をたくましゅうして〝シッショの最新のアヴァンチュール〟をでっち上げようとしていただけだったのである。

彼の家族はナポリの旧ブルジョワ階級に属していたのであり、そこでは〝労働〟というものが、下層大衆だけの専業と見なされていたのだった（こういう考え方は今日ではすたれてしまったが、実はイタリア人がギリシャ人から継承したものだということを再認識しておく必要がある）。

家族の伝統を重んじて労働することができないものだから、シッショはカプッチーノ・コーヒ、ブリオッシュ〔丸いパン菓子の一種〕、夕食へのお相伴《しょうばん》、でどうにか生き延びていた。とはいえ、彼が友人に金銭を乞うたりしたのを見かけることはまったくなかった。ある日のこと、一箱のナツィオナーリ（たばこ）を買うために、彼はフランカ・ヴァレーリから千リラをせしめたが、しかしすぐに満面に笑みを浮かべながら、たばことバラを手にして彼女のところに戻ってきたのだった。

「シッショ、どう、元気かい」と私が訊くと、彼は答えるのだった、

「調子は上々さ。一杯に詰まった冷蔵庫（'o frigorifero）もあるよ。」

彼が好んで住んだのはカプリとポジターノだった。イスキア島を選ぶことは稀だった。ここなら、あらゆる望ましいもてなしを享受することができたはずなのに。それというのも、大金持ちの親戚（とりわけ、ホテルのオーナー）が幾人かこの島には住んでいたからだ。

彼はそのことでは強情だった。あるときには何とか雨露《うろ》をしのぐために痛々しい旅をしたかと思えば、他のときには反対に、度外れの傲慢さを誇示したのであって、たとえば、イスキアの親戚を訪ねる道中、夕食に招待されなくてもすむように、サボテンを腹に詰めたりした。

あるとき、ちょっと派手なプルオーヴァーを彼にプレゼントしようとしたら、彼がいうには、

「ありがとう、でも、黄色は俺には似合わないんだ。太っているように見せるしね。それに、ここじゃ、晩方には青が流行しているんだ。」

たとえ彼がそのプルオーヴァーを受け取ったとしても、長くそれを着用したりはしなかったろう。彼には所有というセンスは一切なかったからだ。それを道路沿いの石塀の上に棄てるか、あるいは、ウィスキー一杯分の支払いとして、それをバーの中に置いてくるかしたことであろう。

食事のために、彼は土地のレストラン経営者たちと一つの契約を結んだ。

「奇妙な偶然から、ここポジターノでは、あなたたちはちょうど六十一軒目です。私が順番にあなたたちの店

で食べれば、二カ月ごとに順番が回ってくることになります。朝に関しては、ご心配無用。いつも友だちが競って私に何かを奢《おご》ってくれますから。」

レストランでは、彼は必要不可欠なものしか注文しなかった。アサリ入りスパゲッティと、ブドウ酒一杯だけだった。招待客であることを意識して、あつかましいことは善《よ》しとしなかった。

あるとき、ポルト・ディスキアのサンドロ・ペッティの素晴らしく美しいクラブ〝ランチョ・フェッローネ〟に、ほとんど永続的に滞在したことがあった。あまりにも長くうまく繁盛したので、とうとうサンドロはシッショに僅かばかり給料をはずもうとしたが、彼はサンドロのために〝PR〟の役をするのが意に沿わず、姿を消してしまい、二度と彼の姿を見かけることはなかった。

彼は『働きキリギリス』(*La cicala operosa*〔働きゼミ〕)と題する回想録を著したがっていたが、しかしこのタイトル止まりのまま、その先は一歩も進まなかった。

シッショの性格は、ヴィットリオ・カプリオーリの映画『日なたのライオン』(*Leoni al sole*)に役者として出演してからすっかり一変した。彼自身、ヴィットリオめが俺に支払って俺を滅ぼしたんだ、と非難したのだった。

「俺はあんたが好きだが、あんたを憎むよ。あんたは俺に支払いをしたりして、俺の身を破滅させたんだぞ。」

『日なたのライオン』はナポリ人にとっては、フェッリーニの『田舎のプレーボーイたち』(*Vitelloni*)にも等しいものだった。そこでは、ぶらぶらと浅薄に過ごされる夏や、スウェーデン女とのアヴァンチュールや、大恋愛への打ち明けがたい憧れや、通りがかりにミラノ女からかっぱらった朝食のことが描写されている。すべては六〇年代のポジターノで起きたことであり、岩の上でだらりと寝そべっている、この物語の〝ライオンたち〟は、当時、ジュッジュ、フリキ、シッショ、ササ、ココ、クンフェッティエッロと呼ばれていた。もちろん、シッショだけが、名前を変えられずにすんだのである。

この映画のアイデアとスクリプトは、『致命傷を受けた男』(*Ferito a morte*)の著者デュドゥ・ラ・カープリア(およびカプリオーリ)に由来するものだった。この本は、立派な人たちのナポリについてかつて書かれたもののうちで、もっとも真実、かつもっとも美しい一冊である。

すでに述べたように、この映画で儲けた金(五十万リラ)がシッショを深く動揺させた。即刻、彼はそれを追い払うために、みんなを、見知らぬ人たちをも夕食に招待した。そして、再び無一文になったときには、かつての打ち解けて愛想のよかった調子を失ってしまっており、悪意の少しもない問いかけ、

「シッショ、どう、元気かい」

に対してさえ、かなり無愛想に、

「どうとでも思えよ。上々さ」

と答えるのだった。

実をいうと、彼の調子は全然よくはなかった。ひっきりなしの飲酒——それもたいていは空っ腹での——で、彼の身体はやられていたのだ。彼はちょうどクリスマスの夕に、肝硬変のせいで五十五歳で亡くなった。彼の狭い病院のベッドには誰も付き添い人はいなかった。ウィスキーを一杯飲んだとしたら、もう二、三日間、彼の命を引き延ばしたかも知れなかった。おそらくは若過ぎ、厳格過ぎたであろう、当直医が彼にそれを禁じたのだった。

第4章　プラトン

生　涯

別名プラトン[1]で有名となったアリストクレスは、アリストンとペリクティオネの息子として、西暦紀元前四二八年頃に牡牛座の星座の下にアテナイに生まれた。伝説の語るところでは、彼がアポロンの生まれたのと同じ日[2]に生まれたので、両親はまだ産着のままの嬰児をヒュメットス山に連れて行き、神に感謝したというし、そして、そこに着いて二人とも宗教儀式にすっかり没入していたとき、ミツバチの群れが幼児の口にとまり、蜜でそれを満たしたとのことだ[3]。

この逸話はおそらく、いやきっと、偽りに違いないが、いずれにせよ、この逸話は古代世界が彼の天才に対していつも格別の敬意を抱いてきたことをよく証示している。

プラトンは貴族の生まれだった。父方からは、彼はアテナイの最後の王コドロスの出であり、したがって、ポセイドン神から出ていたのであり、また母方からは、アテナイ市の偉大な政治家・立法家ソロンの兄弟ドロピデスを曽祖父に頂いていた。そして、同じく母方からは、伯父カルミデスやクリティアス〔母の従兄弟〕――二人とも三十人僭主〔前四〇四年にアテナイに樹立された政権〕に属していた――の支持を当てにすることができた。

かくも赫々《かく》たる親族関係を有する以上（彼の家族はいわば西暦紀元前五世紀のケネディ一族みたいなものだった）、彼もまた、政治の道を歩みたいとの意欲を抱くのは避けられないことだった。『書簡集』第七（シラクサのディオンの友人たちや親戚たちに宛てたもの）[4]の中で、プラトンは自ら政治への関心を確言している――「まだ若かったときに、私は多くの若者と同じ経験をしました。自立できるようになったらすぐに、政治に献身したいものだと考えていたのです[5]」。

けれども、初めの数年に民主制で経験した幻滅があまりにも大きかったので、彼は政治家たちへのあらゆる信頼を失ってしまったのである。また、誰だって彼が正しくないとは判断できまい。ペリクレスも少し前に失脚していたし、彼とともに、アテナイ〝啓蒙主義〟の魔術的瞬間もとっくに消え失せていたのだ。彼の後継者である、煽動政治家クレオンとヒュペルボロスは弱虫だったし、アルキビアデスはと言えば、その秀いでた知性のおかげで尊敬されていたとはいえ、道徳的にはまったく信用に値しない人物だった。

こうしたすべてのことが、プラトンに民主制について悪印象をもたせる結果となった。

引き続き、ペロポネソス戦争が勃発し、アイゴスポタモイ[6]が敗北し、スパルタの有能さがやや神話化され、三十人僭主による復古が画策されることになる。一年も続かなかったこの短期間に、伯父のクリティアスとカルミデスは甥プラトンに政治に加わるよう招いたが、プラトンは貴族政党が先の立法下に蒙った過誤や不正に仕返しすることしかしないのを見てとったとき、政治を断念して、哲学にすっかり献身したのだった。

それから、民主制が再び権力を取り返したとき、プラトンは自分が称賛に値すると思っていた唯一の人であるソクラテスが死刑に処されるのを見た。こういう経験をした後では、彼が生涯ずっと民主制に不倶戴天の敵を貫いたとしても、われわれは不思議がるに及ぶまい。

ソクラテスとの出会いはプラトンにとって、まさしく一目惚れとなった。話によると、二十歳のとき彼はもっぱら詩に没頭しており、ある日、詩のコンクールに参加するため劇場に赴こうとしていて、ソクラテスが若者のグループと話し合っているのを見かけた。すぐさま彼はこの老人が自分の新しい精神的導師になるだろうと確信した。彼は自分の詩作を火に投じ、この老人に従いだしたのだった。(7)

師匠の死後、迫害を恐れて彼は他の門弟たちと一緒にメガラに逃亡し、同僚のエウクリデスのところに三年留まった。その後、ある日のこと、これまでになく激しく新しい知識に渇望して、彼は哲学者たちの基礎教育と呼べそうなものを受け始めた。すなわち、キュレネの数学者たち、エジプトの予言者たち、イタリアのピュタゴラス学徒たちを訪ねたのである。この旅を完成するためには、小アジアの占星術師たちをも訪ねるべきであったろうが、この地方は(今日でもそうだが)絶えず戦乱に巻き込まれていたので、断念することを選んだのだった。

プラトンがシチリアへ赴いたのは、明らかに観光的動機からだった。彼はエトナ山の噴火口や、エンペドクレスが自殺した正確な場所を見定めようと思った。しかし、それから彼はその生涯において二番目に重要な役を果たすことになる人物——若きディオン——と識り合うのである。

ディオンは、シラクサ市の第一人者ディオニュシオスの義弟だった。(8) ディオニュシオスが僭主として権力を振りかざし、残忍だったのに対して、若いディオンのほうは理想主義者として通っていた。

ディオンはプラトンのことや、彼の政治理念のことを聞きつけ、彼をシラクサに連れてきて、何とかして義兄を啓蒙化された僭主政治に転向させることを望んだ。

残念ながら、事態はディオンが望んでいたようには進まなかった。プラトンは宮廷での生き方にすぐさま嫌悪を覚えたし、またディオニュシオスのほうも、権威者みたいな話し方をするこのアテナイ人を疑いの目で見ていたのである。

西暦紀元前四世紀にシケリア〔シチリア〕の宮廷を支配していた雰囲気をちょっと思い描いてみると、九十日間も続けざまに、祝宴が執り行われたことがあったのである。(9) ずっと後年に、プラトンはこのシケリア経験について報告する際、「日に二回胃袋を満たし、一晩も眠らないでいながら、イタリア風ないしシケリア風饗宴に満ちた、このいわゆる幸福な生活(10)」がまったく気にくわなかった、と告白することになろう。

最悪の事態が発生したのは、プラトンとディオニュシオスが哲学について議論しだしたときである。徳がテーマだった。プラトンは、徳のある人は僭主よりも幸せだ、といって論戦を開始すると、かねてからこの男が十分な尊敬を抱くに値しないのではないかと疑っていたディオニュシオスは、だしぬけにこう質問したのだ――

「いったいおまえはこのシケリアへ何をしにやってきたのか。」

「徳のある人を探しに。」

「で、その人は見つかったとは思わないのか。」

「もちろん、思わない。」

「君の言葉は年寄りじみている」、とディオニュシオスはさらに怒りに駆《か》られて叫んだ。

「あなたの言葉こそ僭主じみている」、とプラトンは応酬した。

半時間後には、プラトンは縛られ、スパルタの使節ポッリスの船に乗せられた。アイギナ島に連れて行って、奴隷市場で売り飛ばせ、との命令を受けて。[11]

「哲学者である以上、たとえ奴隷にされてもやはり幸福だろうから」[12]とディオニュシオスは平然と言ってのけた。

プラトンにとって幸いなことに、アイギナ島にはたまたまリビュアのプラトン信奉者の一人、キュレネのアンニケリスが居合わせて、プラトンを20ムナで買い戻したばかりか、一つの学校を建てることのできる地所を買うための金額をも贈ったのである。

アカデメイアの設立は古代世界でもっとも重要な文化的出来事の一つだった。この学校はアテナイ市から約二キロメートル離れたところで、著名人たちの墓の通りに沿っており、大公園の中央に位置していた。『ファイドロス』からの短い記述では、「……なかでもいちばんうまくできているのは、この草の具合だ。ゆるやかな坂にゆたかに生えていて、横になってみると、じつに気持よく頭をささえてくれるようになっているのだから」[13]、と記されている。

その傍には、英雄アカデモスに献じられた小さな森があったが、実をいうと、そのような大きな栄誉に値するだけのどんな赫々たる行為をこの英雄がしたのかは、誰ひとり知る者はいない。いずれにせよ、彼には幸運が転がりこんだと言ってよい。アカデモス氏は自分の名前が幾世紀にわたって、文化や芸術の聖なる場所の呼称に用いられることになろうとは、夢にも思わなかったであろう。

このアカデメイアにおいてはプラトンの周囲に弟子の大群が集まった（クセノクラテス、スペウシッポス、アリストテレス、ヘラクレイデス・ポンティコス、カッリッポス、エラストス、ティモラオス、等々）し、女性も若干名いたのである（ラステネイアとアクシオテア。このアクシオテアは男装していたといわれる）[14]。

彼らは木陰や小川のある快適な環境で、散策や会話をして静かな生活を送っていたのであり、もしもシラクサのディオンがプラトンに対して、シケリアに戻るよう圧力をかけなかったとしたら、何も変わることなく続いたことであろう。

ディオニュシオス一世は心安らかに没し、その後継者として、今や最年長の息子ディオニュシオス二世が支配することになった。プルタルコスの伝えるところでは、父親は息子が競争相手になるのを恐れて、幼時から宮殿に閉じ込めておいたし、この間ずっと、哀れにも息子は小さな車やランプや木の椅子や机を造っていた、という[15]。新しい君主が王座に即くや、ディオンはプラトンの国家を実地証明する機会が到来したと考えた。

しかし、プラトンとしては、最初の旅が破局的結末になってから、もう一度シケリアに船出したいとは少しも欲しなかった。ただたんに長旅を恐れただけでなく、彼本人の語り口によれば「若者にはまったく信用がおけない」からでもあった。それでも、とうとう決断したが、それはとりわけ「自分の目に、いつも言うだけで決して行動しない人たちの一人として現れ[16]」ないようにするためだった。

今度はプラトンは大いなる栄誉をもって迎えられたが、しかし、状況はすぐに悪化した。幾人かの廷臣たちが悪意のこもったまなざしでプラトンとディオンを見つめていて、二人を国家反逆罪で訴えたからだ。若い僭主はどうしてよいか分からず、まず叔父ディオンを国外に追放し、さらに、プラトンには一緒に付き従うのを阻止した。

「あんたがアテナイに帰ったとき、私のことを悪く言うのを好まないのだ」と若い僭主は言明した。「私としては、アカデメイアにおいて、対話のテーマが不足のあまり、そんなことについて話さざるを得なくならなければよいと願っていますよ」、と哲学者は皮肉な返事をした。

じじつ、プラトンは客人として扱われていたとはいえ、どう見ても囚人だった。叔父〔ディオン〕と甥〔ディオニュシオス〕との衝突は主として、プラトンがディオンに抱いていた愛情を嫉妬していたために生じたのだった。言うまでもないが、憲法の改変についてはもう話題にもならなかった。ディオニュシオス二世はたしかに哲学を好んではいたが、それは言葉上だけでのことだった。日常生活では、彼の振舞いは父親とほとんど変わりがなかった。いずれにせよ、その後もう一度、プラトンはシラクサを脱出することに成功した。そして、アカデメイアに戻ったとき、そこには他の門弟たちとともに、愛しいディオンが待っていてくれたのである。

プラトンのシケリア滞在の話はこれで終わりはしない。物語られるだけの値打ちのある第三次の旅をも企てたのだ。一年このかた、ディオニュシオスは数々の手紙で哲学者に攻勢をかけ始め、シラクサに戻るよう懇願したのである。ディオニュシオスはタラス（タラント）のピュタゴラス学徒たちの助けにすがり、自分は師匠なしにはもう生きていけないのだ、と一人ひとりに絶えず繰り返した。王は極めて迅速な三段橈船《かいせん》を彼に送り、そして最後には、もし戻ってきてくれなければ、ディオンに自分の財産を一切返さない、とまで言い切った。

ところで、プラトンはもう高齢（六十七歳に達していた）だったし、アテナイ－シラクサの海路は当時決して容易なことではなかった。しかし、ディオンへの友情のほうがまさっていたから、プラトンはやむなく「三度スキュッレの付近の海峡に向かい、またもや恐ろしいカリュブディスのところを通る」[17]ことになった。

もちろん、ディオニュシオスは約束をすっかり忘れたのであり、プラトンは三度びやっとのことで逃げださねばならなかった。これには、タラスのピュタゴラス学徒アルキュタスという、彼の友人の助けがあったのであり、アルキュタスは夜中に三段橈船でもって彼を連れ帰ったのである。

話を終える前に付言しておくと、ディオンは数年後、八百名の男たちとともに、シラクサに武装して攻撃をしかけ、ディオニュシオスを失脚させた。その後ディオンは、当初からずっと随伴していた、プラトンの弟子の一人、カッリッポスなる者によって裏切られ、暗殺された。歴史の教えるところでは、弟子の八・三三％は決まってまったく申し分ないとは言えないのである。

プラトンは八十一歳である婚礼の折に死に、[18]英雄アカデモスの森の中に葬られた。[19]その長い生涯において、彼が度を外して笑っているところは一度も見られなかった。[20]

理想国

哲学にまったく無知な或る読者がプラトンの『国家』を手にとり、最初の五巻を読んだなら、読み終えてからこの著者についてどんな印象を持つだろうか。ヒトラー、スターリン、ポル・ポトにも比せられるべき、恐ろしい卑劣漢だったと思うに違いない。だが、それではどうして彼が世界中でいつも成功を収めてきたのか、説明がつかない。ちょっと冷静を保ち、まずは対話を読みにかかり、その後でこれについて語ることにしよう。

『国家』はケファロスの家での友人たちの集会で始まる。出席者はポレマルコス、エウテュデモス、グラウコン、トラシュマコス、リュシアス、アデイマントス、その他の面々だ。当日のテーマは「正義とは何か」である。

ケファロスがしょっぱなに語りだす。彼にとっては、正義とは「借金を支払う」ことである。ポレマルコスにとっては、「友人たちに善をなし、敵たちには悪をなす」ことだ。また、トラシュマコスにとっては「正義」とは「最強者に利する」ものである。ここまでは、幸いにも、ほんの幾分かの思想的混乱が支配しているだけだ。

ところが、ソクラテスが介入してくるや、対話全体がますます矛盾を呈するようになる。実際、正義とか民主制といった基本概念は、今日のわれわれに対してもっているのとはまったく別の意味を有していたのであり、それだから、プラトンの或る主張がわれわれには極めて反動的に見えるかもしれない。

この論争に関する限り、フランス革命の継承者たるわれわれは、正義をとりわけ平等（*égalité*）、つまり、すべての市民にとっての権利の平等と考えるが、プラトンおよびその友人たちにとっては、それは秩序を意味したし、しかも、それが得られるのは「各人が自分のことだけをして余計なことに手出しをしない[21]」場合だけだったのである。

以下、「リーダーズ・ダイジェスト」風に、『国家』からの若干の抜萃を自由に縮約したりアレンジしたりして提示してみよう。

「正義が何かをよく理解するために」、とソクラテスが言う、「一国家《ポリス》(22)がどうして誕生するかを観察してみようではないか。」

「やりましょう」と、みんなはもちろん合意する。

「私の意見ではだね」、と哲学者は続ける、「国家が誕生するのは、われわれ各人が自分自身では十分でないからなんだ。人間にはあまりに多くの必要物があるものだから、一緒に生活してみんなが互いに助け合わざるを得なくなる。この共同生活にわれわれは国家という名称を与えることになるのだ。」

居合わせた者たちは全員「たしかに」と合意し、この瞬間からは、彼らの役割はすっかり脇役へと押しやられてしまう。

「さて」、とソクラテスは続ける、「われわれに必要な第一のものは、食べ物を手に入れること、第二は住むための家を持つこと、第三は衣服を身につけること、等々ということになる。われわれの国家には、だから、農民、石工《いしく》、織工、そしてまた靴屋も必要となろう。各人が自分の仕事を専門にして、自身および他人のために生産することになろう。最大限の効果を挙げるには、各人が他人の仕事ではなくて、自分自身の仕事を遂行しなくてはならないからね。でもそれから、どの部門においても働くための道具が必要になろう。犂《すき》、鏝《こて》、鋏《はさみ》、といったものがね。したがって、指物師、車大工、あらゆる種類の職人が必要になる。国家というものは見てのように、話せば話すほど、人口稠密になるんだ。」

「師匠、ほんとうに国家はもうすでに常に人口稠密になっています。」

「でも国内の生産物ではきっと不足するだろうよ」、とソクラテスは続けて言う、「そしてこの場合には、近隣国家と交易しなければならなくなろうし、それには、有能で経験を積んだ商人が必要になるだろう。


そして最後には、海上輸送のために、水夫、パイロット、船長が必要になる。さらには、外国の商人も訪れるだろうから、これら外国人とわれわれの農民とを仲介することのできる人びとも必要になるだろう。」（第二巻、369a－371e）

要するに、ゆっくりとではあるが確かにプラトンはソクラテスに労働者たちの共同体を発見させるのだ。いつものやり方で、彼はもちろんここでも以前のことにさかのぼって詳しく話している。なにしろ、ギリシャに不足のない何かがあったとすれば、それは時間だったのだから。

今度はグラウコンが発言する番だ。


「残念ながら、ソクラテス、あなたは人間の必要物を列挙するとき、食物、衣服、住居だけしか話さず、人間が欠かすことのできぬ最小のものだけに限定しておられる。でも、あなたが豚の国家を想像しなければならないとしたら、豚たちを違ったやり方で養わねばならなくなりはしませんか。」

「で、どんなアドヴァイスをしようというのかい。」

「立派な人びとが行っている習慣、たとえば、横たわるためのすばらしいベッド、イチジク入りのケーキ……なんかを考慮すること。」

「分かったよ、グラウコン。君が持ちたがっているのは、香水、お香、遊女《ヘタイラ》で一杯の奢侈国家なんだ。

いっそこうも言ってくれないか――声帯模写する芸人、音楽家、吟遊詩人、詩人、召使、役者、興行主、ダンサー、装身具や家具の製造人がとりわけ女どもを喜ばすためにいてくれたら、君にはどんなに嬉しいことか、とね。」

「むろんですとも。」

「この場合には、これら住民全員を養うために、より大きな領土を必要とすることになるから、われわれの隣人たちからその領土を奪い取らざるを得なくなるだろう。しかし、隣人たちもわれわれと同じくらい貪欲だったとしたら、われわれの領土の一部をわれわれから奪い取ろうとするだろう。」

「そうなると、結末はどうなるのでしょうか。」

「われわれと隣人たちとの間で戦争が勃発するだろう、そして、よく訓練された軍人たちが必要となろう。われわれを防衛し敵に攻撃を加えるためにね。」

「住民だけでは足りないのですか。」

「だめだ。当初から立てた原理、つまり、各人が自分の職を行い、他人の職を行わないという原理が有効な以上は。」（第二巻、372d－374a）

　こうして、プラトンは農民、職人、商人を定義してから、職業軍人をも見いだしたことになる。

「これら軍人――国家の番人と呼ぶことにしよう――は同胞に対しては優しく、敵に対しては厳しくなければならない。」

「でもソクラテス、優しいと同時に勇敢な性格を持つ男たちがどうして見つかるでしょうか。」

「音楽と体育で教育するのさ。」

「音楽の中に文学作品も含めるのですか。」

「ムーサに由来するものは全部、音楽だ」とソクラテスは答える、「嘘のおとぎ話を除いてはね。」

「どういう〝嘘のおとぎ話〟のことをおっしゃっているのです?」

「ホメロス、ヘシオドス、その他の詩人たちの作品のことさ。」

「彼らにはどんな非難すべき点があるのですか。」

「われわれ自身の弱点をもった神々や英雄たちを示すとか、怒りに引き裂かれる不実な神々や、泣く英雄たちや、笑う神々のことを話題にするとか、といった点だ。」

「笑う神々ですって?」

「そうさ、神々が笑っているのだ。そして、あまりに笑いに傾くのは不適切なことなのだから、ホメロスのように、『消すことのできない笑いが、祝福された神々の間にわき起こった/ヘファイストスが館の中をとびまわる様子を目にして』(『イリアス』第一巻599―600行)といった類《たぐい》の詩行を書いている人たちを認めるわけにはいかない。私としては、こういうことはたとえほんとうのことであったとしても、子供たち、つまり思慮の定まらぬ者たちに向けて語られるべきではないと思う。黙っているのがよいだろうが、せいぜい少数の人だけに、それも仔豚などではなく、何か大きな得がたいものを犠牲として奉納した後で、それを聞かせるべきだろう。」(第二巻374a―第三巻389a)

検閲への勧めをもって『国家』第二巻を閉じてから、プラトンは第三巻においては、国家の番人たちを教育するにはどんな音楽や体育が必要であるかをはっきりさせている。いずれにせよ、〝意気地なしの兵士〟を生みだすナポリ民謡『つれない心』(*core 'ngrato*)風のイオニア式ないしリュディア式メロディーはだめで、ふさわしいのは、勇気や祖国愛を喚起するドリス式ないしフリュギア式軍隊行進曲である。

けれども注意が必要であって、ただ戦術だけに基づく教育は危険な結果を招きかねない。つまり、考える男たちではなくて、野獣を生みだしかねないのだ、他人を言葉の力で説得することのできないような連中を。

これから、問題の核心に入ることになる。若干の番人は支配するのにより適しているだろうし、他の番人たちは支配されるのにより適しているだろう、というのだ。前者が選ばれれば、われわれは三種の個人——支配する人びと（哲学者たち）、戦う人びと（兵士たち）、労働する人びと（農夫および他の職人たち）——を持つことになる。

したがって、プラトンの共和国とは、Aクラス、Bクラス、Cクラスから成る市民の国家なのだ。各人はその生まれついたクラスに生涯にわたり留まるものと決まったも同然なのである（ただし、特別な功績で昇進するとか、違反行為で格下げされるとかの場合は除く）。

「善のために行動する場合には」とそれからソクラテスが明言する、「嘘をつくことも許される。だから、われわれの市民にこう言っておきたい——君たちはみな兄弟だ、だが神は君たちを形づくるにあたって、支配者として定められている者には、金を混ぜ与えたのであり、またこれを助ける補助者には銀を混ぜ、労働者たちには鉄と銅を混ぜ与えたのだ、と。」

「それで、もし上位クラスのある市民が、鉄や銅を混ぜ与えられた息子が生まれたとある日気づいたなら、どうすべきなのでしょうか。」

「いささかも不憫に思うことなく、その息子を労働者のなかに追いやることだ。またもし逆に労働者たちから、金あるいは銀を混ぜ与えられた息子が生まれたならば、これを両親から取り上げて、その者にふさわしい地位につけてやるのが番人たちの義務であろう。」

「すると、その息子はそれから金持ちになるでしょうね。」

「いや全然だ」とソクラテスは答える、「番人たる者は、哲学者であれ兵士であれ、私有財産というものをいっさい所有してはならない。ただ国民は地所だけは引き続き所有してよい。逆に食事に関しては、番人たちは無事に過ごすのに必要なものを全部受け取るべきである。ちょうど戦地の兵士たちのように、共同食事〔スパルタで行われていた風習〕に通って共同生活をしなければならない。」

ここでアデイマントスが尋ねる、「こんな生き方をして、この人たちは不幸になるとは思いませんか。なにしろ、国家は彼らのものであるのに、この人たちは国家から何ひとつ善いものを享受しないし、遊女たちにたいして太っ腹になることも、立派な大邸宅を建てたりすることもできないのですから。」

「じつはね、アデイマントス、われわれが定めた目標は、一つのクラスとか一人の個人を幸福にするのではなくて、国の全体を幸福にすることなのだ。忘れないで欲しいのだが、あり余る富や赤貧は人を不幸にするものなのだ。一方は贅沢と怠惰と革命的動乱をつくり出すし、他方はそういう動乱のほかに、卑しさと劣悪な職人根性をつくり出すからだ。」

「でも、ぼくの知っているどの国家にも、富と貧乏が存在していますよ。」

「たしかに」とソクラテスは答える、「それらの国家は一つの国家である代わりに、金持ちの人びとと貧乏な人びとの二つのクラスからできており、πόλις という遊び(23)におけるのと同じく、互いに敵対し合っているのだからね。」(414b－422a)

プラトンは社会正義から、三クラスの市民をもつ国家みたいに、三つの異なる働きをする魂をもつ個人における正義に話を移す。

「どの個人にも」とソクラテスは言う、「相互に異なる三つの魂があるものだ。第一は魂がそれによって理《ことわり》を知るところのもので、これを私は〝理知的部分〟と呼んでおく。第二は気概、すなわち、われわれがそれによって憤慨するところのもの、他方、第三は魂がそれによって恋し、飢え、渇き、その他もろもろの欲望を感じて興奮するところのもので、これを私は〝欲望的部分〟と呼んでおく。

これら三つの魂がどう振る舞うかを示すために、一つ逸話をお話しししよう。アグライオンの子レオンティオスがある日、ペイライエウス〔ピレウス〕から登ってくる途中、処刑吏によって降ろされたばかりの屍体が刑場に横たわっているのを見た。その若者は見たいという欲望にとらえられると同時に、他方では嫌悪の気持ちがはたらいて、身をひるがえそうとした。それからとうとう欲望に打ち負かされて、かっと目を見開き、こう叫んだというのだ、『さあ、お前たち呪われた奴め、この美しい観物を堪能するまで味わうがよい！』

この場合、魂の恐れぬ部分は欲望的部分と結託して、理知的部分と戦ったことになる。ところで、正義（つまり、秩序、調和）が支配するためには、気概（兵士たちのクラス）はいつも理性（哲学者たちのクラス）に仕え、決して欲望（国民）の側に与《くみ》してはいけないのだ。」(439d－440b)

それからソクラテスは立ち去ろうとするが、アデイマントスは上着《テユニカ》の肩のところを上から摑んで彼を引き寄せた。

「あなたは議論の一部を隠そうとしていらっしゃるようですね。あなたはあんなことを言って体《てい》よく私どもを追っぱらおうとなさったのですから。番人たちは何でも、妻でさえも、共有することになるだろう、などとおっしゃってね。でも、そんなことがどうやって実現されるというのです？」

「それを話すのは容易なことではないのだよ」とソクラテスは少し当惑して答える、「ねえ、みんな、ぼくが提案する解決策はとてつもないものだし、ぼくの言葉はユートピアみたいに聞こえるだろうよ。」

「けっして、ためらわないでください、ソクラテス。あなたの話を聞こうとしている者は、分からずやでも不信家でもなく、悪意をもつ者でもないのですから。」

「それなら、聞いてくれたまえ。まず、女たちが男たちに等しいと考えるものとする……。」

「〝等しい〟とはどういう意味ですか。」

「女たちが男たちと同じく立派に番人の仕事を果たすことができる――ただし、一方は体力的に弱く、他方は強いという唯一の相違はある――として……。」

「でも、それは不可能なことです……。」

「……だから、われわれが番人のために果したのと同じ教育、つまり、音楽・文芸と体育を女たちに教えなければならないわけだ。」

「でも、それではじつにおかしなことになるでしょうよ。」

「そのなかでも何が君にはいちばんおかしく見えるかね？」とソクラテスは激して尋ねた、「むろんそれは、女たちが裸になって、相撲場で男たちといっしょに体を鍛練している情景だろうね。でも、ふさわしいやり方で彼女たちを教育しないとしたら、どうして彼女たちが国家に役立ちうるというのか。」

「ごもっとも。ですが、あなたのお考えが及ぼす波嵐は烈しくて、私たちの習慣をひっくり返してしまうほどです。」

「今の波でも烈しく見えるのなら、つぎにやってくる波に用心したまえ。」

「承知しました、ソクラテス。」

「これらの女たちのすべては、すでに話したように、これらの男たちすべての共有であり、誰か一人の女が一人の男と私的に同棲することはない。さらに子供たちもまた共同で育てられるから、親が自分の子を知ることも、子が親を知ることも許されない。」

「では、どういう基準で男女は交わることになるのですか。」

「もっとも優れた男たちはもっとも優れた女たちと、またもっとも劣った男たちはもっとも劣った女たちと交わらなければならない。しかも、劣ったほうの者が不平を言わないようにするために、何か巧妙な籤が作られなければならないだろう。そうすれば、それぞれの組み合わせが成立するときに、彼らは自分の運を責めることになるだろうからね。さっきも言ったように、嘘でも、それが高貴な目的に仕えるときには許されうるのだよ。」

「で、子供たちは？」

「優れた人びとの子供は、保育所において、乳の張った母親たちによって育て上げられるが、その際、どの母親にも自分の子が分からぬように、万全の措置が講じられるだろう。他方、劣った者たちの子供は、しかるべき仕方で秘密のうちに隠し去られてしまうであろう。(24)」

「で、それにはどんな長所があるのです?」

「番人たちは自分らの子孫を見分けられない以上、家族を国家の上に置くことはしないだろうし、若者は或る老人が自分の父であるかも知れないと恐れて、これを打ちつけることはよもやしないだろう。戦争になれば、身体的にもっとも恵まれた青年が戦うために戦場へ連れて行かれるだろう。敗北した場合にはわが身を救うために、駿馬《しゅんめ》に乗るだろう。

彼らはこうして、勇敢な兵士たちを賛美し、臆病者たちを軽蔑することを学ぶだろう。他方、抜群の武功によって名を馳《は》せた者は、いっしょに出征している仲間によって冠で飾られるであろうし、また、出征している間は、男であれ女であれ、その者の好きな誰に口づけしてもよいし、誰もその者を拒むことはできないだろう。」(449c－468c)

以上で、われわれは対話のほぼ半分に到達したことになる。ここで一休みし、プラトンがナチズムの弁明をしたと非難する前に、彼の境遇に身を置いてみよう。

当時のギリシャは数々の小都市から成る山国であって、相互に孤立し、しかもほとんどいつも相互に敵対していた。そして、これら都市国家が隣国に侵略されるということは、成年男子にとっては死を、婦女や子供にとっては奴隷になることを意味するのが常だった。ギリシャで生き残るためには、高い城壁に囲まれ、地利を得た城砦《じょうさい》と勇敢な軍隊を持つ必要があった。

二十歳になったばかりのときに、プラトンはスパルタに対してのアテナイの敗北を体験した。ラケダイモンの将軍リュサンドロスはアテナイ海軍を敗走させて（西暦紀元前四〇五年）から、長い城壁を破壊させ、そして民主派を権力から追放して、その代わりに寡頭政治家を配した。だから、彼らはやがてこの立場を利用して、恐怖政治を布《し》いたのだった。当然のことながら、こういう非常事態にあって、この哲学者は秩序（もしくは彼の用語に従えば〝正義〟）への強い欲求を覚えた。とはいえ、プラトンが依拠していた政治的モデルは勝利者のそれでしかあり得なかった。スパルタ共産主義の創案者である、かの神話的なリュクルゴスは、彼にとってはおそらく、安心して従うことのできる一種の毛沢東に見えたことであろう。

だから、プラトンは一つの国家を構想せざるを得なくなると、敵たちに取り囲まれた、しかもポリスの周囲に結集した小国家しか想像できなかった。理想的な市民とは、彼からすれば、私的なものではなくて集団こそを愛する人だったのだ。だから、共和国の規模を定めるときに、彼はアテナイ周辺の狭い境界を出ることはしていない。長大な論を展開しながら、彼は大規模な帝国を仮定することは決してなかった。他方、アレクサンドロス大王が烏合の衆のようなものでも統一的な国民となりうることを示すに至るのは、もっと後のことだったのである。

もう一つ彼に持ち上がった問題、それは、理想国家はどこに位置すべきかということだった。プラトンには海に近いということはあまり当てにならぬように思われたのだ。彼は対話篇『法律』の中で、文字通りこう語っている――「まことに隣接している海というものは、その土地にとって、日々の生活には快適なものであっても、実状は、まったく『塩辛く苦い隣人』なのですからね。というのも海は、その土地を、貿易や小売りのあきないで満たし、ひとの心に、不正直で信頼のおけぬ品性を植えつけ、そのため国民は、お互いの間においても他国の人びとに対しても、ひとしく信頼を欠き、友愛を失ったものとなるからです。(25)」

換言すれば、農夫とは、自分の必要とするもの、またはせいぜい物々交換するのに役立つものしか生産しない、有能な男であるが、商人とはお金を搾取するのに優れているだけなのだ。土地の生産物は滅びやすく、蓄積に適しないが、お金は蓄財に適するとともに、不満や不幸をも生じさせる。そして、当時、商業はもっぱら海路で行われていた——アッティカにはまだ便利な通路がなかったのだ——から、海辺の都市は商業の中心でもあったし、それだから、あまり平穏な場所ではなかったのである。(26)プラトンはその理想都市の計画において、安全の保障として、海から最低十四・七キロメートルの距離を設定するに至っている。(27)どうしてそれほどの距離が必要なのかと、私に訊かないで頂きたい。

プラトンは対話篇『国家』のせいで、西欧思想史では数多くの批判をかもしてきた。なかんずく、オーストリアの哲学者カール・ポパーは、彼をヘーゲルやマルクスに結びつけて、彼が自由の敵であり、またはポパーの言葉によれば「開かれた社会」の敵であるとの結論に達している。ポパーはプラトンがわけてもあらゆる全体主義の精神的な父であったと非難し、そして、このアテナイ人が民主制に対して怒りをぶちまけている個所を詳細に引用している。(28)

ポパーの主たる欠点は歴史的センスを欠いていること、つまり、プラトンを今日の意識で判断し、当時の、西暦紀元前四世紀から見てはいないという点にある。事実、プラトンは独裁制に対しても民主制に対しても味方をしていたのではなく、それぞれの政治体制の良し悪しを、誰が支配するかに応じて判断していたのだ。彼が好ましい順に並べた政治体制のリストを作成したとき、七つを挙げており、その筆頭にはただ一人の統治（君主政体――哲学者‐王のそれ――。実際には彼は彼自身のことを考えていたのだが、そのことは明言していない）を置いていた。その次にあるのは、少数者のそれ（貴族政治）であり、そして最後には多数者のそれ（民主政体）がきていた。ただし、この分類が有効なのは、統治者たちが善良な場合なのだ。逆に彼らが悪党であれば、プラトンはこの順序を逆転して、多数者の体制（衆愚政治）を筆頭に置き、少数者のそれ（寡頭政治）を二番目、そして、専制政治を最後に置いていた。(29)

プラトンは若干の人びとから批判されたのと同じ理由で、他の人びとからは好まれた。けれども、それは打算的な好みである場合がしばしばだったし、彼の威信を利用して自らの反動的主張の裏づけにしようとしていたのである。

換言すれば、「プラトンもこう言っていたんだ」と主張できれば、いつも効果覿面《てきめん》だったのだ。私自身、一九六八年の荒れ狂った日々に、ある会社の社長室でプラトンの次の一節が額に入れられているのを見たことがある。「民主制の国家が自由を渇望したあげく、たまたまたちのよくない酌人たちを指導者に得て、そのために必要以上に混じりけのない強い自由の酒に酔わされるとき、国の支配の任にある人びとがあまりにおとなしくて、自由をふんだんに提供してくれないような場合、国家は彼ら支配者たちをけしからぬ連中だ、寡頭制的なやつだと非難して迫害するだろう。他方また、支配者に従順な者たちを、自分から奴隷になるようなつまらぬやつらだと辱しめるだろう。たとえば、父親は子供に似た人間となるように、また息子たちを恐れるように習慣づけられる。このような状態のなかでは、先生は生徒を恐れて御機嫌をとり、生徒は先生を軽蔑する。一般に若者たちは年長者と対等に振る舞って、言葉においても行為においても年長者と張り合い、他方、年長者たちは若者たちに自分を合わせて、面白くない人間だとか権威主義者だとか思われないために、若者たちを真似て機智や冗談でいっぱいの人間となる。すべてこうしたことが集積された結果として、彼らは最後には法律さえもかえりみないようになる。これが、僭主独裁制がそこから生まれ出てくる、かくも立派で誇り高き根源にほかならないのだ[30]」。私が読み終えたとき、社長は私に言った、「見ましたかね。プラトンだって私たちと同じ考え方をしていたのです。まるで今日書かれたみたいじゃないですか！」

追記　プラトンの『国家』におけるソクラテスは、われわれが知っているソクラテスとは何の関係もない。私見では、『国家』ははなはだソクラテス的でない著作である[31]。この点に関しては、プラトンが、ソクラテスの面前でその対話篇の一つを読み始めると、この師匠はとうとうこう叫んだという話が伝わっている——「おやおや、この若者は何と多くの嘘偽りを私について語っていることだろう！[32]」と。

洞窟の神話

「非有は存在しない」し、この点に関してはわれわれはみんな合意できようが、困ったことに、この非有は目に見えるのである。プラトンはパルメデスの有とヘラクレイトスの生成とを両立させようとして、実在と仮象、つまり、「一、純粋にして不変なるもの」と「多様、不純にして変わりやすいもの」との相違をわれわれに説明するために、洞窟の神話をわれわれに語っている。

地下にある洞窟状の住まいの中にいる人間たちを想像しよう。ある者たちは子供のときからずっと手足も首も縛られたままでいるので、洞窟の出口のほうへ目を向けることもできず、絶えず奥の壁を眺め続けざるを得なくなっている。この囚人たちの背中で、洞窟を出たところには、一つの道が上のほうについており、その道に沿って低い壁のようなものがしつらえてある。その壁に沿ってあらゆる種類の道具だとか、いろいろの材料で作った、人間およびそのほかの動物の像などを人びとが運んで行く。「ちょうど、人形遣いの前に衝立《ついたて》が置かれてあって、その上から操り人形を出して見せるのと同じようなぐあいになっている(33)」。運んで行く人びとは互いに激しく言い合い、洞窟の中でこだまが彼らの言葉を歪めている。

外では大きな火——言い換えれば太陽——が彼らの後ろから照らしている。

質問——縛られたままの人間たちは、壁の上を通り過ぎるのを見る影や、耳にするこだまについて、どう考えるであろうか。答——彼らは影や反響して聞こえるものが唯一の存在する真実のものと信じ込むであろう。[34]

では今度は、彼らのうちの一人がこうした束縛から解放され、そして急に立ち上がって首をめぐらし、洞窟の出口から眺めるようにと、強制されるとしよう。すると、当初は光に目がくらんでよく見定めることができないであろうし、以前に見ていた影のほうがはるかに明確なのだと考えるのではなかろうか。だがそれから、地下の住まいから引き出され、太陽の光に目が慣れれば、それまで見てきたすべてのものが、感官で捉えられるいろいろの物体の影でしかなかったことを悟るであろう。その者がもう一度洞窟の中に戻ったとしたら、およそどんなことを語るかは、想像できよう。

「ねえ、君らは何も知らないんだぞ。外には信じ難いものが存在しているんだ。光が……これがどういうものかと言われても、説明できない。それに、素晴らしくて、完璧で、並外れたいろいろの像があるんだ。これらは俺たちが朝から晩まで見ている哀れな影とはまったく別物なんだよ。」

でも、彼は誰からも信じられないであろう。せいぜい、みんなから失笑を買うだけであり、それでも彼がなおも言い張るなら――ソクラテスのことを想起しよう――、死刑にさえ処せられるかも知れない。[35]

洞窟の神話をごく簡略にして説明すれば、以上のようになる。有〔存在〕は太陽、つまり認識であるし、非有〔非存在〕は影、つまり仮象なのである。その中間、つまり太陽と影との間には意見――われわれが感官によって受けとめられたもろもろの対象について考えること――がある。認識と意見との相違は、前者が事物をそれが実際にあるがままに見るのに対して、後者は事物を色褪せ混乱した（つまり、有と非有との中間的な）形で想像することにある。

「でも、こうしたすべてのことがいったい何の役に立つのだい?」といわゆる巷《ちまた》の人は尋ねるかも知れない。それは、われわれの人生にはお金、権力、成功といったような偽の目標が若干存在しているが、これらはたんに、はるかに真実の実在の影であるに過ぎず、こういう真の実在はわれわれの目では捉えられないものであることを理解するのに役立つのだ。こういう実在は差し当たり、直観によって把握できるだけである。なにしろ、それをわれわれの目に見えるようにもくろむ一つの光源(神)が存在するからだ。こうだとすれば、この哲学者がわれわれを啓蒙しようとしているときには、彼に傾聴することにしよう。彼は束縛から解放されて、真理を目《ま》のあたりにすることに成功した少数者の一人なのである。

プラトンにとっては、洞窟から脱出することは、不動のイデアの認識に到達することを意味する。それは第一には、美しい人物を評価すること、第二には、美とはそもそも何かを知ることである。哲学者たちにとっても、この目標に到達するのは容易ではないし、それに到達するためには、彼らは長い道を通り抜けねばならないのである。

イデアの世界

洞窟の神話はまた、論理学的・形而上学的理論でもある、イデアの説を導入することになる。私がめんどりを見て、「ほらめんどりだ」とひとり言をいうとすれば、その際には次のような推理を行っていることになる。つまり、「この瞬間に私が見ている動物は、あらゆるめんどりと何か共通点があるから、これは一羽のめんどりに違いない」という推理を。

それとは反対に、この世のすべてのめんどりは、超感覚的世界に由来する観念的めんどりに似ている傾向があると主張すれば、私は形而上学的な考え方を表明することになる。この間、現実のめんどりは、農家の中庭の地面をひっかき続けるし、幸いにも鍋に入れられて食われる危険のない、めんどりのイデアの醜い写像であることなぞ全然知らずにいる。

論理学の理論と形而上学の理論との間には、プラトンを先行哲学者たちから区別する、新たな飛躍があるのだ。論理学で武装すれば、われわれは普遍の概念に行きつくだけだが、イデア説をもってすれば、われわれは哲学史上初めて、世界の外に位置する何かにかかわることになる。

ソクラテス以前の哲学者たちはみな、多かれ少なかれ、アルケー（ἀρχή）——事物の根拠——を探し求めようとしたし、みんなが物理的原因（水、空気、火、等）を仮定していた。ヌース（νοῦς 高級な精神）の発見者アナクサゴラスでさえ、この精神を他のものよりおそらくより洗練されており、触知し得ないとはいえ、物質的な実体だと考えていた[36]。

これに対してプラトンはギリシャの水夫たちが〝第二次航海〟（つまり、櫂による航海）と呼んでいたことを開始するのだ。なにしろ、風力だけを用いていた第一次のそれは、ある種の要求にもはや応えられなかったからである。

めんどりのイデアでは何とか切り抜けたとしても、抽象的な事柄に関しては事態はより複雑となる。仮に私が「マリーナ[37]は美人だ」と言ったとすれば、私はただ美の一例を挙げただけに過ぎない。それというのも、とりわけマリーナがいつも美しかったわけではなく、十二歳のときには全然そうではなかったのを憶えているし、それに、彼女が年老いれば美人ではなくなるであろうが、反対に美なるイデア、美そのものは目下マリーナの〝内に〟見いだされ、またリオ・デ・ジャネイロの全景〝において〟も、モンタ－レの詩や有名なサッカー選手のフェイント〝において〟も見いだされる、不動の実勢であるからだ。マリーナには手で触れることができる（これは言葉のあやである）が、美にはそうすることはできない。

今日のわれわれにとっては、観念は一つの思考、一つの精神的過程であり、要するに、われわれの脳髄の中で形づくられる何かである。ところがプラトンにとっては、わけても、精神によってのみ〝見〟(38)られうる外的な実体なのである。

イデアはそれぞれ統一性、不動性、永遠性を有している以上、プラトンにとっては、自らが立脚しうる安全なものであったし、こういう安全なものをこそ彼の同時代人たちも切実に必要としていたのである。五世紀末はアテナイ人たちにとって、政治的・道徳的にはなはだ不安定な時期だった。煽動者たちやソフィストたちが四方八方にはびこっていたし、何が〝善〟で何が〝正義〟なのか誰にも分からなかったのだ。すべてが不確かに思われていた。ところで、プラトンはそのイデア説でもって、こういう倫理的‐政治的混乱状態に多少の秩序をもたらしたのであり、そして、以下のように認識の三レヴェルを措定したのである。

1　科学。不動の概念。いかなる冗談も許されないもの――つまり、イデア（有（存在））――の完璧な把握。

2　意見。可感的世界についてさまざまな判断をもつことを可能にする（生成）。

3　無知。事物の意義について自問することもなしに、その日暮らしをする人びとに固有の特徴。

このように下位区分することによって、プラトンはパルメニデスの有とヘラクレイトスの生成との間の哲学的妥協を実現するのだ。有はイデア〔複〕から成る。有はイデア〔複〕と同様に、不動かつ永遠であるが、ただし、パルメニデスの一者との違いは、イデアが複数であるという点にある。これに対して、（有と非有との中途にある）生成は可感的世界、日常の世界であり、これは絶えず変化しているし、これについては対立的意見をわれわれはもちうるが、さりとて聖なる原理に悖《もと》るわけではない。

イデアの世界にもヒエラルキーが存在する。最重要なイデアは善そのものであり、その次にくるのはさまざまな道徳的価値（美、正義、愛国心、等）であり、その次にくるのはもろもろの数学的概念（直線、三角形、四、大、等号、等）であり、そして最後にくるのは自然の中に現前している諸物（犬、机、樹木、女、ブドウ、鍋、等）である。

プラトンの一つの対話篇の中で、パルメニデスはソクラテスに対して、否定的なもののイデア——たとえば、不潔、卑劣、シラミのそれら——も存在するかどうかと質問して彼を窮地に陥らせようとしたとき、ソクラテスはどう答えるべきか分からずに、それらの存在を否定した。すると、パルメニデスは賢明にもこう言い返すことができたのだった——「それは君がまだ若いからだよ、ソクラテス。それはまた愛知の精神（哲学）がまだ深く君を捉えてしまっていないということでもある。私の考えるところでは、それがこれからなお君を捉えることになるだろう。そのとき君は、これらの事物のどんなものでも軽んじるようなことはしないだろう[39]。」

嫌悪を催させるイデアの数々の不如意を別にしても、完璧なモデル（イデア）とその欠陥だらけの模像（可感的な対象）との関係の問題がやはり存在する。私がコンパスなしで円を描こうとすれば、きっとそれは不完全であるだろうが、誰もそのことに抗議しはすまい。私は素描の終わりに、「これが円だと仮定しよう」というだけの用心をするであろうからだ。だが、凡庸なデザイナーの欠陥を許すのは容易だとしても、自然が男、女、動物についての不完全な模像を流布させるときには、人びとは自然に対していつも同じように寛大な態度をとることはできない。

だから、ここでプラトンはデミウルゴス〔世界の形成者〕を導入するのだ。これは一種の神のような職人――いわばイデアと可感的世界との間の連結《リンク》――であって、神の模像に従って素材を加工するのである。成功するときもあれば失敗することもある。だから、デミウルゴスは言わば創造者なのだ。ただし注意すべきことは、われわれが考えているような神とはひどくかけ離れている。なにしろ、もろもろのイデアの下に置かれているからだ。これらイデアは存在するためにデミウルゴスを全然必要としないが、彼のほうは世界を構築するためにはそれらのイデアを必要としているのだ[40]。逆に、神の概念はせいぜい、善そのもののイデア――諸イデアのヒエラルキーの頂点に位し、それとともに、他のすべてのイデアの原因でもある――と符合しうるくらいである。

プラトニック・ラヴ

大半の人びとの信じているところでは、プラトニック・ラブとはベッドをともにしない二人の間の感情的関係である。実際には、事柄はこれほど簡単ではない。プラトンは愛とは究極的には〝美〟を産むものと確信していたし、これについて然るべく説明するために、あらゆる時代の文学を通して重要な傑作の一つ『饗宴』を書いたのだった。

饗宴とは簡単に言えば夕食を意味する。この対話篇では、アポロドロスがアリストデモスによってこの有名になった会食について語られた物語を報告している。すなわち、アガトンは悲劇詩人をめぐっての競技に勝利したことを祝いたくて、自宅に友人たちの一群を招いたのだ。そのなかには、パウサニアス、ファイドロス、アルキビアデス、アリストファネス、医者のエリュクシマコスがいた。ソクラテスもそこに出席しているはずだったのだが、この祝宴の催されている邸宅に入ろうとしている矢先に、門前でふと立ち尽くして何やら考えに没頭してしまう。彼が現われたのは、もう晩餐もたけなわに達していた頃だった。

今宵の話題は愛に決まっていた。で、エリュクシマコスの提案により、各人が右手から始めて、順番に発言し、愛神《エロス》を賛美することになった。皮切りはファイドロスで、正直いって、彼の発言はあまり面白いものではなかった。この若者はエロスがあらゆる神がみのうちでもっとも強力であり、また、愛する者は愛される者よりもいつも幸せである。それというのも、そういう者だけがこの神によって取り憑かれるのだから、と言い張るに止めていたのだ。だが、パウサニアスの発言はもっとユニークだった。

「ファイドロス、いまの話はぼくにはどうも感心できないのだ。つまり、エロスが二種類であるのに、一種類しかないかのように君は話している。ウラニア・アフロディテという〝天上の〟愛とパンデモス・アフロディテという〝低俗な〟愛が存在するのに。人びとの中でもつまらぬ連中は概ね少年をも恋するが女性を恋するし、相手の魂よりもむしろ肉体を恋する。そして、できるだけみじめな目標に到達しようと懸命になり、愚かな者を恋するに至る。反対に、真に愛する者、天上の愛に身を捧げる者は天上の愛に没頭し、男性を好み、彼らのより強い性質やより生き生きした知性を賛美する。不幸にもギリシャにおいては規範がいつも明確ではない。エリスとかラケダイモンとかボイオティアでは、男性を恋するのは美しいことと定められているのに、イオニアとかそのほかの夷狄《いてき》の支配下に暮らしている人びとの地域では僭主制のゆえに、少年愛は恥ずべきこととされているのである。ところが、アテナイでは事態はそう簡単ではない。つまり、世の父親たちは人の恋人となっているわが子に対しては、すべてが許されるのだが、他面、父親たちはわが子に監督を付けて相手の男と話し合わないようにし、その旨をその下僕に申し付けておく。また、その子と同じ年頃の者や仲間の者たちも、その禁じられた類のことが何か行われているのを見かければ、その子を非難する。私としては思うに、恋そのものは美しくもないし醜くもないのであって、美しくなされれば美しく、醜くなされれば醜いというものなのである。」（180c－183e）

　パウサニアスの後は、喜劇作者アリストファネスが話す順番になったのだが、彼はしゃっくりをしたので、エリュクシマコスに代わってくれるか、薬で治してくれるか、このどちらかをするように頼むのだった。

「いや、それを両方ともしてやろう――と医者のエリュクシマコスが答える――。まずぼくが君の番に話をしよう。君のほうはしゃっくりが止まったらぼくの番にやってくれたまえ。エロスに関しては、ぼくの職業、医学と関係しているので、一家言を持っている。パウサニアスによると、エロスには二種類あるというのだが、ぼくの考えではなはだ数多く存在する。エロスは男女にも、動物にも、植物にも、さらには、存在するかぎりのすべてのものの中にもあるのである。いたるところに諸性質の対立が存在する。充足と欠乏、温かいものと冷たいもの、甘いものと苦いもの、湿ったものと乾いたもの、のように。そして、エロスは推進者として干渉し、対立を除去し、調和を打ち立てるのだ。だから、医学はエロスの手段なのであり、医学の祖アスクレピオスにそのことで感謝する必要がある。通俗なエロスは人びとを食卓の快楽に従うよう駆り立てるが、天上のエロス（ムゥサ・ウラニア）は医術の形のもと、節度の限界を固定する。」（185d－188d）

エリュクシマコスの弁説は、アリストファネスの激しいくしゃみで遮られる。みんながこの喜劇作家のほうを振り向くと、彼はこの機を捉えて意見を開陳し始めた。

「エリュクシマコス、たしかに身体《からだ》の中の節度ある部分、したがってまたエロスが、ほんのくしゃみだけで得られるというのは不思議だよ。見てのとおり、ぼくのしゃっくりはくしゃみをした途端に止まったのだからね。」

「アリストファネス君、君の欠点はいつも才気煥発であろうとすることさ――と医者のエリュクシマコスが答える――。君がそんなことを続けるから、ぼくは君自身の話の目付役にならねばならぬようなことになっているのだ。もともと君は穏かに話せるのに、おかしなことを何か言い出しはしないかと、ぼくはそれを見張らねばならないのだからね。」

「エリュクシマコス、どうかぼくを見張るのは止めてくれないか――とアリストファネスが答える――。ぼくがこれから話そうとしていることで恐れているのは、その〝おかしな〟滑稽なことを言いはしないかということではさらさらなくて、もの笑いの種になるようなことをぼくが言いはしないかということだから、エロスの力をよく理解するためには、人間の本性とそれの遭遇した事件とを学ばなければならない。

さて、その昔人間の種類は三種だった。男、女と、男女《おとこおんな》（アンドロギュノス）という、男女両性を合わせ持つ奇妙なものとがいた。だが、これら人間はみな私たちに比べて、二重になっていて、つまり、手を四本、足も手と同じ数だけ持ち、目も四つ、といった具合だった。みんなそれぞれ隠し所を二つ持っていた。男には二つの男性器、女には二つの女性器があり、男女《おとこおんな》には一つの男性器と一つの女性器があった。そして進むにも四本足で進んでいたが、蜘蛛《くも》のようにどちらの方向にでも動けた。かようなわけで、彼らは強さと腕力の点でもおそるべき者であり、その心は驕慢であった。そして、神々に刃向うほどだった。とりわけゼウスは人間どもの不遜さに立腹していた。なにしろ、彼らを殺してしまえば、人間から神々に捧げる供物も祭祀もなくなるだろうし、そうかといって、彼らに傍若無人に振る舞わせておくこともできなかったからだ。ゼウスは苦慮したあげくやっとのことで或る日、彼らを二つに切断することにした。それぞれの半身が二本の足と一個だけの隠し所を持てるように。そして彼らが不道徳な行為を重ねる場合には、もう一度二つに切断するぞと彼らはおどされた。そうなったら、一本足だけでぴょんぴょん跳びながら進まざるを得なくなるだろう、と。外科手術が終わると、アポロンは人間どもの傷を治すよう見張ったにもかかわらず、彼らは不都合を感じた。つまり、それぞれが自分の半身を熱望したのだ。もともとの男〔男男〕の片割れである男性は男性的なものを追求し、割かれない以前の女〔女女〕の片割れである者は女性に気持ちが傾いたし、男女《おとこおんな》

（アンドロギュノス）の片割れである男性は女の半身をやけに求めた。要するに、それらのそれぞれ半身が失われた幸せを見つけだそうとして、対の魂に合体されるよう欲望で燃えたのだ。したがって、完全なものへのこの欲望と追求に、恋（エロス）という名が付けられているのだ。」（189a－193a）

　アリストファネスの後で言葉を続けたのはアガトンである。この詩人が行っている弁舌はとりわけその内容では支離滅裂である。当時の流行に従って、アガトンが気遣っているのは、余分な装飾、誇張、効果的な文言で弁説を糊塗することであり、おそらくこうしたことのせいで、彼は文学の競技会で勝利を収めたらしい。とはいえ、この弁士が終えたときには、長い拍手を浴びている。アガトンが立ち上がって、感謝しようとすると、ただ一人ソクラテスだけは首を横に振るのだった。

「アガトンの多彩この上ない話のなされたあとで話さなければならない場合、ぼくが途方に暮れるだろうことは承知していたんだ――とソクラテスは叫んだ――。その話を聴いていてぼくはまたゴルギアスの雄弁を想い出してしまい、そのおかげでぼくは恥ずかしくなり、すんでのところで逃げ出すところだったんだ。なにしろぼくは、愚かにもこう考えていたのだ――ぼくたちは誰であれ例外なく真実のことだけを言わなければならないし、エロスを讃美するにしても、提起された説が真実か否かにまったくかまけることなくそういうことをしてはいけない、と。だから、ぼくにそういう讃辞をするものと期待しないでくれたまえ。第一、ぼくのできることでもあるまいからね。しかしそうは言っても、真実のことなら、お望みとあれば話してもよい。」

「アガトンが格調高く話したということはほんとうだ――とエリュクシマコスが答えた――。でもはたして彼がほんとうにソクラテス、あなたを途方に暮れさせたのかは、ぼくには信じられない。だからさあ、あなたの真実とやらをぼくたちに語ってくれたまえ。」

「それは、ぼくが以前マンティネイアの婦人ディオティマから聞いたものだ——とソクラテスは続けた——。この婦人がぼくに恋愛道を教えてくれたのだ。この女《ひと》のした話によると、エロスは神ではなくて、神霊（ダイモン）であり、死すべきものと不死なるものとの中間にあるものであり、美しくも醜くも、賢くも無知でもない。」

「あなたは冒瀆的な言葉を発しようとしているように見える——とアガトンが叫んだ——。どうしてエロスは神でないとあなたは言い張れるのです?」

「これはディオティマがぼくに語ったことさ——とソクラテスは言いわけしてから続けた——。アフロディテ生誕の日に神々が祝宴を催したが、そのときの招待客の中にはメティスの子ポロス（逃げ道、術策の神）も加わっていた。この祝宴の最中にはいろいろのことが起きた。貧乏の神ペニアもやって来たが、いつものようにひどい身なりをしていたので、入れてもらえず、かわいそうに宴会場の戸口のそばに立ち、何かめぐんでもらえないかと待ち望んでいた。さてポロスは神酒（ネクタル）に酔って、ゼウスの園に入り込み、酔いつぶれて眠ってしまった。そこでペニアは自分が困窮しているから、ポロスの子種を得て子をもうけようと企らんだ。《オリュンポスの中でもっとも貧しい女神の私と、神々のうちでももっとも策謀に富むポロス。この二人が一緒になれば、きっと私の運命も改善されるだろう!》そして、貧乏の女神と術策の神との合体から、エロスが生まれたのだ。」

長いささやき声が、ソクラテスの最後の言葉に続いて起こった。聴き入る者たちの注意はいやが上にも高まり、この奇異なエロスについてさらに知りたがるのだった。

「エロスはいつも貧しく、またたいていの人が考えるように華奢で美しい、というようなものでは決してない。かえって、こわばった身体《からだ》で、干からびて薄汚く、裸足で、宿無し者、いつも寝具なしで大地にごろ寝をし、大空の下、戸口や道ばたで横になる。それというのも、母の性を受けて、常に欠乏と同居する者だからだ。しかし他面、父の血を受けて、父同様美しいものとよきものとを狙う者なのだ。つまり、彼は勇気があり、勇往邁進《まいしん》し、懸命努力する者であって、手ごわい狩人、常に何らかの策略をあみ出す者、熱心に思慮分別を求めてこれに事欠かぬ者、生涯にわたり知を愛し続け、すぐれた魔術師にしてソフィストなのだ。(41)」

「でもソクラテス、どうしてエロスが美しくないなどということがありうるのです？」とファイドロスはびっくりして尋ねた。

「それはきみ自身が言ったことだよ、ファイドロス。エロスとは恋するものなのであって、恋される対象ではないのだ。恋されるものだけが美を必要とするのであり、恋するものはそうではない。そして美は善と同一視されうるから、美を望む者は善をも望むし、善を見いだしたときにのみ幸福を覚えることができる。エロスの目的は美を生み出すことなのだ。」(198b－206a)

「あなたの言わんとしていることは、――とファイドロスが尋ねた――美を望む者はそれを生み出すこともできるということなのですか。」

「美と善をだ！――とソクラテスはますます興奮しながら答えた――すべての人は肉体的にも精神的にも妊娠して〔産むものを持って〕いるし、不死になりたがるものなのだ。どうやってそれに至るか？　それは簡単に言えることで、美と善を生み出すことによってなのだよ。各人は不滅の徳と輝かしい評判のために、みんなどんなことでもする。栄光を求める者、もっとも美しい女と交わってそれを得ようとする者、魂が豊かであるため、精神の労作の中に己の痕跡を残す者、みな然りだ。正道は次の道のみ。つまり、美しい肉体から始めてだんだんと段階ごとに登って行き、最終的には絶対なものに到達することさ。」(206c－211c)

換言すると、プラトンにとってはエロスとは、一種の階段であって、第一段では肉体的な愛を、第二段では精神的な愛を、そして第三段では芸術を見出すのであり、だんだんと登るにつれて、正義、学問、真の知識に到達し、最後には善の住む最上階に行き着くのである。

『饗宴』の解釈は夥しいし、なかにはひどく空想的なために、ディオティマの話からこれほどたくさんの哲学的メッセージをどうやって解釈者が引き出せたのか、と自問する者もいるほどである。だが、私に思い浮かぶ限り、エロスがポロスとペニアから生じたことを、エンゾ・パーチを除き、十分に強調した人は皆無であろう。なぜ策謀と貧乏からなのか？　おそらく人は貧乏なときには、その同類をもっと必要とするからなのだろうか。それとも、そういう状況では、厄介事から脱却する術や、生き残りへの意志から、近くの者と愛の関係を結ぶように勧められるからなのだろうか。ちなみに偉大な予言者たちは常に、貧乏と愛との間に密接な結びつきを打ち立ててきた。ラクダと針の穴でたとえられている、福音書における金持ちは、そういう例の一つに過ぎない。富は利己主義をもたらすし、げんにもっとも富んだ、もっとも発展した都市ではいかに人間関係が冷たく困難であるかを観察するのははなはだ容易である。

霊魂不滅説

プラトンは霊魂の不滅性のために、三つの証明を提供している。私はこれらをできるだけ簡単に説明することにし、それから、各自の判断にお任せしたいと思う。

第一の証明　この世には目に見える現実と目に見えない現実とがある。前者は（目に見える）肉体により近く、後者は（目に見えない）霊魂により近いし、目に見えるものは滅び死んでいくが、目に見えないものは不変で永遠だから、霊魂も不変で永遠であろう、と考えるのは理にかなっている[42]。

第二の証明　反対物が同一のものの中に同時に存在するとはできない。肉体が熱ければ、それは熱なる観念《イデア》がその中に入り込んでいるからだし、肉体が冷たければ、それは冷の観念が熱の観念に取って替わったからである、生物が生きているのは、霊魂をもっているからである。それが死ねば、このことは、死の観念が生の観念、つまり霊魂を追放したことを意味する[43]。

第三の証明　論争家たちはかつて、認識への探求は不可能だと明言した。なぜなら、ある人が認識をもたなければ、たとえそれを見出したとしても、どうしてそれを認識できるのかがはっきりしないし、また仮にそれをすでにもっているとしたら、それを探求しなければならぬ理由《わけ》が分からないからだ。これに対してプラトンは答えている、――人が認識に至るのは、それがすでに彼の魂の中にあるからなのだ、と。換言すると、認識とは想起《アナムネシス》、つまり、われわれが前世において学んでいた事柄を再喚起することなのだ、というわけだ[44]。

だが、プラトンはこの霊魂をどう想像していたのか？　『ファイドロス』の中で、彼はそれを、翼を持った二頭の血気盛んな馬につながれた車を導く駆者になぞらえている。そのうちの一頭の馬は、資質も血すじも美しく善い馬なのだが、もう一頭のほうは、資質も血筋もこれと反対の性格である。(45)駆者は両方の馬をできるだけ高く導きたがっている。そこの《真理の野》で、彼の馬たちを神々の馬たちと一緒に牧草を食ませたいと考えている。ところが、彼はかならずしもそれに成功するとは限らない。ときには駄馬は車を下へ引っぱるし、すると高貴な馬は目ざす方向を維持できなくなる。そのとき、魂は恐るべき落下を避けるために、手当たり次第に肉体にしがみつき、これに生命を吹き込む。だからプラトンの考えによれば、肉体は魂の一時的な宿なのだ。死ぬたびに、魂は住居を変えるのであり、二頭の馬のどちらが勝利するかに応じて、魂は生のヒエラルキーを上下する。諸賢の好奇心のために、以下、プラトンが想像しているさまざまな人間の生存類型のリストをお見せしよう。

1―知恵と美を好む者
2―律法を尊重する王
3―政治家または実務や財政のエキスパート
4―陸上競技選手または医者
5―占い師
6―詩人または芸術家

7―労働者または農夫
8―ソフィストまたは民衆煽動家《デマゴーグ》
9―僭主《せんしゅ》

『ティマイオス』では、フェミニストのプラトン（なにしろ、『国家』[46]では彼は男女の同権を主張しているからだ）は「それ（生活）に挫折すれば、第二の誕生で女の性に変わるであろう。また、そのような状況にあって、なおも悪を止めることがないなら、その悪くなるなり方が、いかなる性格のものであるのか、その性格の成り立ちに応じて、何かちょうど、それに類した野獣の性に変化し、次のような状態にいたるまでは、変転を重ねて、苦労の絶えることがないであろう[47]」

魂が別の生を選びうることのもう一例を、プラトンは『国家』の最後の巻で示しており、そこでは彼は有名なエルの物語を扱っている[48]。

アルメニオスの子エルは、ある戦争で重傷を負った戦士である。彼が死んだものと思って神々は彼をあの世に運び、彼の意に反して、一種の最後の審判に出席させた。結局、誤解がはっきりするのだが、裁判官たちは彼が見た一部始終のことを死すべきものたちに告げ知らせるとの条件で、最後まで居残ることを彼に許可した。以下は、有名になった彼の話の内容である。

「他の多くの魂とともに道を進んで行って、やがて或る霊妙不可思議な場所に到達した。そこには大地に二つの穴が相並んで口をあけ、上のほうにもこれと向かい合って、天に別の二つの穴があいていた（図参照）。これらの天の穴と地の穴との間に、裁判官たちが坐っていた。彼らは、そこへやって

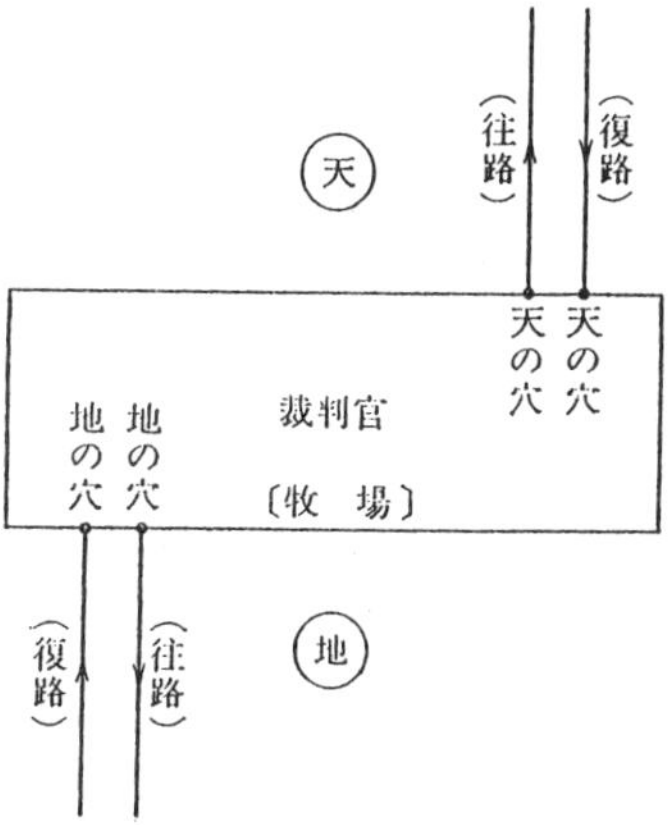

くる者を次つぎと裁いては判決を下したのち、正しい人びとに対しては、その判決の内容を示す印しを前につけたうえで、右側の、天を通って上に向かう道を行くように命じ、不正な人びとに対しては、これもまたそれまでに犯したすべての所業を示す印しをうしろにつけて、左側の下へ向かう道を行くように命じていた。そこで、私は魂たちが判決を受けてのち、天の穴と地の穴のそれぞれ一つの口から、そこを立ち去って行くのを見た。別の二つの穴のところでは、地の穴のほうからは、汚れと埃にまみれた魂たちが大地のなかから上ってきたし、天の穴のほうからは、別の魂たちが浄らかな姿で天から降りてくるのであった。こうして次つぎと到着する魂たちは、長い旅路からやっと帰ってきたようなようすに見え、知り合いの者どうしは互いに挨拶をかわした。それから、われわれはみな一緒に長旅を始め、ある一つの地点に到達したが、そこからは、上方から天と地の全体を貫いて延びている、柱のような、まっすぐな光が見えた。その林間の空地みたいなまんなかには三人の女神、つまり、ラケシス、クロト、アトロポスが玉座に腰を下ろしていた。すべての魂たちに対して、未来の生涯の見本が書かれた籤が投げられた。ありとあらゆる種類の見本がそこにはあった。芸術家たち、動物、学者、運動競技者、女、奴隷、等の生涯があった。魂はそれぞれ籤が投げられるやすぐさま、周囲を眺め、一番自分に好ましいと思われる生涯を、もっとも近くの籤の中から選ぶの

だった。選択にあたって、あらゆる事柄を充分に考えてみずに、強欲にも独裁僭主の生涯を選んだ者、金持ちの生涯にしがみついて友人を一人も持てなくなった者もいた。テラモンの息子アイアス[49]はライオンの生涯を、タミュラスはナイチンゲールの生涯を選んだし、[50]アガメムノンはワシの生涯を選んだ。[51]また、アタランテはオリンピック競技の勝利者の生涯にしがみついたし、[52]最後にオデュッセウスの魂は籤引きが最後になったために、ごく平凡な男の生涯を引き当て、それに満足したのだった。」

この物語の終わりでは、どの魂も大地に戻る前に、エルを除き、レテ（忘却）の河から水を少しばかり飲んで、前世で知ったすべての経験を忘れることを強いられている。

プラトン学派の人びと

プラトンの後継者たちは、アリストテレスを除いて、後世に格別大きな影響を残してはいない。師匠の没後、その衣鉢《いはつ》を継いだ第一人者は、彼の甥スペウシッポスだった。

エウリュメドンとプラトンの姉（または妹）ポトネとの間の息子であるスペウシッポスは、伯父とはあまり共通点がなかった。性格は怒りっぽかった（ある日、彼が授業中、邪魔をされただけで、その小犬を井戸の中に投げ込んだことがある）し、教える楽しみよりも、生の快楽のほうに打ち込んでいた。晩年には中風にかかり、アカデメイアの生徒たちによって、小さな歩行補助車に載せられて、あちこち移動させられる破目になった。全部で四万三四七五行（？）の注釈を残したが、そのうちの少ししか残存してはいない。[53]

スペウシッポスの後継者クセノクラテスは、ビザンティウムの正反対ポスポラス峡のアジア岸に位置する小都市カルケドン出身の立派な人物だった。クセノクラテスはすでに若い時分にプラトンと知り合い、生涯の間彼に従い、シケリアにまでもお伴をした。彼がアカデメイアの指導者に指名されたのも、特別賢明だったからというよりも、そのせいだったのであろう。プラトン自身、クセノクラテスの知性の限界に気づいていたのである。彼とアリストテレスについて或る日語ったとき、プラトンはこんなことを言ったことがある、「一方には拍車が必要だが、他方には手綱がいる」(54)と。おそらくその埋め合わせとしてなのか、クセノクラテスは威厳にとみ、いつもむっつりとしていた。彼が市街へ出かけて行こうとしたときには、町中の騒いでいた連中も市場から荷物を運んでいた人たちも、誰もが彼の通る道をあけてやった。彼はたいへん信頼に値する人物だったので、宣誓しないで証言することは許されていなかったのに、彼だけにはそうすることをアテナイ人たちは認めたのだった。女に対しては……何というか、彼は少々生ぬるかった。ある夜、プリュネという、美貌で知られた芸妓が誰かに追われているかのようにして、彼の小さな家に逃げ込んできて、彼の寝床で一緒に寝た。ところが彼はそのことに気づかずに、心安らかに眠り続けた。それで翌日、その芸妓はたぶんいささか気を悪くしながらであろうが、うちは彫像と一緒に寝たのよ、と触れ回ったという(55)。

クセノクラテスは八十二歳のとき、ある夜雨水の入った鍋につまずいたのが元になって亡くなった。

注

(1) プラトンという綽名は彼の額が広かった（πλατύς「広い」）ためにつけられたのだった（ディオゲネス・ラエルティオス、加来彰俊訳『ギリシャ哲学者列伝』（上）、岩波文庫、一九八四年、二五二ページ参照）。
(2) タルゲリオン月（今日の五～六月）の六日。
(3) Giuseppe Zuccante, *Platone* (Milano : Paravia, 1924), p. 6.
(4) 『手紙』Ⅶは実際上シケリアへの旅についての自伝的報告である。最近まで、それの信憑性を疑う者はいなかったのだが、コンピューターによって、それがスペウシッポスに帰せられた同時代の偽作らしいとの疑いが突如明らかにされたのである。
(5) プラトン『手紙』Ⅶ、324b。
(6) アイゴスポタモイはケルソネソス半島の町の名（同名の川もある）。
(7) ディオゲネス・ラエルティオス、加来彰俊訳『ギリシャ哲学者列伝』（上）、二五二～二五三ページ。
(8) 老ディオニュシオス一世は同時に二人の女を娶った。一人はドリス、もう一人はアリストマケ。ディオンはアリストマケの弟だった。婚礼の夜、この独裁僭主は二人の女と一緒に寝たが、二日目からは代わる代わる一緒に休んだ。つまり、偶数日にはアリストマケ、奇数日にはドリスと寝たのだった。プルタークク、河野與一郎訳『英雄伝』（一二）（岩波文庫、一九五六年）一七五ページ参照。
(9) プルターク『英雄伝』、ディオン、七参照。
(10) プラトン『手紙』Ⅶ、326b。
(11) ディオゲネス・ラテルティオス、前出書（上）、二六二ページ。
(12) プルターク『英雄伝』（一二）、一七七ページ。
(13) プラトン『ファイドロス』、230c（藤沢令夫訳『ファイドロス』、「プラトン全集」5、岩波書店、一九七四年、一四〇ページ）。

(14) ディオゲネス・ラエルティオス、前出書（上）、二八二～二八三ページ。
(15) プルターク『英雄伝』（一一）、一八一ページ。
(16) プラトン『手紙』Ⅶ、328b－c。
(17) この文はプルターク『英雄伝』（一一）、「ディオン」（一八九～一九〇ページ）から採られている。しかし、プラトンがアテナイからシラクサへの途上、はるか北方に位置するカリュブディスへなぜ足を延ばしたのかは分からない。
(18) スミュルナのヘルミッポス、fr. 33 Müller. ディオゲネス・ラエルティオス、前出書（上）、二五〇ページ参照。
(19) ディオゲネス・ラエルティオス、前出書（上）、二七九ページ。
(20) ヘラクレイデス、fr. 16 Müller. ディオゲネス・ラエルティオス、前出書（上）、二六八ページ参照。
(21) プラトン、藤沢令夫訳『国家』（岩波書店、一九七六年）、二九六ページ。
(22) プラトンはここで、ギリシャ史やギリシャ政治思想のキーワードを用いている。ポリスは当初「都市」を意味したが、それから「市民共同体」、そして最後に「政治的社会」、「国家」を意味するに至った。〔訳注〕
(23) ここでプラトンが仄めかしているのは、〝ポリス〟と呼ばれる、西暦紀元前四世紀の一種の陣取り将棋の遊びのことで、盤面が六〇の区画に分けられ、その一つ一つがポリスと呼ばれていた。
(24) プラトンはこれらの子供を抹殺するよう勧めているのではない。古代ギリシャでは新生児は生後数日、ひどい危険に陥った。ときには、しゃくり泣きするだけでその子には男らしさが欠けていると非難されたりした。スパルタ人たちは元気のない新生児を仕末していたし、アテナイ人たちにはあまり好ましくない子供を公けの場に〝曝す〟習慣があった。その子供を奴隷に欲しければ、勝手に連れ去るためである。
(25) プラトン『法律』Ⅳ、705a。〔森進一ほか訳、「プラトン全集」13（岩波書店、一九七六年）二四六ページ〕

(26) G. B. Klein, *Platone e il suo concetto politico del mare*〔プラトンとその政治的な海概念〕(Firenze, 1910), pp. 11ff.

(27) プラトン『法律』、Ⅳ、704 b。

(28) 例として、ポパーが『自由社会の哲学とその論敵』(武田弘道訳、世界思想社、一九七三年、三七ページ)で挙げている。(プラトンに帰せられた) 民主制の定義の一つを引用しておく。「デモクラシーは……貧しい者たちが、戦いに勝つとき、ある者たちを殺し、またある者たちを断罪し、そしてそれ以外の者たちとは、平等の名のもとに市民である権利や公職につく権利を分けあって、……」。

(29) プラトン『政治』、291d および 300－301。

(30) プラトン『国家』、Ⅷ、562d－563e〔藤沢令夫訳、六〇九～六一二ページ〕。

(31) 正確を期しておくと、『法律』の中でプラトンはこういうユートピアの大部分を自ら破棄しながらも、ナチズムの前ぶれというより、はるかに共産主義的な、優生学の考えを保持していた。

(32) この対話は『リュシス』に関してだった。ディオゲネス・ラエルティオス、前出書(上)、二七六ページ参照。

(33) プラトン『国家』、514b。こういう明らかな直喩からして、ナポリの操り人形が古代ギリシャでもすでに流行していたと推定され得よう。

(34) 同書、514－515c。

(35) 同書、515c－517a。

(36) L・デ・クレシェンツォ『物語ギリシャ哲学史—ソクラテス以前の哲学者たち—』(而立書房、一九八九年二刷)、二一六ページ参照。

(37) マリーナは私の家の正反対に住んでいた少女のことである。

(38) 観念はギリシャ語のイデアまたはエイドスに由来し、両者とも「見る」を意味する動詞 ἰδεῖν と関係がある。

(39) プラトン、田中美知太郎訳『パルメニデス―イデアについて10』（岩波書店、一九七五年）、一五ページ。
(40) プラトン『ティマイオス』、28a。
(41) すでに別の機会（*Oi dialogoi*, Milano : Mondadori, 1985, p. 111）でも述べておいたように、ソクラテスのこの描述は今日の油絵に描かれているような、ナポリの浮浪児に合致しているかに見える。
(42) プラトン『ファイドン』79a－e。
(43) 同書、105b－d。
(44) プラトン『メノン』、80d－81d。
(45) プラトン『ファイドロス』、246a－248e。
(46) より厳密には、プラトンは男女が同等かどうかを自問しているのではなくて、ただ女が同等であれば、国家のために働けるであろうから、そのほうが有益ではないかと自問しているだけなのだ（『国家』、451d参照）。
(47) プラトン『ティマイオス』42b－d。〔種田恭子訳「プラトン全集」12（岩波書店、一九七五年）、五八～五九ページ〕
(48) プラトン『国家』、X、614b－620d。
(49) 英雄的な戦士アイアスはアキレウスの武器を受け継ごうと望んでいたのだが、結局はオデュッセウスに引き渡された。このことにひどく傷ついて、アイアスは一瞬理性を失い、自殺した（ホメロス『オデュッセイア』、XI、543－565参照）。
(50) タミュラスは有名な音楽家。ホメロスによると、彼はムーサたちと技を競い、敗れて視力を奪われ、声も記憶力も失った。*Cf.* R. Graves, *Greek Myths.*）
(51) アガメムノンは前世において妻のクリュタイムネストラと甥のアイギストスによって殺されたものだから、人間たちからできるだけ遠く離れて暮らすことをもちろん望んでいた。（*cf.* R. Graves, *Greek*

Myths.）

(52)　アタランテは世界で一番速いと噂されていたが、三個の黄金のリンゴを集めるために立ち留まって、メラニオン（またはヒッポメネス）との競走に負けた。（*cf.* R. Graves, *Greek Myths.*）

(53)　ディオゲネス・ラエルティオス、前出書、（上）三三三ページ（Ⅳ、1、5）。

(54)　同書、（上）、三三五ページ。

(55)　同書、（上）、三三五〜三三六ページ。

第5章　即自的な靴屋アルフォンソ・カロテヌート

「技士さん、イタリア人の最大の欠陥は浅はかなことですなあ。誰か客の行動を観察なさってから、私が間違っているかどうか言ってください。誰かが靴を一足買おうとして、ショーウィンドウの前に立ち止まり、展示品に見入ると、身動きもしないで、放心した目つきをしており、ほとんどそれに関心がないかに見える。ところが、それからちょっと覚悟を決めると、店の中に入って来て言うのです、『あれをください、私の靴のサイズは四二号です』と。それを履いてみて、支払いをすませ、立ち去ってしまうのです。これが靴を買うことでしょうか？　私がここにいるというのに、何の役にも立ってはいない。これじゃ、ロボットでも置いたほうがましだ！」

　ここでこんなに荒れているのは、靴屋の労働騎士《カバリエーロ・デル・トラバホ》アルフォンソ・カロテヌート。一八九六年創設の会社〝カロテヌート一族〟の社主であって、この会社は幾度か表彰されたし、かつては、王家の御用達《ごようたし》だったのだが、現在ではトレド通りに店を構えている。ドン・アルフォンソが座っている小さな肘掛けいすの肘掛けは彼の全身を収容するほどには開いていない。もう季節も盛りで、熱いにもかかわらず、彼は伝統に忠実な人間らしく、依然として背広を着用し、ネクタイを締めている。ただ少しばかりシャツの襟をゆるめてはいた。店には人はいない。朝九時なのだ。めがねをかけた一人の店員が黒の上っ張りをはおりながら、観念したようすで彼を見つめる。もちろん、「靴への称賛」を聞いたことは、これが初めてではなかった。

「いつか私は街中で人びとを呼び止めて、尋ねてみたいものだね、『すみませんが、どうしてそんなに急いでいらっしゃるのです？』と。」

「それはきっと、人びとが若いからで……」と私は彼の質問に何か答えるために出まかせを言う。

「それじゃ、彼らが若いということをあなたはそんなに確信しているのですか？」とドン・アルフォンソが言い返す。

「あなたはどうお思いなのですか？」

「技士さん、正直いって、今日日《きょうび》の若者たちがダンスするのをご覧になってはいないのでは？　私ははっきり知っているのです。二人の子供がおり、長男は二十二歳、娘は十八歳です。彼らは友だちを家に招き、『四ジャンプをやる』と言うのです。私は彼らがダンスをするのは幾度も見ましたが、四ジャンプを見たことはありません。それははたしてダンスなのだろうか、と私は自問するのです。みんなひょろ長い姿をしているし、まるで何かしら退屈から逃がれたばかりのよう。それからひどい苦痛のようす、悲惨としか言いようがない状態のなか、各人が自分勝手に踊り、相手に目を向けようともしないのです。これがハード・ロックの踊り方なんだと言われているけど、くそ面白くもない。私たちの世代はこんなではなかった。ワルツ、チャチャチャ、チャールストン、コティヨンでしたよ。あなたはコティヨンのことは憶えておられるでしょう？　おんなを取り替えるのを？　今日日、もうそんなことは行われません。私たちの時代にはコティヨンで笑えたものでした。でも、私には理論が一つあるのです。今日の若者の悲しみをすべて説明できる理論が。私たちは家の中の、父母の寝室で、友好的な壁に囲まれて生まれたのに対して、彼らはみな病院生まれなのです。技士さん、彼らは病院族なのです！　彼らが生まれたとき見たのは、せいぜい医者の顔とか、緊急輸血用の血漿小瓶ぐらいなのです。」

「でも、靴は……」と私は彼を話題に引き戻すために言いかけた。

「靴だって！——と労働騎士はため息をついた——靴が何かはもう今日日、誰も知っちゃおりませんよ。以前だったら、それは名刺や、社会的地位だったんですがね。客がアラバルディエーリ通りの父の作業場に入ってくると、父と第一の助手オスカリーノは、まるでその人がサヴォワの君主でもあるかのように迎え入れたものです。その人にコーヒーを出して、少しばかり会話を交わす。その間に足は休まって、通常に戻るのに必要なだけの時間をもつことになる。それから寸法を取りにかかるのです。まず右足を差し出す。すると、父は四方八方から足を入念に眺め、クルミ材の板の上にそれを載せて、足裏が全部板にくっつくか、それとも真ん中でカーヴするかを確かめる。足が完全であれば、客は父とオスカリーノからほめ言葉を得ることになるのです。職人たちが呼ばれて、作業場から出てくることもよくありましたよ。その間に、型を取るためにプラスターの準備がなされたのです……。」

「わかります——と私は彼の話を遮るために締めくくりにかかる——足の型を取って、客が寸法のためにもう来ないですむってわけですね。」

「いいえ旦那、あなたはおわかりになっていない——とドン・アルフォンソは話の腰を折られて、少々いらだち気味に答えるのだ——足の型を取るのは、ほんの序の口。《完璧な靴》という最後目標に到達するのに必要な数々の段階の一つに過ぎません。」

「いや、あなたの父上のお仕事の価値を少しも減らそうとしたのではないのです——と私が言う——私はただ、あなたの言われたことを要約しようと努め、当時の注文靴が今日の靴屋のつくっている靴とどの点で違っているのかをわかろうとしただけなのです。」

「技士さん、そこが面白いところなんです。あなたはもうお若くはないが、それでも今日日の若者みたいに振る舞っておられる。あなただって、急《せ》いていらっしゃるじゃないですか」と労働騎士はいささか不信をこめて私を見つめながら、コメントした。

「いや、誤解です、私は全身を耳にしていますよ。」

「一つはっきりわかってもらいたいのですが、——とドン・アルファンソは続けながら、シャツの襟を少しばかりゆるめ、首と襟の間に白い綿織物《ビケ》のハンカチを挿し込んだ——カロテヌート社の真の社会的責務は靴を売ることではないし、少なくともそれだけではなくて、およそ人が手にしうる最上の靴を製造することでなければならなかったのです。」

「靴だけを？」

「そう、《靴だけ》です。これは打ってつけの言葉ですよ。でも、順序に従いましょう。あなたが私の父の客だったころ、デ・クレシェンツォ家の右も左もこの《カロテヌート一族》で買い置きをしておこうとなさったはずですよ。」

「では、あなたの顧客たち全員の寸法を保管していらっしゃるんで？」

「ナポリのすべての貴族や、自由業のお得意様の足型を持っています。」

「じゃ、もう靴の寸法は取られないのですね？」

「めったにありません。今日日、もうそんな顧客はいませんよ。以前なら、客が初めてやって来るときには、いつも使い古しの靴を持参して、親父に見せたものです。あなたもご想像がつくでしょう。」

「使い古した靴をですか？」

「そう、どんな履き方をしたかを見せるためです。」

「それは、どんな靴も同じ履き方がされないからですか？」

「後生だから、冒瀆しないでください。私たちはみんなそれぞれのやり方で靴を履いているのです。大股の人はまずかかとの後方が痛みます。小股の人は足の下に（足の裏ではなく）、いかの甲ができます。がに股の人のことを、私どもは《騎士の脚》と言っています。こういう人びとは外側の縁《へり》が先に減ります。父は客が店を出ると、通りの端で見えなくなるまでずっと目で追ったものです。その人がどういう歩き方をするか調べるために。そして磨滅がはっきりすると、父は客に子ヤギまたは子牛の皮の一足の靴を試し履きしてもらうので、客は少なくとも一カ月間、これを履かなくてはいけなくなります。すべて順調にいけば、そのときには、父は最終的に靴の製造に取り掛かったのです。でも、あなたが私どもの靴を履いて散歩なさったら、とても人目につかずにはすまないでしょう。みんなは『それはあのカロテヌートの靴に決まっている』と言うでしょう。」

「要するに、あなたの親父さんはそれに心身を打ち込んでいたんだね。」

「おっしゃるとおりです。ときには客たちとあれこれ議論だってやっていたのです。」

「何でまた？」

「たとえば、デル・バルツォ伯爵と。エマヌエル伯ときたら、新しい靴には耐えられなかったのです。それで伯爵はどうしたと思います？　給仕の一人、アントニオなる者を呼び寄せ、この男が伯爵と同じサイズだったものだから、十日間、この新しい靴を履かされたのです。それで親父がどうなったか想像してみてください。せっかくの彼の計算はみな無駄になってしまったのです！」

「ドン・アルフォンソ、まっさらの一足の靴を持つことがそんなに大事だとほんとうに思っていらっしゃるのですか？」

「技士さん、あなたにお訊きしますが、私をからかいになるつもりなのですか？」

「いや、とてもそんなことは……」

「……それとも靴製造の術にほんとうに興味がおありなので？　後者がほんとうだと希望しますよ。では、あなたにおわかり頂くために、私はまず前もって一つのことを言っておかねばなりません。人生はそっくり次の図式に収まるのです——半ばは愛、半ばは労働という図式に。そして、私が労働というとき、朝から晩まで経済的な独立を得るために、耐えねばならぬ、苦痛や拷問のことを思っているのではなくて、われわれの存在にもっと意味を授けるために、神が与えてくださった機会のことを考えているのです。タバコの小売商であれ、銀行員であれ、整備士であれ、それぞれの仕事が気に入っているのであれば、満足することができます。さもなくば、彼らはしょげるでしょう。もっと労働時間を短縮することしか考えなくなります。たとえ六時間でも、いやいや働くのならば、きりがないように見えるものです。でも、私の言ったことを思い出してください。タバコ小売商を《営む》のと、タバコ小売商で《ある》のとでは異なります。父は私が幼い頃から、靴がどうあらねばないかを私に教えてくれたのです。彼は私と一緒に店の前に立ち、私に通行人たち全員の足を眺めるようにさせたのです。『なあ、お前《ベッチエリ》』と父は私に言ったものです、『あの靴はよいが、この靴はいけない。ほら、先が少し短いだろう。あっちの靴は足の甲が締めつけられるし、靴がしかめ面《づら》をしている。気の毒なほどだ。あそこのあれは素敵な靴だ！　あれは悪くないな。ほかのは大量生産の品物だよ』。こうして少しずつ、私は靴がどう作られるべきかについて見当をつけるに至ったのです。それで、誰か客が入ってくると、その人の足にカロテヌートの靴が履かれているのを目に止め、その人のために作られた一足を発見できたときには、まったく幸せな気分になるのです。さて、素敵な靴をもつことがそんなに重要なことなのか、というご質問に戻りましょう。えー、えー、それはとても大事だということを請け合えます。晩、就寝時に、眠る前、あなたの脱いだばかりの靴に見やるなら、完成された、古典的で、エレガントで、変質しない、手入れの行き届いた美しい一足の靴は、確かさの感情を伝えてくれることにお気づきになるでしょう。あなたの一日の忠実な証人として、その靴はあなたのお伴をしたのです。ところが、今日では誰もそのことに注意を払いません。客は入ってくるなり言うだけです、『そこの四二号サイズの靴をください』と。それから試し履きしてみて、支払いをすませ、立ち去って行くだけなのです。」

第6章　アリストテレス

前置き

アリストテレスは教師だったし、多くの教師がそうであるように、彼も少々ペダンティックだった。彼も哲学的に言えば、はなはだ几帳面な人物だったし、だから、むしろやや退屈に見えたことであろう。彼はソクラテスのように好感のもてる人ではなかったし、プラトンのような文筆家でもなかった。私は何とか彼を感じのよいようにしようといろいろ試みたのであり、まさにこのゆえに、彼はおそらく墓の中に引き返すことになるかも知れない。でも、読者諸賢には当初難しさに遭遇してもすぐにギヴ・アップしないで、少なくとも彼を理解しようと僅かな努力をして頂きたい。それでも難しすぎるとお感じならば、どう言ってよいか、そのときには彼を飛ばしてください。すみません。ただし、彼の哲学を知らなければ、生涯において何かが不足することになるであろう。せめて、聴くという忍耐だけでもおもち頂きたい。

生涯

アリストテレスは西暦紀元前三八四年に、アトス山の少し北方に位置する東マケドニアの小村スタゲイロスに生まれた。[1] けれども、彼をマケドニア人と見なすことはできない。それというのも、彼の故郷は何年も前にキュクラデス諸島の一つアンドロス島からやって来た島民の一群によって創建されたギリシャ植民地だったからだ。ほんの一例だけ挙げると、彼が幼時期に話した方言はきっと、エーゲ海のすべての人によって話されていたイオニア方言だったであろう。

彼の父ニコマコスはマケドニアの王アミュンタス二世の侍医だった。そのため、アリストテレスも王国の首都ペラをしばしば訪れる機会があったし、そこで、未来の王(フィリッポス二世)にして、アレクサンドロス大王の未来の父、フィリッポスと友人関係をもつに至った。アテナイ人の目からは〝野蛮人〟と見なされていたとはいえ、マケドニア人はそれでも王宮のメンバーだったし、こういう情況とアリストテレスの父の職業とがともに、彼の教養の発達に何らかの寄与をしたに違いない。幼くしてみなしごになった彼は、プロクセノスとかいういとこに預けられ、このいとこは彼を小アジアのアタルネウス――リュディアの海岸に位置する村――に連れて行った。それから、十七歳になってから初めて、彼はギリシャ中の学校でもっとも威信のあるアカデメイアの学生としてアテナイに姿を現わす。これは西暦紀元前三六七年のことであり、プラトンはまだシケリアに居たし、その留学中、クニドスの著名な天文学者で数学者エウドクソス――哲学よりも物理学に精通していた――が学頭になっていた。しかし、このことはアリストテレスにとって嘆かわしいことではなかったのであり、彼は幼年期から自然科学に興味を抱き、チョウチョや他の昆虫、石、外来植物を集めていたのである。

アリストテレスは二十年間、初めは生徒として、後には教師としてアカデメイアに留まった。歴史家たちの見方によれば、彼はプラトンをもっとも尊敬すると同時に、もっとも批判した生徒だった。師プラトンが亡くなると、すべての門弟たちは師の後継者になることをいくらか期待した。アリストテレス以外にも、クセノクラテス、オプスのフィリッポス、エラストス、コリスコス、ポントスのヘラクレイデスが学頭に任命されることを望んだ。しかしながら選ばれたのは、すでにわれわれが知っているように、プラトンの甥スペウシッポスだったのであり、このことはより有能な教師たちを怒らせたのだった。

アリストテレスとクセノクラテスは、スタゲイロスの人（アリストテレス）が後見を受けて青春を過ごした村アタルネウスに移住した。当地では、ヘルミアスなる名前の宦官《かんがん》が僭主になっていたが、彼は二人の哲学者の到着を好意的に迎えた。アリストテレスは、ヘルミアスの妹（または養子）ピュティアスと情熱的な恋に陥ったらしく、彼女と結婚した。アリストテレスが恋に陥るとは想像しがたいと思うが（それ自体矛盾に見えて仕方がない）、カリマコスも言うように、「石炭だって、燃えるときには星のように輝く」ものなのだ。しかしアリストテレスは恋以外に、教育にも献身した。彼はアイオリスのアッソスに第二の学校を創建したし、三年後にはもう一校をレスボス島のミュティレネにテオフラストスと共同で創建した。

ヘルミアスがペルシャ人によって捕らえられた後で、アリストテレスはマケドニア王になっていた

郵 便 は が き

101-0064

東京都千代田区
猿楽町二—四—二
（小黒ビル）

而 立 書 房 行

通信欄

而立書房愛読者カード

名　物語ギリシャ哲学史Ⅱ　284—6

住 所　郵便番号

ふりがな)
芳 名　(　歳)

職 業
学校名)

買上げ　(区)
店 名　市　書店

購 読
聞雑誌

近よかったと思われた書名

後の出版御希望の本、著者、企画等

籍購入に際して、あなたはどうされていますか

. 書店にて　2. 直接出版社から

. 書店に注文して　4. その他

店に1ヶ月何回ぐらい行かれますか

(　月　回)

フィリッポスにより、べつの宮廷に呼ばれた。息子のアレクサンドロスに教育するためである。アレクサンドロスは当時十四歳になったばかりで、まだ大王ではなかった。「とにかく、あれは父親の侍医の息子だ――と王は考えたのかも知れない――アテナイで積んだ経験がわれらに役立つことがあろう。少々教育を施すのも子供に害とはなるまい。少なくともあの子のけんか癖の埋め合わせぐらいにはなろう」。報酬として、アリストテレスは生まれ故郷スタゲイロスの再建を要求した。この村はマケドニア軍によって、いろいろの事件の間に破壊されていたのである。

　歴史の或る瞬間にアリストテレスとアレクサンドロスのような二人の傑出した重要人物が出会うときには、歴史に留まるような何か重要な逸話や記憶すべき名言が期待されるのが常だが、残念ながら、この場合には語るべきことは何もない。おそらく、アレクサンドロスはほかの多くの少年たち同様に、勉強にはあまり熱心ではなく、落ち着きがなかったであろうし、アリストテレスは家庭教師として、彼を鞭打ちで矯正できないことをしばしば残念に思っていたことだろう。この哲学者はアレクサンドロスの傍に合計八年間留まったのであり、われわれとしてはこう自問してかまわないだろう、――アレクサンドロスの魅力がアリストテレスの思想に何らかの影響を及ぼしたのか、それとも逆に、《公正な中庸》の説が戦士の熱狂にいくらかブレーキをかけるのに役立ったのか、と。いろいろの結果から推測するなら、事実はそうではなかったようだ。われわれが手にしている唯一の具体的事実はアリストテレスがアレクサンドロスが使うために（ad usum Alexandri）書いた宇宙論と、弟子のアレクサンドロスが世界のあちこちから動物や外来植物を師匠に送り届けるといった手助けのおかげで、この哲学者が設立した動物園だけである。

西暦紀元前三三八年、フィリッポス二世（アレクサンドロス）がカイロネイア[2]でギリシャ連合軍を破ってから、アリストテレスはすぐにこれをきっかけに、世界最強の男の元師匠という威光を帯びて、アテナイへ戻った。アカデメイアはこの間、クセノクラテスによって指揮されており、彼はアリストテレスの友人ではあったが、後者ほどの尊敬を味わってはいなかった。そこでアリストテレスは独自の学園を創設する決心をする。彼が選んだ学校はリュケイオンと名づけられたが、それはアポロン・リュケイオスに献じられた小神殿のごく近くに位置していたからである。この新しい学校はやがてアカデメイアの名声を凌駕してしまい、《ペリパトス》とも呼ばれた。それというのも、授業中、師匠は生徒たちと一緒に庭の中を散歩する習慣があったからである[3]。

リュケイオンの教育はアカデメイアのそれとはひどく異なっていた。むしろ、それは今日の大学に似ていたのであり、さまざまな教科、時間割りと、専門化された課程をもっていた。これに反して、アカデメイアはいささか典礼的なものをもっており、ミューズに捧げられた神聖な儀式や、あまり隠されてはいない政治的目標――アテナイの将来の支配者たちを育成するという――をもっていた。リュケイオンでは、すでに挙げたエレソスのテオフラストス、ロドスのエウデモス、ストラトン、といった有名な教師が教えていた。教科書はアリストテレス自身が編纂した。これらの授業は今日では秘教的文書のレッテル（秘儀加入者だけに限られた教育）の下に知られている。これに反して、公教的な授業は、より解釈しやすく、公衆に開かれていた。残念ながら、こういうより平易なテクストのほうは失われてしまい、難しい著作だけが伝わっているのである。

アリストテレスは最初の妻が亡くなってから、家政婦だった若いヘルピュリスと再婚し、最初の息子ニコマコスが生まれた。

西暦紀元前三二三年にはアレクサンドロスが歿し、同時に、アテナイはマケドニア人や、これを支持してきたすべての民族に対抗して蜂起した。アリストテレスはソクラテスではなかったから、不道徳なる告発に対して逃亡をもって応じ、母親から継いだカルキスの地所に戻った。だが、そこに住みつく間もなく、彼は六十三歳で胃炎で亡くなった。

約二千年間、アリストテレスが語ったすべてのことが議論の余地のないドグマと見なされたわけだが、このことが人類の進歩にあまり寄与しなかったことは確かだ。だが、後世によって彼になされてきた宗教じみた崇拝の責任をこの哲学者に帰するのは、もちろん馬鹿げているであろう。

アリストテレスと知の体系化

一九八四年、私の映画『ベッラヴィスタ先生言行録』(*Così parlò Bellavista*) を撮影していたとき、ランカーティの映画装置や武具の倉庫を訪れる機会があった。外見からはこの建物は十九世紀末の英国建造物のようであって、エドガー・ウォーリス(4)の或る犯罪の舞台として役立つように思われた。落ちかけた屋根のついた煉瓦壁の二階建てであって、テヴェレ川岸よりもロンドン郊外のほうにぴったりの大きなバラックだった。ところが、内部はおあつらえ向きの巨大なバザールの観がしたのだ。実際、千平方メートルばかりを見渡して、私は五十年間のイタリア映画に再会したのだった。エットーレ・フィエラモスカの胴鎧《よろい》、ツタンカーメンの石棺、ベン・ハーの戦車、フェリーニの8½の鞭、フェデラーレのオートバイ、地獄のトトの出張りのついたコントラバス、それから、雑然と積み上げられた、少なくとも百個のナポリのコーヒーポット、ガリバルディー時代のリュックサック、ギリシャ彫像、白い電話機、バズーカ砲、コリント式柱頭、二〔三〕輪車、中世の武器、ローマの寝椅子《トリクリニウム》、ナポレオンの家具、といったものを。何人かの男が小道具を取り上げたり置いたりするために荷車を引っ張って行ったり来たりしており、他の男たちは梯子に登って、バビロニアの盾とかユーゲント式のシャンデリアをはずそうとしていた。この雑然たる品物の山を呆然と眺めていて、ふと、私はアリストテレスのことが理解できたのだ。より正確にいうと、私は彼が生涯に見てきたすべてのものや、先行の哲学者たちのすべての所説の中に、少し秩序をもたらしたいという彼の欲求を理解できたのである。

　この夥しい仕事量を前にして、おそらくアリストテレスはかなり簡単な質問を自らに課すことから始めたであろう。たとえば、「私の目の前にある物は、鉱物界か、植物界か、それとも動物界に属するのか?」と。それから、だんだんと質問するにつれて、どの質問も哲学的なジグソーパズルの解決を前提とすることをよりはっきりと認識したことであろう。実際、レタスと馬との間に存在する差異をよく理解するためには、《レタスであること》とか《馬であること》が何を意味するのかについて明確にわかることがどうしても必要なのだ。

　ギリシャ哲学史の全景において、アリストテレスは疑いもなく、もっとも登りにくい山である。彼は実際上すべてのことを言い、同時にまたすべてのことの反対をも言ったのであり、そして、彼が発言しなかったような科学ないし学問は存在しない、との印象を人はしばしばもつのである。だが、落胆に屈するには及ばない。だから、はなはだおおざっぱながら、私としては日刊紙の学芸欄で映画の粗筋が紹介されるようなやり方で、彼の思想を数行で要約してみたい。

「アリストテレスは世界の事物を非生物、植物、動物に区分した。それから、人間をも検討して、この特異な動物が産み出すすべてのものは、その思考対象が物理学、倫理学、もしくは形而上学に属するかどうかに応じて、物質的、道徳的、理論的と分類されうることに気づいた。彼の分類法の主要手段は、三段論法に基づく論理学だった。」

もちろんこれがすべてというわけではないが、当座はこれで十分だ。

「鉱物、植物、動物」へのこの分類は一見、容易に見えようが、決してそうではない。われわれが出くわして途方に暮れるような、極端な場合が存在するのだ。植物のように生長し増殖し続ける結晶、鉱物か植物か動物かはっきりわからないサンゴ、われわれを怖気さす樹木、といったように。ある日ボルディゲーラで、私はそういう樹木を個人的に知ったのであり、そして個人的に言うと、私は誇張しているとは思わない。その木はインド産クワ科イチジク属の一種（Ficus）であって、樹齢百年を超えた、巨大で、恐ろしい大木だった。その根は生長するにつれて、庭の垣の壁を突き破り、古い鉄柵の格子をねじ曲げ、根こそぎにしていた。ほかの根は幹から飛び出し、さながら冬眠に入った蛇のように、土の中に入り込んでいた。またほかの根は枝に垂れ下がり、地面の方向に引き出しながら、そこに到達しようと必死にもがいていた。三十メートルほどの高さのあるその樹木は、四方八方に広がり、世間を粉砕したがっているような印象を与えていた。私は十分間でさえ、ひとりぼっちでその樹の傍で眠る勇気はとてもなかったであろう。

植物を動物から区別できると想像する人は、海綿動物とか食虫植物がどう分類されるかを自問するがよい。《動物》とは何かを規定しようとすると途端に、さまざまな問題が持ち上がるのだ。ひとりで動くことができる生き物と規定するだけでは十分でない。ほかの動物の助けに頼らずには、ひとりだけで移動できない動物がいる。人間と動物との境界線を引くのはさらに難しい。知性の問題一つだけを採り上げても、われわれは犬、イルカ、ヒヒと肘を接していることになる。

こうした些細な問題を解決するために、アリストテレスは物理学〔自然学〕に関する八巻以上の本を書き、その後で、形而上学、つまり、感覚的世界を超えた主題を説明するために、さらに十四巻を著した。《形而上学》なる用語は実をいうと、アリストテレスが考え出したのではなくて、彼の著作の編纂者たちが「自然学の後に来るすべて」として、この用語を規定したのだった。おそらくそれは、師匠の著作を西暦紀元前一世紀に公表したロドスのアンドロニコスに溯るのであろう。

形而上学

レタスとか馬が何かを定義するのも容易でない以上、善、思惟、罪、憐憫、といったような抽象概念を説明するのがいかに困難かは容易に想像がつくであろう。論より証拠、イタリア語の辞引の十二万七千項目のうちで、動詞 *essere*〔ある〕一つ採り上げても、これはすべての中でもっとも複雑なのだ。パルメニデスからハイデッガーにかけて、それを究め尽くそうと試みなかったような哲学者はひとりもいない。

ごく簡単なことから始めると、*essere* はいつも動詞とは限らず、名詞のこともある。たとえば、*l'uomo è un essere vivente*〔人は生き物である〕のように、この文中、ちっぽけな語が二回現われている――一回は名詞（*essere*）、もう一回は動詞、いや繫辞（*è*）として。しかも、*essere vivente* なる表現は動詞的述語とも呼ばれている。だが、形而上学は *l'essere in quanto essere*〔存在者としての限りでの存在〕を探究する学だとアリストテレスが主張するとき、事態ははじめて困ったことになる。でも勇気を出し、順番に取りかかることにしよう。

パルメニデスにとっては、有〔存在〕は一にして、不動、かつ永遠なものである（この定義はあまりわかりやすくないことは承知しているが、私としては折々繰り返すことにする）。プラトンにとっては逆に、有は多様であり、それはもろもろのイデアという、普遍的な超越的実体から成り立っており、これらに霊感を得てデミウルゴスは世界を形成したとされている。最後に、アリストテレスにとっては、有はやはり超越的なものであって、超感性的世界と関係があるのだが、同時にまた、個別的であるし、したがって内在的なのである（つまり、それの存在は他の存在と同一視されている）。

一例を挙げてみよう。

「レンツォ・アルボレはフォッジャ〔イタリア南部プーリア州の都市〕出身だ」

「レンツォ・アルボレは演出家だ」

「レンツォ・アルボレは歌手だ」

「レンツォ・アルボレはテレヴィ司会者だ」

「レンツォ・アルボレは私の友人だ」

「レンツォ・アルボレはディスク・ジョッキーの司会者だ」
「レンツォ・アルボレはビルの売り込み屋だ」
「レンツォ・アルボレは映画監督だ」
「レンツォ・アルボレはジャーナリストで広告業者だ」

これらの主張のそれぞれは真実だが、一つだけでは、レンツォ・アルボレの実体を表現することができない。私が街中で出くわした人に、レンツォ・アルボレについてすぐさま思い浮かぶ印象は？と尋ねたとしたら、返事は「彼は演出家です」だろう。だが、これでは私にはぴたりこないし、私としては、はるかに重要なのは、「レンツォ・アルボレは私の友人です」である。なにしろ、彼はたとえ演出家でなくても、私の友人に違いないだろうからだ。だが、それではレンツォ・アルボレの真の実体はいったい何なのか？　おそらくそれは、「レンツォ・アルボレはレンツォ・アルボレだ」でしかあり得まい。

これはいったいどういうことなのか？　アルボレが生涯においてこれまでなしたこと、あるいはこれからなすであろうことのすべて（歌手、友人、コロッセオの観光ガイド）は彼のあらゆる個人的なやり方に刻印されており、そしてこの彼の特殊なあり方も彼の本質である、ということなのだ。こうして、普遍概念（何かをレンツォ・アルボレ式にやること）が結局は個別概念（レンツォ・アルボレであること）となるのである。

アリストテレスは哲学的なものというよりも——正直にいって——経営的なものに通じている古文

書保管人の熱中さから、有（＝存在）は次の意味をもちうると確言したのだった。

――十個の範疇（すぐあとに列挙することにする）に即した有。

――行為または可能態としての有。

――真または偽としての有。

――実質または偶有性としての有。

われわれは範疇から始めることにし、ジョヴァンニ・スパドリーニ(5)には、以前のアルボレ同様、われわれのために範例となってくれるようお願いしよう。彼は上院で、社会主義者たちとよく口論していたのである。

1 実質「スパドリーニはスパドリーニである。」
2 量「スパドリーニは百キロを超えている。」
3 質「スパドリーニは歴史家である。」
4 関係「スパドリーニはファンファーニ(6)より背が高く、クラクシより背が低い。」
5 場所「スパドリーニは上院にいる。」
6 時間「スパドリーニは二十一世紀に生きている。」
7 姿勢「スパドリーニは座っている。」
8 状態「スパドリーニは地味な色の服を着ている。」
9 行為「スパドリーニは体をかく。」
10 受難「スパドリーニはかきむしられる。」

有が偶有性の状態にあると言われるのは、それがまだ現実ではない何かになる可能性をもっているときである。六歳の若者は偶有性としては、フットボール選手、代議士、あるいは犯罪者となる状態にいる。彼がこれまたは他の何かになったとき、われわれは彼が現実態にあると言う。一本の木は現実態としては一本の木だが、同時にまた、可能態としては一つのテーブルでもある。ピストルは工場から出荷される瞬間には、現実態としてはもちろん金属の物体であるが、可能態としては犯罪構成事実（corpus delicti）でもある。それを可能態から現実態の道具に変えるためには、引き金を引き、やって来た最初の不運な人に発射するだけでよい。

有は真と定義しても偽と定義してもかまわないが、この区別は形而上学というよりも論理学の問題に属するのである。だから、これについてももう少し後で別に話すことになろう。

私たちが有に帰している属性は偶然かつ臨時のものである以上、有は偶然的と見なされてよい。この種の文、たとえば、「ルイージは疲れている、カルメラは日焼けしている、フィリッポは酔っ払っている」のような文が指し示している状況は、この瞬間には真だけれども、後ではもはや真ではあり得ないだろう。君は偶然の有を先述の十範疇と混同してはいけないよ、と世人は私に言う。そうに違いないのだろうが、ただし私は第一の範疇を除き、それら範疇をやはり混同しているのだ。

以上、私たちは有をありとあらゆる観点から分析してきた。ところで、アリストテレスは生成に関しては、変化を見かけるたびごとに次の四つの質問をするがよいと私たちに勧めている。

① 何が変化したのか？
② 誰が変化を引き起こしたのか？

③　どんな結果をともなったか?
④　どういう目的で?
これらの質問に答えるために、アリストテレスは四つの原因を示唆している。すなわち、
1　質料因
2　動力因
3　形相因
4　目的因。
第①の例——家具職人が椅子を作る場合
1　質料因は材木である。
2　動力因は家具職人である。
3　形相因は実際に作られた椅子である。
4　目的因は家具職人が計画していた椅子である。
第②の例——彫刻家がマリリン・モンローの彫像を作る場合
1　質料因は大理石である。
2　動力因は彫刻家である。
3　形相因は彫像である。
4　目的因は彫刻家が憶えていたとおりの、今は亡きマリリン・モンローである。
第③の例——まったく異型な場合（政府が崩壊して別の政府ができあがる場合）

1　質料因は選挙されうる国会議員たちである。

2　動力因は現職の総理大臣、連立政党、および（無記名投票で所属政党の方針に反対票を投じて）危機を招いた国会議員たちである。

3　形相因は新内閣である。

4　目的因は各政党が単独で決められたとしたら構成できたであろう、ありうべきさまざまな内閣どうしの妥協である。見てのとおり、この場合民衆は憲法レヴェルでは動力因たりうるはずなのに、まったく発言権を持たないのである。

アリストテレスの霊魂観

アリストテレスが〝霊魂〟というとき、はっきり区別しなくてはならないことがある。つまり、彼は私たちが知っているような、精神的・不滅的な霊魂を指しているのではなくて、彼にとってそれは、身体と同時に生まれかつ滅びる、三つの部分——植物的、感覚的、理性的の各部分——から成る、個体の一成分なのである。[7] 身体と魂との間には、あたかも魂が身体の真の形相であるかのように、質料-形相の関係が存在する。[8] 身体と魂は同一のものかという問いは、蠟燭の蠟と形相が同一のものかと問うのと同じであって、無意味なのである。[9] アリストテレスはピュタゴラスやプラトン同様に、輪廻《りんね》を信じていない。[10] また、彼は霊魂の不滅ということも信じてはいないし、このことが、彼をギリシャ世界の精神的指導者に選んでいたすべてのキリスト教徒である哲学者たちにいつもいささか不安を引き起こしてきたのである。

アリストテレスの世界では、魂のない原質料、つまり形相なき身体はひどく下位に置かれており、ピラミッドの頂上には、質料なき形相だけの神が位する。人が高くなるにつれて、世界は質料から神へと進化するのであり、そして形相はますます洗練された特徴を帯びてくるのである。三種類の相異なる魂――植物的魂、感覚的魂、理性的魂――もそのように説明されている。植物が持っているのは第一の魂のみであり、動物は第一と第二の魂、人は三種の魂をすべて有するのである。

植物的な魂の根本能力は、繁殖、栄養摂取、生長である。ナポリ人たちのいうコゴッジェッリ（カボチャ）でさえ、一見無垢《むく》なようでいても魂があるのであり、この点ではアリストテレスに感謝すべきなのかも知れない。

感覚的な魂は感情、食欲、運動を有する。諸感覚は周知のとおり、五つあるのだが、アリストテレスにあっては諸欲求――食欲、飲酒欲、性欲、等も感覚に数えられている。

理性的な魂は純粋諸形相を知る能力（潜在的知性）を潜在的に有しているし、また、それが行うところのもの（現実的知性）を現実に行う。たとえば、潜在的に言えば、理性的な魂は神を識りうるであろうが、現実的には「ダラス」を理解するだけで満足するのである。理性的な魂の行動は光のようである。もろもろの色はたとえ闇の中であろうとも、見ることができなくても存在する。だから、潜在的なもろもろの色は、光に当たると現実的な色と化するのである。したがって、こういう変貌は、光に、つまり、それらの色を照らし出した理性的な魂に帰せられるべきなのだ。

これら三種の魂はすべて、身体とともに滅びるのだが、繁殖により永遠の生に加わる。

「何故ならこれは、完全であって、そして不具でないもの、あるいは自発的生成をもたないものなら、どの生物にとっても、仕事のうちで最も自然的なことであるからである、これというのは永遠なもの、神的なものにできる限り与かるために自分自身のような他のものを作ること、つまり動物は動物を、植物は植物を作ることを指すのだが。というのはすべてのものはこの永遠なものを欲求し、そしてこのもののために自然的になすところの一切のことを為すのだからである。(しかしそれのためと言われるそれには二つある、一つは目的として目ざされるそれ、他の一つはそれのための利益が求められているそれである。)ところで可死的なものどもはどれも同じで数的に一つのものとして存続し得ないため、持続という仕方によって永遠なるもの、神的なるものに与かることはできないから、それぞれのものが与かることのできる仕方で――と言ってもその与かる程度に多少の差異はあるが――与かる、そしてそれ自身がではなくて、それ自身のような他のものが、数的に一つなるものとしてではなく、種的に一つなるものとして存続するのである。(11)」

倫理学

本書にも収めてあるラファエッロの名画「アテナイの学堂」の中央では、階段に腰掛けたり起立したりしている五十人ばかりの哲学者たちに囲まれて、ギリシャ思想の二人の大立物、プラトンとアリストテレスが二人とも立ったまま、相互に厳しい目で眺め合っている。ルーペを使って見れば、前者が『ティマイオス』を片腕に抱え、右手で天を指し示しており、後者が、『倫理学』を片手に持ち右手で地面を指していることも観察できるであろう。ラファエッロは哲学のことをおそらく大して理解してはいなかったに違いないのだが、しかし彼は一方が観念論者、他方が現実論者であることを当時の学者たちから聞いていたであろうし、だからこそ、彼は両者をこのように象徴的に表わそうと考えたのである。

実をいうと、他の多くの人たちもラファエッロと同じ過ちを犯してきたのだ。私自身としては、アリストテレスの思想を正しい生き方の実践的な百科事典みたいなものに縮約するのは正しくないと思われる。実際、この「スタゲイロスの人」はいわゆる超越的なものを決して無視したのではなくて、むしろ反対に、あらゆる哲学的学問をそれらの重要性に従って、ピラミッド状に配置し、その頂上には、万物の原動力として形而上学と神を置いたのだった。

哲学史家ジョヴァンニ・レアーレも言うように、正しくは「プラトンは一哲学者であったばかりか、一神秘家でもあったのに対して、アリストテレスは一科学者でもあった(12)」のである。そのほか、アリストテレスが地面を指さしているようには私には見えないのである。絵を注意深く眺められるなら、プラトンの勧告に対してアリストテレスは手のひらを広げて、彼に答え、「プラトン、落ち着いて。いつものように誇張しないでくださいよ。まずものごとをあるがままに熟視してみましょうよ！」と言わんとしているかのようだ、とお気づきになれるだろう。

ギリシャ語 ἔθος は「行動、慣用、習慣」を意味するし、だから倫理《エティック》とは、道徳、つまり、人はいかに振る舞うべきか、いかに行動すべきか、何をすべきか、何をしてはいけないか、善とは何か、悪とは何か、ということなのだ。

アテナイの学堂

人生において私たちが欲していることは何か？　幸福である。ただし、この主張はそれだけでは何も述べたことにならない、——少なくとも、幸福とは何であり、それに達するためには何をするべきなのかを私たちが規定できない限りは。たいていの人びとにとって、幸福とは良く生きることである。ところで、身体的な快楽だけから成る生活は、動物の生活だ、とアリストテレスは私たちに警告している。より進歩した人びとなら、幸福は〝名誉〟、したがって、富、権力もしくは権力の象徴（美しい家、美しい自動車、美しい愛人、等）を享受することにあると考えることであろう。けれども、こうした快楽はたんに見かけ上の利点に過ぎない、とアリストテレスはやはり反論している。なにしろ、これらは外面的にとどまるし、人びとを真に「豊かにする」[13]ことはできないからである。

プラトンにとって、幸福とは善のイデア、彼の言い方によれば「善自体」のイデア、「切り離された」もの、つまり、切り離されているがゆえに到達できなくなったもの、であった。ところで、こういう定義は形而上学では通用するにしても、正直にいって、倫理学ではいかなる利点もない。道徳が実際的でないとしたら、それはもはや道徳ではないからだ。そして、この点ではアリストテレスはプラトンよりも〝実際的〟だったことを私たちは認めざるを得ない。アリストテレスにとっては、善は私たちに特有な活動を実現することにある。このことは何を意味するのか？　目にとっては最高の善は視ることであるし、耳にとっては聴くことであるし、人にとってはありうべき最高の善は人間に固有の諸機能を発揮することにあろう。だが、人を他の生物と区別するものは何なのか？　理性的な魂だ。他の動物たちも共有している植物的な魂とか感覚的な魂とかではもちろんない。ここから導き出されるのは、人間にとっての最高善は理性を働かせることにある、という結論である。

以下、アリストテレスが自らの道徳論を簡略に私たちに説明している個所を掲げておこう。

「……笛吹きや彫像作りやすべての職人においては、また、一般に、或る働きや行為をもつひとにおいては、その『善さ』や『うまさ』はこの働きのうちにあると考えられるが、人間においても、もしも、人間が或る働きをもつかぎり、これは同じであると考えられよう。では、大工や靴作りは或る働きや行為をもつのに、人間は何の働きももたず、本性上、無為なるものとみなすべきであろうか。それとも、ちょうど、目や手や足や、一般に言って、それぞれの部分に或る働きのあるのが明らかであるように、人間にも、すべてこれらの働き以外に、或る働きがあるとみなしうるのだろうか。では、それは、いったい、何であろうか。

生きていることが植物にも共有の働きであるのは明らかである。だが、いま求められているのは人間に固有の働きである。したがって、栄養、ならびに、成長活動としての生は除かなければならない。次は感覚活動としての生であろう。だが、これもまた、明らかに、馬にも牛にも、つまり、すべての動物に共有の生である。したがって、残るところは分別をもつ部分にそなわる実践活動としての生である（分別をもつ部分には二つあり、一つは分別に服従するという意味で分別をもつ部分であり、他はみずから分別をもち、思考活動をするという意味で分別をもつ部分である）。だが、実践活動としての生にも〔能力におけるそれと、活動におけるそれとの〕二通りの意味があるが、ここでは、活動という意味でのそれをあげねばならない。なぜなら、これこそいっそう優れた意味で生と呼ばれうると考えられるからである。(14)」

今や私たちは幸福概念をより個別化することにしよう。少しばかり前に、レンツォ・アルボレのことを述べたとき、私は彼だけに属しており、他の誰にも属さない、混同され得ない存在と規定できる人物だ、と言ったが、このことは倫理学についても転用できるであろう。つまり、アルボレにとっての至高善は、レンツォ・アルボレとしての自分を実現することにあろう。この原理を一般化するなら、私はこう言ってよかろう――善に到達するためには私たちは銘々、まず自己自身を知り、そしてそれから、自己の固有の性質に則して自らを実現するべきだ、と。一例を挙げれば、私たちが銀行の頭取か、または最新設備で守られた金庫への押し込み強盗であるとしたら、おそらく私たちの幸福は支店をうまく管理するか、または国立銀行の地下室に入り込むことにあろう。しかしながら、熟練した職業にもかかわらず、それが私たちの真の性質に合致していないとしたら、つまり、まあ父親の役割のほうにはるかに幸せを感じるとしたら、私たちとしては（善・悪いずれの場合であれ）しばらくの間銀行を放り出して、下校する息子を迎えに行くほうが望ましいであろう。

もっと複雑なのは、同時にいくつかの状況で自己を実現しうると感じている人びとにおける幸福の例である。作家、オーケストラの指揮者、父親、サッカーファン、美しい女優の恋人になりたがっている、といったように。この場合、彼らの幸福になる可能性は、目に見えて大きい。けれども重要なことは、決して外界に条件づけられないこと、そして、〝真に〟欲していると確信できる事柄だけを欲すること、である。

アリストテレスは倫理的な徳と思惟〔理知〕的な徳（διανοητικὴ ἀρετή）とを区別している。[15] 前者は感覚的な魂にかかわり、激情を鎮めるのに役立ち、後者は逆に、理性的な魂の特質である。倫理的な徳は対立する二つの欠陥どうしの正しい中庸、つまり、過度の感情または不足した感情どうしの中庸である。

この点に関して、『エウデモス倫理学』から抜萃しておこう。[16]

倫理的な徳	超過	不足
温和	多怒	寡怒
勇敢	無謀〔大胆〕	臆病

廉恥	無恥	内気
節制	不節制〔放埒〕	鈍感
正〔適正〕	利得	損失
鷹揚	放漫	吝嗇
親愛	阿諛	憎悪
厳正	追従	横柄
矜持	倨傲	卑屈
豪壮	濫費	細かさ

今日の私たちは、西暦紀元前四世紀のアテナイ社会には未知だった、ほかの徳を加えることもできるであろう。たとえば、真のスポーツ精神をもってサッカーチームを見物すること（こんなことを言うと変に聞こえるかも知れないが、ほんの少しのフェアプレーの精神をもって試合を見物できるような、つまり、敵にも拍手することができるような人はほとんどいないであろう）、敵対者側の言い分をも考慮に入れながら、核エネルギーに賛成したり、または反対したりすること、ヴェジタリアン・レストランやマクドナルドを避けて、健康食品を食べられるレストランを選ぶこと、といったように。

思惟的な徳は理性的な魂にかかわり、そして、偶然的で変わりやすいものに関係しているか、それとも必然的で不動のものに関係しているかに応じて、思慮（*φρόνησις*）、または知恵（*σοφία*）と呼ばれる。思慮は実際的、知恵は理論的である。

こうした定義は読者をかなり冷たく放置することになろうが、これの後で、アリストテレスは再び私たちに同情的になって、少々の外的な財産と少々の幸運が人生には必要なことを強調している。富が幸福にはしてくれないが、さりとて貧乏も状況を大して改善したりはしない、と考える点ではみんなが合意するところだ。

この点に関してアリストテレスは以下のように考えている。「幸福は、すでに述べたとおり、明らかに外的な善をもあわせ要する。なぜなら、外的な善に支えられることなしに美しい行為をするのは不可能であるか、あるいは容易ならぬことだからである。というのは、一方において、友人や富や政治権力を、いわば、道具のように用いてなされる多くのことがあり、他方に、それを欠く時、幸いが損われるようないくつかのものがあるからである。良い生まれや子宝に恵まれることや容姿の美しさのようなものがこれである。というのは、容姿がひどく不様であったり、生れが賤しかったり、独りぼっちであったり、子宝に恵まれなかったりするひとはあまり幸福とは見えないからであり、もしも、箸にも棒にもかからない子供や友人がいたり、また、善い子供や友人がいたとしても、かれらが死んでしまったとしたら、なおさらのことである。したがって、いま言ったとおり、幸福はこのようなこの世の日々のめでたさをもあわせ要するもののように思われる[17]」。

「スウェーデンの少女たちはみな脚が長い。」

「ウルラはスウェーデンの少女である。」

「ゆえにウルラは脚が長い。」


これはアリストテレスの有名な三段論法である。正確にいうと、そうではないのだが、とにかくそれに酷似している。実際には、アリストテレスはこう言ったのである。


「すべての人間は死すべき運命にある。」

「ソクラテスはひとりの人間だ。」

「ゆえにソクラテスは死すべき運命にある。」

ギリシャ語動詞 συλλογίζεσθαι は「集める」を意味し、事実、三段論法は唯一の命題「ソクラテスは死すべき運命にある」のうちに、大前提「すべての人間は死すべき運命にある」と小前提「ソクラテスはひとりの人間だ」において言われたことをすべて集めている。右の例では、「人間」なる語は中名辞〔媒概念〕、つまり、必要な結論を導き出す、二つの前提に共通の要素である。

若かりし頃、ナポリのヤーコポ・サンナッザーロ高等学校生だったとき、私たちは面白半分に三段論法をひねり出して、哲学教師ダモーレの心の平静さを失わせようとしたことがあった。私たちをもっとも笑わせた三段論法はこういうものだった。

「ソクラテスはしゅうしゅうという音を出す。」
「機関車はしゅうしゅうという音を出す。」
「ゆえに、ソクラテスは機関車である。」

哀れダモーレ先生は権威を失墜した。私は今でも憶えているが、教卓の後ろでは汗だくになりながら、先生は扇子をパタパタさせて暑さとハエを追っ払っていた。

「太陽、ハエ、それに愚鈍《チユッチャリエ》めが！」チュッチャリエ（*ciucciarie*）と言いながら、先生は目を天に向け、天を証人に要請しようとするのだった。「いつものとおり、君たちは何もわかっちゃいない。いいか、三段論法を組み立てるには大前提と小前提が要るんだ。ところが君らときたら、大前提を立てていなかった。そいつを機能させるには、こう言わなくっちゃなるまい――」

「しゅうしゅうという音を出すものはみな機関車である。」
「ソクラテスはしゅうしゅうという音を出す。」
「ゆえに、ソクラテスは機関車である。」

「それじゃ——と私が言葉をはさんだ——ソクラテスが機関車でありうる可能性はあるのですか？」
「もちろん、ないさ——と先生は動ずることなく答えるのだった——でも君が哲学を落第し続ける可能性はあるぞ。」

こういう三段論法とか結論はいくらでもつくれる。アリストテレスもそれを多数予見していた。なにしろ大前提は肯定的、否定的、定言的、可能的、全体的、部分的のいずれかでありうるからだ。たとえば、スウェーデンの少女たちの三段論法は、〝第一類型〟に属し、*Barbara* と呼ばれている。もちろん、これはスウェーデンの一少女の名なのではなくて、スコラ論理学者たちによってこの種の三段論法のために付けられた名称なのだ。もう一つは *Darii* と呼ばれている。以下のとおり。

「すべての破廉恥な人びとは賄賂《わいろ》を受け取る。」
「若干の政治家は破廉恥である。」
「ゆえに若干の政治家は賄賂を受け取る。」

右の例では大前提は全体的、小前提は部分的である。だから、結論は部分的でしかあり得ない。
次に *Ferio* と呼ばれているものがある。

「どのサッカーファンも客観的ではない。」
「若干のジャーナリストはサッカーファンである。」
「ゆえに若干のジャーナリストは客観的ではない。」

さらに、次は *Celarent* の呼ばれているものがある。

「ここには馬鹿はひとりもいない。」
「ナポリ人はすべてここに住んでいる。」
「ゆえにいかなるナポリ人も馬鹿ではない。」

これは明らかに真ではない。第一、前提が正しくないのだから。実際、私たちの確信によれば、馬鹿な人間はかなり平均的に世界中に配分されているのである。

私見では、三段論法を徹底的に知ることが不可欠だと思われない。往々にして、それは文盲の人びとさえ、三段論法を構成したことを知らずに行っている、基本的な推理法なのだ。逆に、アリストテレスとしては、それはあまりにも重要なテーマであるので、これについて一連の著作を著すことになっているのだ。すなわち、さまざまな類型を論じた『分析論前書』、科学的三段論法を記述した『分析論後書』、弁証法的三段論法を扱った『トピカ』、そして最後に、『ソフィストの謬論』である。

これらを読むことを私はお勧めしない。

詩学

アリストテレスは詩学においても貢献しようと欲したのであり、いつものように、ここでもさまざまな文学ジャンルを分類して、すべての作家を永久に組織化して把握しようと努めたのだった。今日ベストセラー・リストの中に出ている〝種々雑多な作品〟（Varia）というジャンルは彼にはなかった。残念なことであって、『プチ・ラルース』や、ジェーン・フォンダや、『ミシュラン・ガイド』を同じ分類の中に一緒に押し込む破目になったら、彼は面倒なことになったであろう。

アリストテレスは『詩学』の中に人間のほぼすべての「科学的所産」を包括しているし、「技術は、一方では、自然がなしとげえないところの物事を完成させ、他方では、自然のなすところを模倣する」(18)とも言明しているのである。

自然が産み出すことのできないものは道具（椅子、自動車、皿洗い機）であり、他方、ほかのものとしては、自然の模倣から生じる〝（広義の）美術〟（絵画、彫刻、演劇）がある。

さまざまな演劇ジャンル（悲劇、喜劇、叙事詩、等）の分類に際して、アリストテレスが喜劇作家について考えていたことを指摘するのも興味なしとしない。彼はこう書いているのだ――「悲劇とは……崇高な行為の再現であり、そのため、雅趣に充ちた言葉が使われるが……この再現は、役者によって演ぜられるのである」[19]。ところが喜劇に関しては、「喜劇とは、……普遍の人よりもどちらかと言えば下劣な人びとのことをまねて再現するものである……再現の対象となるのはむしろ、みにくさ《アイスクロン》であり、滑稽《ゲロイオン》もこれの一部に属している。[20]」これ以上、彼は喜劇のことは語ろうとしていない。

アリストテレスに端を発する、滑稽なものへのこういう過小評価は、それ以来、何らかの形で娯楽的なものの創造に関与するすべての人びとをずっと罰し続けてきた。

こういう非難は、私たちがギリシャ人について知っている多くのことを、アリストファネスやメナンドロスに負うており、もちろんアイスキュロス、ソフォクレス、エウリピデスに負うているのではないことに思いを至すなら、いよいよもって不当なことになる。同じく、西暦三〇〇〇年頃になって私たちの子孫が二十世紀のイタリア人の習慣を知りたければ、アントニオーニの映画よりも、アルベルト・ソルディの映画からはるかに多くのことを学びうるに違いない。

喜劇の作者や役者に敵対的なこういう文化的差別主義に関しては、ナポリのヴィッラ・コムナーレにトト記念碑が建立されないという最近の情報を私たちは挙げておこう。予見されるとおり、それは公共土木事業委員会の最終認可を得られなかったからである。民衆の合意を得、すでに賛成されていた計画であるにもかかわらず、同委員会は以下の理由で拒否権を行使し、記念碑の設置を否決したのだった――「この作品は歴史的に強固になっている風景の中に混乱を生じさせる。とりわけ、他のもろもろの彫像の傍に設置するのは、反美的なことと考えられる。[21]」

もっとも驚いたことには、ナポリのこの大喜劇役者はすでに一九六四年にこの拒否権を予見していて、*'a livella*[22] と題する素晴らしい詩（そこでは、ある侯爵の霊魂が或るごみ収集人の霊魂とけんかしている）を書いていたのである。二人の故人はそれぞれの家族によって、お互いに近くに葬られたのだが、侯爵にはこの雑居が耐えられない。そこでごみ収集人の骸骨に対して数メートル離れて、きちんと社会的距離を保つよう要求する。貧乏な労働者は当初、親戚の軽率な振る舞いに対して許しを乞うのだが、それから、辛抱し切れなくなって、とうとうこう叫ぶのだ――「侯爵さんよ、こんな茶番は生きている連中に任せようぜ。俺たちはもうまじめ人間なんだ、死んじまっているんだからな！」ありがたいことに、滑稽なものは時とともに、往々にして古典となっているし、他方、演劇的なものは、エンニオ・フライアーノも言っているように、しばしば滑稽なものへとゆっくり堕しつつある。(23)

アリストテレス学派の人びと

アリストテレスの後継者である、テオフラストス、ストラトン、リュコンについてのみ少し述べたい。彼らとともに学園《リュケイオン》は正真正銘の科学的大学となり、そして、逍遥学派の話し手たちにとってこの会合場所がもっていた魅力や威信は失われるのだ。二千名の生徒、授業計画、正式の資格を有する教師、断固とした知識主義。自然のことがますます多く語られるようになり、形而上学のことはますます語られなくなる。とりわけ、テオフラストスは一部は植物学への情熱のゆえ、一部は理論的なあらゆることへの或る種の不信のゆえに、アリストテレス哲学をソクラテス以前のレヴェルへ逆行させるのだ。理性《ヌース》（νοῦς）や、把捉しがたい質料としての精神や、機機論的な宇宙論が再び話題にのぼることになる。超越的なものがもはや流行《はや》らないことを理解するには、テオフラストスの著作の標題を一瞥するだけでよい――「疲労について」、「発汗について」、「毛髪について」、「気絶について」、「目まい、および目先が暗くなることについて」、「窒息について」、「石に化するものについて」、「蜂蜜について」、「滑稽なことについて」、「ブドウ酒とオリーブ油について」。

『人さまざま』の内の一章を成す「迷信」[24]の中で、テオフラストスは或るアテナイ人の一日を記述している。すなわち、朝、両手を洗い浄め、聖盤の水をとって身にふりかけ、一枝の月桂樹を口にくわえ、そのままで終日歩きまわり、アポロンの好意を得ようとする。鼠が夜中に大麦の袋をかみやぶると、占い師のところへ行って、どうしたらよろしかろうかと問い、それは皮屋にやって縫わすがよかろうと答えると、そういうことどもには従わず、そこを去っていけにえを捧げて厄払いをする。塀の外へ散歩に出掛けても、墓石に足をかけないように用心する。死人を運ぶ荷車を見るに忍びず、また、癲癇患者とか狂人とかにたまたま出くわすと、慄えあがって自分の懐へ唾をはき込む。

見てのとおり、二千四百年経過しても、テオフラストスの迷信に関するこの断章は依然としてアクチュアルである。

テオフラストスは洗い張りを業とするメランタスの息子としてレスボス島のエレソスに西暦紀元前三七〇年に生まれた[25]。まずプラトンの講義を聴き、その後アリストテレスの許へ移った。アテナイ人たちから非常な好意をもって迎えられ、二千人も上る学生たちが集まった。そのうちで、彼の奴隷ポンピュロスはやはり哲学者になったし、メナンドロスは喜劇作者となった。高齢になってから、アリストテレスの息子ニコマコスに熱中したらしい。こうしたスキャンダラスな雑誌記事的情報を供してくれているのは、『古代人たちの色欲について』を著した偽アリスティッポスである。テオフラストスは西暦紀元前三二二年（アリストテレスのカルキスへの逃亡）から没年（西暦紀元前二八七年）までの三十五年間、リュケイオンの校長を務めた。『人さまざま』以外に、彼は二つの真に価値ある著書を残している。『植物誌』九巻と『植物原因論』六巻である。八十五歳で没した。

「自然学者」と綽名される、ランプサコス出身のストラトンがテオフラストスの実証主義的な仕事を継承した。彼にとっては。熱と寒が能動的原理だったのであり、世界の中に生起するすべてのことは、何らかの自然の原因によるものだった。したがって、霊魂そのものも物質的な πνεῦμα（気息）に過ぎなかった。まだ若年のとき、もう一人のアリストテレス学徒、ファレロンのデメトリオスなる者と一緒に、プトレマイオス王に対して、アレクサンドリアに学校――ムセイオン――を開設するように説得した。後に、テオフラストスが没してから、ストラトンはアテナイに戻り、当地でリュケイオンの校長を引き継いだ。

ディオゲネス・ラエルティオスの報告によると、ストラトンはたいへん痩せ細っていたので、「感覚のない状態で(26)」死んだとのことだ。

ストラトンの後、リュケイオンの校長にはアステュアナクスの子リュコンがなった。彼について知られていることは、弁の立つ人であったこと、子供たちの指導についても格段の計らいをしたこと、服装に関してはたいへんこぎれいな身なりをしていたこと、だけである。これだけでは歴史に登場するには、あまりに少な過ぎる気がする(27)。

注

(1) アリストテレスの生涯はディオゲネス・ラエルティオスの前掲書（第五巻第一章）に詳述されている。

(2) **カイロネイア**　ギリシャのボイオティアにあった古代都市。

(3) ギリシャ語で *περίπατος* は〝散策〟を意味する。

(4) 英国のスリラー作家（一八七五～一九三二）。『正義の四人』（一九〇六年）、等。

(5) イタリアの大物政治家。イタリア共和党書記を経て、数回内閣総理大臣になった。

(6) **ファンファーニ**はキリスト教民主党の歴史的指導者の一人。**クラクシ**はイタリア社会党書記。元内閣総理大臣。

(7) 「……霊魂は身体から分離できるものでないこと……は不明なことではない。なぜなら〔霊魂の〕若干の部分の現実態は〔身体の〕部分そのものであるからである。」（アリストテレス『霊魂論』413a〔山本光雄訳、「アリストテレス全集」6、岩波書店、一九六八年、四一ページ〕）。

(8) 同書、414a。

(9) 同書、412b。

(10) 『ティマイオス』説が陥っている不条理さは「……あたかもピュタゴラス派の神話に従って、どんな霊魂でもがどんな身体の中へでももぐり込むことのできるもののように考えてのことであろう」（『霊魂論』407b20〔山本光雄訳、二二～二三ページ〕）。

(11) 同書、415b〔山本光雄訳『霊魂論』、五五ページ〕。

(12) Giovanni Reale, *Storia della filosofia antica*, vol. II : *Platone e Aristotele*, Milano : Vita e pensiero, 1983[4].

(13) アリストテレス『ニコマス倫理学』第一巻第五章 1095b 24－26〔加藤信明訳「アリストテレス全集」13、岩波書店、一九七三年〕。

(14) 同書、第一巻第七章 1097b－1098a, passim〔加藤信明訳、一八～一九ページ〕。

(15) 同書、第一巻第一三章 1103a 7。
(16) アリストテレス『エウデモス倫理学』第二巻第三章（茂手木元蔵訳「アリストテレス全集」14、岩波書店、一九六八年、二二六〜二二七ページ）。
(17) アリストテレス『ニコマス倫理学』第一巻第八章 1099a 31－67（加藤信明訳、二四〜二五ページ）。
(18) アリストテレス『自然学』第二巻第八章 199a 10（出隆／岩崎允胤訳「アリストテレス全集」13、岩波書店、一九六八年、七五ページ）。
(19) アリストテレス『詩学』第六章、二（今道友信訳「アリストテレス全集」17、岩波書店、一九七二年、二二九ページ）。
(20) 同書、第五章、一（今道友信訳、二二七ページ）。
(21) *Il Mattino*（2 agosto 1986), p. 19.
(22) Totò, *a livella*, Napoli : Fausto Fiorentino, 1964.
(23) Ennio Flaiano, *Frasario essenziale per passare inosservati in società*, Milano: Bompiani, 1986, p. 22.
(24) 吉田正通訳（岩波文庫、一九五〇年二刷）、五一〜五二ページ。ラ・ブリュイエール（一六四五〜一六九六）はこれを仏訳するとともに、テオフラストスに倣って自ら観察した当代の道徳的、社会的タイプを描いた世相図として、『人さまざま』（*Les caractères de Théophraste traduits du grec avec les caractères et les mœurs de ce siècle*, 1687）を公刊した。
(25) ディオゲネス・ラエルティオス『ギリシャ哲学者列伝』（加来彰俊訳、岩波文庫、一九八九年）（中）、第五巻第二章（36）（加来彰俊訳、四六ページ）。
(26) 同書、第五巻第三章（60）（加来彰俊訳、七四ページ）。
(27) 同書、第五巻第四章（65）、（67）（加来彰俊訳、七九、八〇ページ）。

第7章　ナポリのアリストテレス、サルヴァトーレ・パルンボ

「やあ、ディ・コスタンツォ……」(1)

「デ・クレシェンツォですが……」

「ねえ、デ・クレシェンツォ、気を悪くしないでもらいたいのだけど、ぼくに話してくれたナポリ式行動の実例はちっとも面白くないね。ぼくの考えていることはおわかりのはずだが。アリストテレス学徒として、ぼくは“中庸”とか、多数の場合から打ちたてられた平均値とか、パーセンテージとか、統計学とかを信用しているのでね。あんたがぼくに数字でも示せるのなら、どうか示してくれないかい。喜んでお受けするよ。でも、こんなむだ話《ファタリエツリ》なら、ご免こうむるよ。ぼくには聞く耳もないよ！」

「先生《プルフェツソ》！」とトニーノがボートの舳先《へさき》で、錨《いかり》を手にしたまま叫んだ。「ここはそんな場所じゃないでしょう？　錨を下ろしますよ！」

私たちがいたのはアマルフィ海岸の沖合のガッリ諸島の真ん中だった。ガッリは諸島というよりも、三つの岩山であって、ポジターノから数マイル離れているだけなのである。その日は暑く、海面は静かで、ほとんど灰色ながら晴天で、水平線には雲一つなかった。風の一吹き《レフォラ》さえなかった。ジャンバッティスタ・ヴィーコ・リチェオの数学教師パルンボ先生は、昼食込み一日二〇万リラでボートを借りていた。ボートには、水夫《かこ》のほか五名が乗っていた——パルンボ、彼の妻、娘のミケラ、ミケラの友人で生物学を研究している女子学生のセレーナ、それに私が。海上での一日に二〇万リラは、リチェオの教師にとって異例の高額な出費だった。

「一度くらいはやってもいいんだ」と先生はため息まじりに言うのだった、「じつは娘がローマで三カ月セレーナ家に滞在したことがあってね。今度はお返しする番なのさ。いずれこの娘にも何か教えなくっちゃね。」

私たちは全員、水着姿だったが、パルンボだけは盛装のままだった。

「先生《プロフェッソ》」とトニーノが尋ねる、「お脱ぎにならないのですか?」

「うん。」

「どうして?」

「こうしていたいのさ」と先生は不機嫌そうに答え、ハンケチで頭を覆った。「ぼくは太陽、海、砂が嫌いなんだ。海水浴をしたくもないし、日焼けしたくもない。乾しイチジクの実みたいに、何時間もじっと身動きせずにボートの中で寝そべるのは馬鹿げていると思うね。よりによって暑いときに陽に当たり、寒いときに雪の降る所へ出掛けるのは、ぼくには理解しかねる。ぼくの意見では、その逆をなすべきだと思うのだがね。」

ミケラは海中に飛び込み、すぐさま再び浮かび上がって、セレーナにも同じことをするよう催促するのだった。

「さっと飛び込むのよ、セレーナ。海水は素晴らしいのだから!」

ところが少女はためらい、飛び込んだものかどうか決めかねて、水面を不安そうに眺めた。

「鮫《さめ》が怖くって」と白状した。「ポジターノから出掛ける前に、ある少年が言ったのよ、『この辺の海は〝鮫の危険地帯〟って呼ばれている』って。」

「そんな馬鹿な!」と先生が叫んだ、「鮫なぞいたためしがないぞ。」

「ここガッリ諸島に?」とセレーナ。

「ガッリ諸島にも、イタリアのどこの海にもいやしないさ」とパルンボは答えた。

「『いやしない』って、どういうこと？」

「お前は鮫に嚙まれた人にでも出くわしたのかい？　その者の氏名でも挙げられるのかい？『いいえ』だって？　それじゃ、鮫は居ないってことになるだろうが。逆にだよ、交通事故に遭った人ならたくさん知っているだろう。イタリアじゃ、毎年、死者と負傷者の数は二十万名だ。それでもお前はこんなことを気にかけないで、ローマからポジターノまで自動車で行くし、ちっとも怖がっていない。ところがここにやって来て、反証としてこれまでたった一人も殺した験しがない、哀れな動物のことをお前は責めている。このことは、お前に統計学的センスのないことを示しているだけだね！」

「そうよ、でも鮫が……」とセレーナは弱々しく言い返した。

「鮫は映画の話であって、事実じゃないんだ」とパルンボが叫んだ。「実を言うと、お前の頭の中に、お前の無意識の中に、この鮫を持っているのさ。ちょうどお前が幽霊の観念をもったり、ほかにも数々の馬鹿げたことを怖れたりしているようにね。」

「すると、幽霊はもう存在しないの？」と先生の妻、アッスンタ夫人が口を挟んだ。

「そうだとも。幽霊だってもはや存在しやしないのさ。鮫の推理は幽霊にも当てはまるのさ。かつてお前にこんなことを言った人がいるかい――『奥さん、昨夜私が眠ったら、二つの幽霊が現われて、私をめった打ちにしたの（m'hanno fatto 'nu mazziatone)』、なんてね。」

「それじゃ、交霊術の会は？　動く家具は？　他人の声で語る霊媒は？」とアッスンタ夫人は問い返した。

「サルヴァト、でもあんたはあの世の存在を否定することはできないわ！」

「あの世の存在と、幽霊の存在とは別のことだ」、と先生は答えた。「幽霊が本当に存在したりしたら、暗殺者として夜静かに眠れやしないだろうが。一例を挙げればだ、何千人もの生命を奪ったナチス党員のことを考えてごらん。どれほどの数の幽霊が、何かすることができるとしたら、彼の前に姿を現わすことか！」

「こんなこと関係ないわ」と夫人が言い返した。「幽霊ってのは、現われることができるだけで、行動することはできないわ……。」

「じゃ、どうして幽霊を怖がるのかね？」と先生が尋ねた。「むしろ逆に、どれか一つの幽霊に出会って、あの世についての情報を直接入手するのははなはだ興味深いことではあるまいか？ 残念ながら、このぼくはまだ一つの幽霊にも出くわしたことがないがね。」

「それじゃ、私の理解が正しければ」と私が話に割って入りながら、冒頭のテーマを再び採り上げた、「同じ規準でもって、あなたはナポリ風の生き方があることも否定されるのですね。幽霊が存在しないのと同じように、あなたにはナポリ人も存在しないのですね。」

「いえ、ディ・コスタンツォ――すみません、デ・クレシェンツォ、あんたの姓を間違えてしまったよ――ぼくはそんなことを言おうとしたりはしていないんだ……。」

「それじゃ、あなたのお考えでは、ナポリ風の生き方とは何か、おっしゃってくださいな。」

「すまないね、デ・クレシェンツォ。でも、ぼくに我慢できない質問があるとすれば、まさにそれなんだ。唯一容認可能な答えを言ったのは、ドメニコ・レアであって、彼はかつてこう答えたんだ――『俺にはわからん』と。彼は正しかった。ちょっとだけ、ぼくに言わせておくれ。〝ナポリの独特さ〟を、ナポリ風の生き方が他の人びとと異なることと解するのであれば、ナポリ人のこれほど複雑にして矛盾した現実をどうして定義できるか、知りたいもんだよ。ぼくがこういう大馬鹿なインテリ連中の誰かから聞くとき……」

「サルヴァト、少女たちの前ですよ！」とパルンボ夫人が抗議した。

「……こういう愚鈍なインテリたちの一人が」と先生は少しばかり声の調子を落として続けるのだった、

「フォークロアだの、マンドリンだの、風変わりな人びとだのを持ち出したら、いいかい、ぼくは連中を監禁してやりたいよ！　連中をナポリの路地に住まわせて、民衆がどうなっているか、何に似ているか、道徳価値がどういうものか、きっぱりと分からせたいものだね。それからまた、はたしてどこかでマンドリンを見かけたかどうか、連中に尋ねてみたいものだな。ぼくはナポリに住んでもう五十年にもなるが、マンドリンなぞ見たこともない。こんなマンドリンの噂を流したのが誰かは神のみぞ知る、だよ。ぼくは一つだけ断言するけど、ナポリの半地階の一部屋だけに住む貧民《バッソ》の家で生涯に一度だけでも食事をしたことのない者が、どうして口をきくことが許されよう！　具合の悪いことに、ジェノヴァとかトリーノとかウェッレトリとかで面白いことが起きると、それはたんに一つの面白いことに過ぎないのに、ナポリで起きると、ナポリ特有のことになってしまうんだよ。それだけじゃない。面白い逸話に関しては、それらがアイロニーなのか否かを区別しなくてはならないんだよ。げんに、それらを判断する者にアイロニーのセンスがなければ、逸話もすぐさまカリカチュアと化してしまうのさ。こうして、何でもかんでもごた混ぜにされることになるのだ――いわゆる陽気さ、なんとか切り抜ける術《すべ》、公共心の不足、社会性、家族愛、共感することへの呪《のろ》い、無知、といったものがね。ねえ、ディ・コスタンツォ、ナポリについてはあらゆることや、あらゆることの反対を主張できるんだよ。たとえば、ぼくがナポリ人は著しい連帯感をもっていると主張することだってできるし、そう言うとみんながそうだと思い込まれることだろうよ。ナポリはニューヨークではないとか、誰かがナポリの通りで倒れると、みんながすぐに助けに駆けつけるとかいう話を何度聞かされたことか！　困ったことに、まったく正反対のことも聞かされてきたもんだが。つまり、ある路地で今日襲われたとしたら、誰も助けに来てはくれない、と言われたりしているんだ。ナポリが大きく、ただ広いということをぼくたちは認めたがらないのだよ。三、四、五百万の人口か、ぼくは正確には知りゃしない。だって、どこから始まり、どこで終わるのか分からないのだからね。

ポッツオーリからカステルランマーレ・ディ・スタビアに至るまで、家並みの連続ときている。人種も方言も文化もまちまちだ。何か一般的なことを言うのは不可能な状態に立ち至っているんだ。」

「さよう。でもまさしくあなたの説、もろもろの意見の平均なるテーゼに基づくと、ナポリ風の生き方と定義できるような、ナポリの生活法が存在するはずではありませんか？」

「いいかい、デ・クレシェンツォ。たしかに平均値は存在するさ。きっと計算し難いかも知れないが、存在するさ。ただし、事実を言うと、さまざまな意見に左右される問題を前にして、判断を下す者は、たとえ善意からであれ、自らの意見に合致している方向にたぶん傾く危険がいつもつきまとうものさ。すでにタキトゥスも『捏造されたり信じ込まれたりするものだ』(*fingunt et credunt*) と言っている。それだから、ぼくたちは平均値の平均値で満足することしかできないのさ。」

「私にはわかりません。」

「デ・クレシェ、まあ、聴いてくれたまえ。十年前、アントニオ・ギレッリが二十名ばかりのナポリのインテリたちに三つの質問に答えるよう頼んだことがあるのだ——ナポリ特有の生き方は存在するのか、それは何なのか、今なお存在しているか、ってね。(2) するとみんなが各人各様に答え、どれも違っていたのだよ。ほめそやす者、こきおろす者、例によって、ヴィーコ、クローチェ、等々を引用する者、一般大衆の社会問題への無《クァルンク》関心さ《イズモ》を強調する者、といったようにだ。それでも、聴いてみるに、みんながそれぞれに正当であるように思えた。それでぼくは悟ったのだよ、真のナポリは、ルイージ・コンパニョーネの絶望的な都市でもあれば、ドンナンナの岩礁で経過した青春の魅力や、水上スポーツ・クラブと結びついている、ラッファエーレ・ラ・カプリアの〝海中都市〟でもあるのだ、って。アンナ・マリーア・オルテーゼのような、閉ざされた気難しい女性が、この都市に関して、追憶のノスタルジックな眼鏡を通してしか見ないジュゼッペ・マロッタと同じ意見をもつなどとは、ぼくには予想できなかったのだよ。とどのつまり、行き着いた結論は、オルテーゼもマロッタもそれぞれが欲したとおり、ナポリについて語る権利があるということさ。だって、彼らがナポリを語っていたときには、〝このナポリ〟は真のナポリになったのだからね。」

「したがって、私の理解が正しければ、大事なのは歴史的現実ではなくて、詩的現実のみということですね。」

「そのとおり。ボルヘスも見事なたとえを伝えてくれているよ」とパルンボは続けた。「ナポリはゴングを打つのに用いられる大槌みたいなものだ。大槌はいつも同じだが、聞こえる音はいつも異なる。鳴り響くシンバルがいつも異なるのだから、と。」

「すると、私たちはシンバルということになるのですか？」と私は尋ねた。「言い換えると、私たちは打ち鳴らすのではなくて打ち鳴らされるのですね。」

「そうなのだ。しかも、ナポリ風の生き方が何かを知るためには、生じた音の〝中庸〟で満足しなくてはならないのだよ。」

「とおっしゃると？」

「デ・クレシェンツォ、ぼくがあんたを識らないし、あんたを識る唯一の手段があんたの親友たちからあんたについての意見を求めることだと仮定してみよう。そうしたら、どうなるかい？ 一人はぼくに言うだろう――『いいですか、彼はこんな人物です』。それからもう一人が今度は言うだろう――『いいえ、彼はそんな人物ではなくて、こんな人物ですよ』。それで最後にぼくは真摯な数学教師として、あらゆる意見から平均値を抽き出して言うだろう――『そうか、これがディ・コスタンツォなんだ！』って。」

注

（1） イタリアのポピュラーなジャーナリストでショウマスター、マウリツィオ・コスタンツォと誤解しての言葉らしい（ドイツ語版訳注）。

（2） Antonio Ghirelli, *La Napoletanità*, Napoli : Soc. Ed. Napoletana, 1976.

第8章　エピクロス

ある人びとにとっては、彼は最上の人であったし、他の人びとにとっては最悪の人だった。彼を放蕩者、無神論者、女好きという人もいれば、聖者、予言者という人もいた。キケロは彼を憎悪していたが、ルクレティウスは彼を尊敬していた。〝エピキュリアン〟という語そのものからして、ずっと誤解のもとになってきた。たとえば、『新版ジンガレッリ』(*Nuovo Zingarelli*)では、「安楽な生活を送り、快楽に耽る」人だし、『パラッツィ』(*Palazzi*)では、「官能的快楽を好む者、貪欲な者、人生を享楽しようとする者」である。しかしながら、彼の著作を読んだ私たちにとっては、彼は重い胃をしたまま床に就かないため、晩には少ししか食べない節度ある人物である。ある弟子に宛てた手紙の中で、エピクロスは書いている——「私がパンと水で生きているとき、身体は満足感であふれています。私が豪奢《ごうしゃ》な生活の快楽を軽視するのは、それら自体のせいではなくて、それらがもたらす不都合のせいなのです(1)」。

別の手紙では、ある友人に乞うている——「どうか私に、チーズ入りの小壺を送ってくれたまえ。そうすれば、私の望むときに、豪勢な食事をすることができるから(2)」。

こうした前置きに基づくと、私たちとしてはこの哲学者の人となりの復権を開始したい衝動に駆られるのである。

エピクロスが西暦紀元前三四一年に水瓶座の星の下に生まれたのは、アテナイではなくて、サモス島においてだった。とはいえ、彼を異邦人と見なすことはできない。なにしろ、両親はアテナイ出身だった（ネオクレスとカイレストラテは、アテナイでももっとも庶民的な地区の一つ、ガルゲットス区の出だった）し、また、青春時代をもっぱらアテナイの市民から成る共同体の中で過ごしたからである。実際、彼が生まれる十一年前に、二千人の失業者たち——彼の両親もその中に含まれていた——が、サモス島の住民を追い出してから、同島に植民地を築くことをアテナイ政府から認可されていたのである。(3)

エピクロスは四人兄弟のうちの次男だった。父は校長であって、授業中いつも彼を同席させていたと言われる。父親からの教育とは別に、エピクロスは十四歳になったときに——または別の資料によると、ほんの十二歳のときに(4)——哲学の研究を始めたのであり、最初の先生はサモス島に住んでいたプラトン学徒パンフィロスだった。当初、少年エピクロスは公立学校に入学したが、そこには数分間しかいなかったらしい。セクストス・エンペイリコスが彼の学校での初日をこう伝えている。(5)

「初めにカオス（混沌、空隙）が生じた」と先生が生徒たちに言った。

「じゃ、どこから生じたのですか？」とエピクロスが尋ねた。

「それは私たちには分からない。哲学者たちが取り組んでいる問題もそれなのだ。」

「それじゃ、ぼくはこんなところで時間を無駄にしておれません。すぐさま哲学者たちのもとに行きます。」

十八歳のとき、彼は ἐφηβεία つまり軍務を果たすためにアテナイへ呼ばれた。同室仲間としては、喜劇作者メナンドロスがいた。西暦紀元前三二三年のことだ。クセノクラテスがアカデメイアで教えており、アリストテレスはリュケイオンで知恵と知識を生徒たちに惜しみなく与えている。軍人エピクロスもたまには彼の授業に参加したことが十分に考えられる。「彼はクセノクラテスを聞くことができた」(*Xenocratem audire potuit*) とキケロも書いている。(6) しかし奇妙なことに、エピクロスはこの最初の学校経験を後に決して認めたがらなかった。彼はおそらくアナクサゴラスとデモクリトスを除き、同僚に対していかなる敬意も抱いてはいなかったのである。

そうこうするうち、アレクサンドロス大王が死に、サモス島の住民たちに新しいマケドニア王ペルディッカスの助けを得て、島を取り返すことに成功し、アテナイ人たち(そのうちにはエピクロスの両親もいた)を海へ追い出すことができた。家族への心配から、エピクロスはコロフォンへと赴き、そこで家族と再会し、それから兄弟のネオクレス、カイレデモス、アリストブロス、および奴隷のミュスと一緒に、最初のエピクロス・グループを形成した。

当時、コロフォンからごく近くのテオスでは、デモクリトスの弟子ナウシファネスなる者が哲学を教えていた。エピクロスは原子説《アトム》の熱心な信奉者だったから、彼の元へ行って聴くことに決めた。しかしながら、ちょうどパンフィロスやクセノクラテスに対してと同じように、ナウシファネスに対してもいかなる謝意ももたなかったのであって、後者を「くらげ、無学者、ぺてん師」(7) と呼んでいたのだった。貧しい人びとや女性に対してはひどく優しく礼儀正しいエピクロスが、どうしてインテリたち、とりわけプラトン学派の人びとやアリストテレス学派の人びとに対してはかくも陰険な人間になったのかは定かでない。おそらく彼は独学者と見なしてもらいたかったのであろうし、他の思想家たちの思想と自分固有のそれとの間にいかなる絆をも拒否していたのであろう[8]。

やはり兄弟たちや奴隷のミュスと一緒に、エピクロスは三十二歳のときにミュティレネに移り、最初のエピクロス学校を正式に開校した。だが、当初ははなはだ困難だった。なにしろプラトン一派ははなはだ強力だったし、政治的にもひどく活発であったので、宗教および政治から若者を引き離すかも知れないような学校には我慢ならなかったからだ。それでもエピクロスは敗北を認めたりはしなかった。ランプサコスにおいて彼は新しい試みを行い、そして地方での五年が経過してから、彼は西暦紀元前三〇六年にアテナイに戻り、ここで最終的に自らの思想を浸透させることになるのだ。このときから以後、エピクロス主義の拡散にはもはや国境がなくなるのだ。ギリシャ全土、小アジア、エジプト、イタリアに帰依者たちが現われた。ディオゲネス・ラエルティオスはこう述べている――「彼〔エピクロス〕の友人たち……は諸都市の全部をもってしても数えきれないほどにその数が多かった[9]」と。

エピクロスはアテナイで田舎に一軒の家と庭を八十ミーナ〔八千ドラクマ〕で購入したのであり、まさしくこの庭が学校の目印となり、その名称となった。エピクロス学派の人びとはこれ以後、「庭園の人びと」と呼ばれた。もっとも、この庭園は実際には菜園だったのであり、花々の代わりに、キャベツ、大根、キュウリが生えていたのだった。

友情に基づき建てられた学校だったから、入学はもちろん無料に決まっていた。この「庭園」にはあらゆる社会層の人びとが訪れた――成人たちや若者たち、よそ者たちや奴隷たち、アテナイの名士たちや美しいヘタイラたちすらもが。女性たちも出入りしたことが、すぐにスキャンダルを惹き起こした。中傷家たちが怒りをぶちまけ、エピクロスとメトロドロスが五人の遊女《ヘタイラ》――レオンティオン、マムマリオン、ヘディア、エロティオン、ニキディオン――の肉体的魅力を分かち合っており、彼女らとベッドをともにしている、との噂を流したのだった。[10] とりわけキケロはこの学校を「弟子たちが洗練された悦楽で憔悴している、快楽の庭園[11]」と呼んでいる。

エピクロスの運命はじつに変わっていた。古代において彼に対して行われていた無数の噂は、中傷的であると同じく、不条理なものだった。ディオティモスとかいう一人のストア学派の哲学者は、かつて五十通の猥褻《わいせつ》な手紙をエピクロスの署名入りで書いたことがあったが、これらはただ彼を困らすという目的からだった。もう一人のストア学派の哲学者ポセイドニオスは、エピクロスがそのもっとも年下の弟に売春するよう唆《そそのか》したと語っていた。テオドロスは著書『エピクロスを駁す』第四巻の中で、レオンテウスの妻テミスタに(言い寄りながらも)忠告しているつもりでいたと彼を非難している。ティモンは彼を「欲深の腹を満たした者[12]」と言っている。

ティモクラテスの書いているところによると、エピクロスは贅沢な暮らしをするために日に二度食べものを吐き出すことにしていた。[13] プルタルコスは『エピクロスに従っては快適に生きられない』(*Non posse suaviter vivi secundum Epicurum*)の中で、何度また誰と性交したかを正確に書き記した日記帳をエピクロスが持っていたと語っている。[14]

エピクロス学派の人びとは宗教的な真の迫害を蒙ったのだが、それはとりわけ、彼らの評判を悪くするためにあらゆる手段に訴えてきたストア学派の哲学者たちのせいだった。メッシーナでは、市当局が兵士たちに、エピクロスの弟子を全部追放し、その住居を燃やして一掃せよ、と命令した。クレタ島では、若干の者は不幸にも、軟弱で神を嫌う哲学を公言していると非難されて、追放される前に、まず蜂蜜を塗られ、それから虻《アブ》や蚊《か》の餌食《えじき》にされた。万一彼らのうちの誰かが帰還したりすれば、女装したまま岩の頂きから突き落とされることになっていた。[15]

エピクロス主義で反感を買ったことは、政治家への軽視と、下層民に対しての民主的態度であった。エピクロスは、同一の社会層に属する者たちの間でしか友情を感じていない世界において、この感情を実践していたのである。プラトンは『法律』(*Nomoi*)[16]の中で奴隷たちを服従させる最良の手段を勧めていた(奴隷をさまざまな国から選ぶことにより、互いに理解できないようにしたり、とりわけ体罰を加えて、彼らが奴隷であることを忘れないようにしたりする)のに対して、エピクロスは彼らを温かく迎えて、旧友のように彼らに話し掛けている。三世紀後、キリストも同じような理由で敵を作ることになる。

エピクロスは七十一歳で腎結石で亡くなった。弟子の一人に宛てた手紙の中で、彼は晩年の一日をこう書き記している――「エピクロスよりイドメネウスへ。前略。私の最期の日が過ぎようとしている。膀胱と内臓の痛みがひどく、もうこれ以上苦痛に耐えられないくらいだ。でも、私たちが発見した説や真理のことを思い出すことで、私の魂の喜びがこんな苦痛と均り合いを保っているのだ。だが君は若い時分から私と私の哲学に共感を示してきたのだから、どうかメトロドロスの子供たちの世話をしておくれ[17]」。

ヘルミッポスの語っているところでは、エピクロスは死ぬ前に、お湯で一杯の醸造桶の中に入れてくれるように頼み、その中でぶどう酒を飲み始め、死が訪れるまでおしゃべりを続けたという(18)。

エピクロスの思想の一般特徴

哲学とは特別な学問であって、定義し難い、ややもすればそもそも定義できないものなのだ。当初それは、自然学、天文学、宇宙論、倫理学、詩学、政治学、論理学、数学、認識論、存在論、等あらゆる領域を包含していたのだが、時代の経過につれて、いくつかの部門を喪失し始め、今日ではそれがかかわり合うのは、実際上、存在論、つまり有の学のみになってしまっている。だから、それでも定義するとしたら、哲学とは存在の意味を追求するのだ、と言えるかも知れない。

古典古代の哲学者たちの思想を理解するもう一つの道は、哲学の夥しい分野のうちでそれらの興味を大いにかき立て、かつ保持してきたのはどれかを探しだすことかも知れない。ソクラテス以前の哲学者たちは、存在論に従事したエレア学派の人びとを除き、宇宙論や自然学に没頭してきた。ソクラテスは言わば倫理学の創案者だったし、プラトンとアリストテレスは万事に関心を抱いていたとはいえ、重点はやはり存在論に置かれていた。

エピクロスにとっても、倫理学は自然学より重要なのであるが、ソクラテスやプラトンにとって人間は第一に市民であり、習慣《エトス》はその義務総体だったのだが、これとはちがって、エピクロスにとっては、人間は自らの幸福を追求する個人に過ぎないのである。したがって、人間とは、もはや共同体の中に組み込まれるためにつくられたひとつの〝政治的単位〟なのではなくて、〝隠れて生きよ〟(λάθε βιώσας)[19]を至上命令としている一私人なのである。

倫理学

ここでは引き続き、友情、欲望、快楽、死について語るとしよう。

エピクロスは言う、「全生涯の祝福を得るために知恵が手に入れるものどものうち、友情の所有こそが、わけても最大のものである[20]」と。そして、ここに彼の哲学を理解するための鍵がある。正義に基づいて築かれるような社会よりも、友情を望む社会のほうがましなのだ。この点で、庭園は学校よりもむしろ伝道のための拠点だったのである。エピクロスにとっては、友情はほとんど伝染(一種の幸福の鎖)によって、人から人へと拡散されるべきものだった。〝友情〟なる語の代わりに〝愛情〟なる語で置き換えるならば、私たちはこのギリシャ人をアッシジのサン・フランチェスコの先駆者と見なすことができるであろう。このメッセージは大衆から受け入れられることは決してなかったが、そのわけは、友情は私的価値であって、正義のように、権力を獲得するためのイデオロギー的手段とはなり得なかったからなのである。

「友愛は、祝福ある生活の頌《たた》えに目覚めよと、われわれのすべてに告げながら、人の住む全土を踊りまわっている。[21]」

エピクロスのこの詩的なイメージは、彼の思想に関してすべてのことを私たちに告げてくれる。実際、彼は友情を一つのコミュニケーション手段、一つのイデオロギー——利益から出発しているとはいえ、最後には人生の最高目標となるための満足と同定されることになる——と見なしているのである。[22]

エピクロスのテーゼは、世上思われているよりも空想的ではないのだ。十九世紀にドイツの社会学者フェルディナント・テニエスは二種類の人間社会を区別した。一方は、正義に基づくもの（利益社会 *Gesellschaft*）であり、他方は友情に基づくもの（共同社会 *Gemeinschaft*）である。[23]

利益社会は水平的に築かれている。つまり、すべての市民は法の前に平等なのだ。個人は必要とするものを入手するために、親戚とか友人たちの推薦とかに助けを求めてはいけない。たとえ欲求が正当であっても、何人も他人の前で地上にはいずることを強いたりはしないであろう。利益社会の好例の一つは英国であって、ここでは歓楽街ソウホウの料理場のボーイでも、社会的役割では違っているとはいえ、法の前ではエリザベス女王と同じ権利を享受することができるのである。

これに対して、共同社会はピラミッド状に築かれている。ここでは、あらゆる関係が友情によって支配される。家族的、団体的、政治的、文化的性格のグループができあがっており、これらクランのそれぞれは、ピラミッドの頂上に長をもち、頂上から底辺まで媒介的な階層構造が存在するのである。万事は推薦と親戚関係《コネ》で支配されている。南イタリアは私の念頭に浮かぶ、そういう共同社会の第一の例である。

こうしてみると、共同社会はペストのように忌避すべき、マフィア構造を有する一つの社会のように見える。けれども、これをエピクロス的精神をもって考察してみれば、そこから一つのモラルを抽出できる。すなわち、友情に基づく社会に生きる人は、生き延びたければ、できるだけ多くの友だちをもつべきだし、こうすることにより、その人はますます社交的になり、隣人との関係ではますます自由になることを、すぐさま理解する。反対に利益社会の市民は憲法が保障する権利に詳しければ、他人たちとの接触を避けるであろうし、早晩、ひどく公民的で〝超然とした〟個人となることだろう。最後に忘れてならないことは、プラトン本人も『饗宴』の中で、貧窮《ペニア》の女神と策知《ポロス》の神との間の子としてエロスを見ていたということである。

エピクロスの倫理学には、もろもろの感情を和らげようとする試みもある。つまり、立派な食事をしても、過度に陥ってはいけないし、愛の関係は良いにしても、ある限度内においてのみなのだ。エピクロスは言っていた、「多くの人間にとって、休息は気抜けにより、活動は気違いによる[24]」と。ところで、友情とはまさしく、無関心と愛との間の中途にある、そのような中庸の感情なのである。

エピクロスにとって、欲望は三種存在する――「或るものは自然的でかつ必須であり、或るものは自然的だが必須ではなく、他のものは自然的でも必須でもない[25]」。

自然的かつ必須な快楽とは、生存を保障するもの、つまり、食べたり、飲んだり、眠ったり、そして寒いときには着たりすることである。当然のことながら、十分に食べること、のどの渇きを鎮めるために飲むこと、季節に合った衣服を着ることを意味している。たとえば、真のエピクロス学徒にとっては、ナポリでは毛皮付きコートは必要ない。

自然的でかつ必須ではない快楽とは、五感には心地よいが余分なものである。たとえば、上等な食事をしたり、上等な酒を飲む、等。パスタとサヤインゲンの上等な料理は明らかに、自然的でかつ必須ではない快楽である。あまり苦労しなくても耐えられるのであれば、そうすべきだろうし、さもなくば「いや結構」というはずだ。芸術とか美感の領域でも同じである。エピクロスは教えている——「あらゆる善の始まりと根っこは口腹の欲求である。学問的で気むずかしい事柄とてもそれに再帰するのだから[26]」と。

自然的でも必須でもない欲求とは、意見によって喚起されるものである。たとえば、ロレックスの金時計。これはもちろん、必須なものではない。私たちがそれを持ちたがるのは、価値あるものとしてみんなの目に映るからである。ただ眺めるだけで快楽を覚えるのだとしたら、ロレックスのイミテーションにも熱中するはずだ。とはいえ、人類は今日、製品の品質よりもネームブランドに魅き付けられているし、しかもブランドはもちろん、自然的でも必須でもないものである。

性欲についてはどうか？　自然的であると言えようが、しかしそれは必須なものでもあるのか？　出産を離れても、必須なものと私は目下考えている。エピクロスはこの問題について、疑問を抱いている。「肉体の衝動がますます募って性愛の交わりを求めている、と君は語る。ところで、もし君が、法律を破りもせず、良風を乱しもせず、隣人のだれかを悩ましもせず、また、君の肉体を損ねもせず、生活に必要なものを浪費しもしないならば、欲するがままに、君自身の選択に身を委ねるがよい。だが、君は、結局、これらの障害のうちのすくなくもどれかひとつに行き当たらないわけにはゆかない。というのは、いまだかつて性愛がたれかの利益になったためしはないからであって、もしそれがたれかの害にならなかったならば、その人は、ただそれだけで〔害にならないというだけで〕満足しなければならない[27]」。

つまるところ、エピクロスの倫理学の基本ルールはまったく簡単なのだ。つまり、いつも満たされるべきなのは、自然的でかつ必須の欲望なのであり、さもなくば、生き永らえることは保障されない。他方、自然的でも必須でもない欲求は決して満たされるべきではない。それらは競合の因となるからである。中間的な欲望に関しては、まずこう質問しなければならない――「その欲望によって求められている目的がもし達成されたならば、どういうことが私に起こるであろうか、また、もし達成されなかったならば、どういうことが起こるであろうかと[28]。」

上述のすべてのことを要約するために、エピクロスの若干の金言を引用しておこう（これらから、庭園において実践ないし勧告されていた、一種の礼儀作法のマニュアルができあがるであろう）――

「ピュトクレスを金持ちにしたいのなら、彼の財産を増やしてやるのではなく、彼の欲望を減らしてやりなさい[29]。」

「質素を重視しているのは、われわれがいつもけちけちした生活をしなければならないからなのではなくて、あまり心配を抱え込まなくするためなのだ[30]。」

「われわれは、日常の私事や国事の牢獄から、われわれ自身を解放すべきである[31]。」

「不安な状態で黄金のベッドに眠るよりは、恐れもなしに木の葉のしとねで眠るほうがましだ[32]。」

「いずれの快も、それ自身としては悪いものではない。だが、或る種の快をひき起こすものは、かえって、その快の何倍もの煩いをわれわれにもたらす[33]。」

「欠乏しているものを欲するあまり、現にあるものを台なしにしてはならない。現にあるものも、われわれの願い求めているものであることを、考慮せねばならない[34]。」

快について、エピクロスはこう言うのが常だった――「それゆえ、快が目的である、とわれわれが言うとき、われわれの意味する快は、――一部の人が、われわれの主張に無知であったり、賛同しなかったり、あるいは、誤解したりして考えているのとはちがって、――道楽者の快でもなければ、性的な享楽のうちに存する快でもなく、じつに、肉体において苦しみのないことと霊魂において乱されない〔平静である〕ことにほかならない(35)」。

ここから結論できるように、恋に陥ることは霊魂を乱すがゆえに、快ではなくて、一種のノイローゼなのだ。

さて、何が真の快かを明らかにしたければ、私たちの肉体に耳を傾ける必要がある――「飢えないこと、渇かないこと、寒くないこと、これが肉体の要求である。これらを所有したいと望んで所有するに至れば、その人は、幸福にかけては、ゼウスとさえ競いうるであろう(36)」。

こういうすべてのことは、知恵に充ちあふれている。ただし難点は、何としてでもモーターバイクを手に入れたがっている十四歳の少年にどうやってこのことを分からせるかということだ。

「死は、もろもろの悪いもののうちで最も恐ろしいものとされているが、じつはわれわれにとって何ものでもないのである。なぜかといえば、われわれが存するかぎり、死は現に存せず、死が現に存するときには、もはやわれわれは存しないからである。(37)」

そのとおり、とあえて私は付言したいところだが、でも、愛する人びとの死後に生き延び、ひどく苦悩しなくてはならない人びとも存在する。だが、エピクロスはそんなことには無頓着なままだ。彼は死に関することをも含めて、現在のであれ、未来のであれ、いかなる心配からも私たちを解放したいのである。実際、彼は要するにこんなことを言っていたのである――「死についてあれこれ思い悩んだとて、何も変えることはできまい。だから、できるだけよく生き、死のことを考えるでない。死を怖れることが、死そのものよりも害を及ぼすことはよくあるのだから。」

だから、勇気をもち、私たちとしては死を考えないで、みんなでこう唱和しようではないか。

「運よ、わたしは汝を予見していた、そして、汝がひそかに忍んでくるのをことごとく防いだ。汝にたいしてにせよ、その他どのような事情にたいしてにせよ、われわれは自分自身をすっかり譲りわたすようなことはしないであろう。だが、去らねばならない定めの時の来たときには、われわれは、この生と、むなしくこの世に執着する人々とにたいして、侮蔑の言葉を吐き散らしながら、そしてわれわれは善い生を送ってきたのだと、はえある勝利の歌を声高らかに誦しながら、この世から去るであろう。[38]」

エピクロスは私たちのあらゆる問題を解決するために、医学を用意してくれている。四つの救済策である。

——神を恐れるな。

——死を怖がるな。

——快はみんなのためにあることを知れ。

——苦は続く間は耐えられるし、また、激しく痛んでも、長くは続かないことを知れ。また「賢者は、もし拷問にかけられていても、幸福である[39]」ことを忘れるな。

自然学

エピクロスの自然学にはあまり斬新な点がない。原子論者たちの考え方を踏襲しており、彼の宇宙観は実際上、デモクリトスの模写である。主要な点は「ヘロドトス宛の手紙(40)」に説かれているように、以下のように要約できる。

――有らぬもの《ト・メー・オン》からは何ものも生じない。全宇宙は限りないものであり、物体〔ここでは原子を指す〕と空虚とから形成されている。

――物体の存在は感覚それ自身が万人のまえで立証している。

――空虚の存在は運動によって立証されている。もし空虚が存在しなければ、物体は運動するとき行き場所が分からないであろう。

――空虚は存在しない〃非有〃ではなくて、たとえ触れ得ないにせよ、存在する〃有〃である。

――物体は合成体と、合成体をつくる要素に分かたれる。そして、これらの要素は不可分《アトモス》であり、この語そのものが示すとおり、どんなものへも分解されてゆきようがない(41)。

デモクリトスによれば、「当初」すべてのアトマがちょうど雨のように、上から下へ落ちたのであり、とうとう或る日、こういうアトマの二つが互いにぶつかって、一連の軋轢や、跳ね返りや、凝集が生じ、ついには世界や合成体が生じたのだという。けれども、この教説は批判にさらされてきた。

アトマがすべて平行軌道で出会うとしたら、どうしてそれらがそもそもぶつかり合えるのか？ せいぜい背後から衝突することがありうるくらいだ、というのが反対者たちの意見だった。

けれども、これに対してエピクロスは平然とこう答えている——「アトマは落下の過程で、かすかに逸れて、相互にぶつかり合うことになったのだ」(42)と。では、「どうして少しばかり逸れたのか？」と私たちとしても尋ねることができよう。この点に関しては、彼は答えていない。軌道を逸れるアトマについてのこの教説は、傾斜説《クリーナーメン》(43)としても知られているのだが、実をいうと、当て布であって、誰をも納得させはしないのである。それでもエピクロスは大真面目だったらしく、一方では彼はこれでもって宇宙の唯物論的説明を救うことができたし、他方では〝自由意志〟なる概念を、つまり、あまりに機械論的で運命論的な世界観から遠ざかる可能性を彼は導入したのだった。したがってこれより以後、ゼウスとかデミウルゴスとか不動の原動力の前にもはや人びとは屈服する必要がなくなったのであり、また、運命とか必然とか、あらかじめ定められた生命とか不変の運命とかも、意味を持たなかったのである。はなはだ奇妙なことは、エピクロスが超越的なものから解放されるためにさんざん苦労した後で、突如、神々は存在する！ と主張していることだ。信じ難いことに思われようが、まさしく彼はそうしているのである。彼はこう付言するだけなのだ——これらの神々は自分自身のために生きており、私たちのことを心配したりはしない、と。(44)

私としては、こう尋ね続けたいところだ——デモクリトスのそれと同じようにすでに見事に説明された宇宙の中に、どうしてエピクロスは神々を必要としていたのか？ と。仮説として考えられるのは、せいぜい、彼がこういう告白を行うことにより、静かに生きることができ、他の人びとのように、不敬虔の廉《かど》で訴えられる危険に陥らないようにしたのではないかということである。この点について質問されると、彼は答えてこう言ったらしい――「というのは、神々はたしかに存在してはいる、なぜなら、神々についての認識は、明瞭であるから。しかし、神々は、多くの人々が信じているようなものではない、というのは、多くの人々は、かれらが一方で神々についてもっている考え（神々が至福性と不死性とをもっているという考え）を他方では棄てている（至福性と不死性に不似合で縁遠い属性をおしつける）からである。そこで、多くの人々の信じている神々を否認する人が不敬虔なのではなく、かえって、多くの人々のいだいている臆見を神々におしつける人が不敬虔なのである」[45]。

今や私たちとしては、エピクロスの考えによれば、宇宙はどのように発達したのかということを探究するとしよう。もろもろのアトモスはたまたま急速に落下しながら、ついには数個所に集められ、無数の世界――相互に中間界[46]と呼ばれる無限空間によって切り離されている――を創出するに至っていた。こういう集中化のなかで、より重いアトモスは中心に置かれ、こうして大地を生じさせたが、より軽いアトモスは外側へ追放され、こうして天を生じさせた。最後に、いくつかの重いアトモスは過度の圧力により、水に変えられた。

このようにしてつくられた世界の中では、霊魂とてももちろんアトモスからできあがっていた。自明のことながら、第一に選ばれたアトモスからできていた。非合理的な霊魂にあっては、それらアトモスは熱くて風に似ていたし、合理的な霊魂にあっては、ひどく微細な部分から成っていた[47]。実を言うと、この最後の定義ではエピクロスはいささか形容詞を欠いている感がする。明らかに、彼はこの捉えがたい大いさを記述する術《すべ》をもはや心得ていないのであり、微細な部分と言うことで何とか切り抜けているのだ。ほとんど明言するまでもないが、霊魂は物質である以上、当然死滅するし、肉体とともに解消する。(48)このためにダンテはエピクロスを『地獄篇』では異端者たちのいる第六圏に置いて、こう言っている。

こなたにはエピクロスと
彼に倣ひて魂を体と
ともに死ぬるとなす者みな葬らる。(49)

結びとして、感覚についてもう少し付言しよう。物体の表面からの映像《エイドラ》の流出はたえず行われており、これら映像は空間を通って旅した後、私たちの感覚や私たちの思考と衝突することになる。(50)だから、テレヴィ視聴者たちに司会者やスターの映像《エイドラ》を呈示するためにエーテルを横断してくるテレヴィ電波とあまり違わないことになる。

庭園の哲学者たち

エピクロスの教説はギリシャおよびラテン世界一円に広く流布した。五百年間、それはほとんどいたるところに拡散したのである。エピクロスの庭園はギリシャ、小アジア、エジプト、そしてもちろんイタリアでも成立した。ギリシャの弟子たちとしては、メトロドロスとランプサコスのポリュアエノス（二人とも師匠より早死にした）、師匠の学校の監理を継承したミュティレネのヘルマルコス、その他のすべての人びと――レオンテウスとその妻テミスタ、コロテス、イドメネウス、ディオニュシオス、プロタルコス、ポリュストラトス、バシリデス、庭園の暴君と綽名をつけられたアポロドロス、ヒッポクリデス、シドンのゼノン、等――が挙げられる。

エピクロスのもっとも忠実な弟子としては、西暦紀元前二世紀の金持ちの貴族、オイノアンダのディオゲネスなる者をも挙げねばならない。彼は師匠の教えを伝えるために実に新奇な手段を選んだのであって、村の近くの一つの丘を買い、高台を囲む台地の上に、長方形の柱廊を建てたのだ。そして、これら柱廊のペディメントの上には、エピクロスの思想を要約した、長さ百メートル以上の碑文を刻ませた。だから、彼は新思想を流布させるために一冊の本を書くだけでは満足しないで、一つのモニュメントを建立したわけだ。巨大な碑文はおよそ以下のように始まっていた。

余は生命も尽きかけているが、余がその教育から受けた幸せのために、エピクロスへの賛歌を唱うことなく立ち去りたくはない。余は後世にこう申し伝えたい。地上のさまざまな部分がそれぞれの住民に異なる祖国を与えているが、人の住む世界が友愛の能力のあるすべての人びとに差し出しているのは、地球という唯一の共同の住居であるのだ、と。

この碑文は一八八四年に、二人のフランス考古学者たちによって偶然発見されたのだが、もちろん、古代から私たちに伝わったうちで、もっとも素晴らしい国際主義のメッセージである。

西暦紀元前一世紀のギリシャのエピクロス学徒たちのうちからは、ガダラのフィロデモスを挙げるべきであろう。私見では、彼はエピクロスの教説とナポリ風生活様式との連結の輪をなしているように思われる。この哲学者はナポリから数キロメートルしか離れていないヘルクラネウム（エルコラーノ）に庭園の分校を設けたのであり、今日でも、彼の金言を記したパピルスはカルプルニウス・ピソの邸宅で展示されている。フィロデモスはギリシャ語で教えたり書いたりしたのであり、したがって、限られた範囲の知識人たちから理解され得ただけだった。以下、彼のもっとも重要なテクストを二つ掲げておく。

「地上で友愛をもっとも壊すものは何か？　政治の仕事だ。抜きん出ようと努力する人びとに対しての政治家たちの嫉妬、競争相手どうしの間で生ぜざるを得ない競争、権力の獲得のための闘争、個人の存在ばかりか民衆全体の存在をも動転させる戦争への故意の立案、これらのものに用心せよ。(51)」

「正義、善意、美、もろもろの美徳全般に向けては、われらの学校は一般人と同じ性向を有するが、これら一般の人びとと違うのは、われらの理想が感情に基づいているのではなくて、思索に基づいている点である。(52)」

エピクロスの教説をローマに拡げようとする最初の試みは痛ましくも失敗した。西暦紀元前一五五年に、庭園の二人の弟子、アルカイオスとフィリスコスがギリシャからローマへやって来たのだが、口を開こうとするや否や、遠慮なく追っ払われたのだった。(53)このことに私たちはそれほど驚くに及ばない。当時のローマ人は大部分、健康で力強い若者だったし、しかもローマ人にはギリシャ哲学の繊細さを彼らに理解させうるほどの文化的伝統が欠けていたのである。西暦紀元前二世紀のローマ市民（*civis romanus*）に〝有〟とは何かを説明するのは、今日ならさしづめ、ランボに禅とは何かをわからせようとするのと同じくらい困難だったであろう。

とはいえ、いろいろと努力を重ねた後で、とうとうエピクロスの教説はイタリアにも根を下ろしたのである。西暦紀元前五〇年頃、アマフィニウス、ラビリウス、カッシウス、サフェイウスといった奇妙な名前の若干の学者たちが、エピクロスの金言をラテン語に訳したのであり、しかもこのことが彼らに大きな出版上の成功をもたらしたのだ。詩人のルクレティウスとホラティウスは感銘的な詩句をもってそれに魅力を付け加えることになる。後者はその『書簡集』（*Epistolae*）の一つにおいて、「エピクロスの群の中にいる豚」（*Epicuri de grege porcus*）たることを告白したのだが、これによって彼は私たちが上述したあの誤解に少なからず寄与したのだった。[54]

最初の翻訳者たちのテクストは何も残っていないのだが、キケロからわかるように、それらはまさしくベストセラーだったのである。

「アマフィニウスの本が現われたとき、大きな感銘を与えた」と彼は書いている。「私としては、決してそれらを読まなかった。実際、それらはイタリアにあふれていた以上、それらは無知な人びとにとってしか有効ではあり得なかったのである。[55]」

これは何も驚くに及ばない。今日だって、キケロのような考え方をする批評家は多いのだ。「あれこれの本を読んだかい？」という問いに、よくこんな答えが聞かれる――「いや、俺は嫌いだから！」

ところで、私たちとしても彼らの立場に身を置いてみよう。真に優秀な人物だとしたら、ひどく忙しくて、読む時間がないし、せいぜい書物のあちこちに目を走らせることができるくらいだろう。だから、駄作に時間を浪費するよりも、簡略な判断をしたり、ほんの風聞だけでものを言うほうがましということになる。時として、厚かましくもそのことを認める人だっている。あるイギリスの批評家はこう宣言したことがある――「私は影響されないようにするために、書評を書く前にその本を読んだりしたことがない！」と。

ありがたいことに、ルクレティウスの傑作『物の本性について』(*De rerum natura*) は、失われる危険があったかも知れないのに、そうはならなかった。実際、この詩作品は帝国時代には評価されていたのに、コンスタンティヌスのキリスト教への改宗以後、すぐさま流布されなくなったのである。ここから、新宗教の最高の代表者たちがそれを評価しなかったに違いない、と私たちは結論できる。一四一七年になってやっと、人文学者ポッジョ・ブラッチョリーニがスイスの或る修道院図書館で半ば忘れられていた一冊の写本を発見したおかげで、再び世に姿を現わしたのである。そして、この著書『物の本性について』がたいそう重要なわけは、エピクロスの原子論的所説を完全に呈示している唯一のものであるからなのだ。ところで、哲学をはたして韻文で表現できるのか、という質問は当然なされうるであろう。できないわけはない。自然が私たちに供してくれる無数の例を、比喩として用いていることを知れば十分だ。たとえば、ルクレティウスは一見静止しているかに見える物体においてさえ、原子《アトマ》の動きを呈示している。羊群は遠くから、ある山の頂より眺めると、緑の丘の上の不動の白い染みにしか見えないが、他方、近くから眺めると、「丘の上の楽しい牧場に食《は》んでいる羊の群れは新しい露のきらめく牧草にいざなわれてゆるゆるとはってゆき、食い足りた子羊は戯れはしゃいで角を突きあわせる。[56]」

もちろん、ラテン語のほうがその文体の魅力は大きいし、「遠くのわれわれの目には一つに溶けあって……白いものが立ち止まっているように見える」と *"longe confusa videntur"* とでは比べものにならない。とにかく、ラテン語であれ日本語であれ、詩と哲学が学校の二人の旧友のように、互いに腕を組み合って歩むのを見るのはいつも心地よいものである。

だがときには、ルクレティウスが私たちを当惑させる個所も存在する。『物の本性について』第二巻はこう始まっている――「楽しいことだ、大海のおもてを嵐がふきまくるとき」。それで読者は考える――ルクレティウスは何と芸術家であることか、何と詩的な喚起力をもっていることか！ と。それから続けて読んでいくと、「陸地にたって他の人の大きな難儀を眺めることは」とあり、読者は眉をひそめる。何、陸地から難破を目撃するのは甘美な光景だと？ とんでもない、ルクレティウスはサディストではないのだ。彼が表現しようとしているのは、人は人生においてより悪しき状態にいる人びとと自らを比べて、人が自ら有しているあらゆる幸福をより評価するようにしなくてはならない、ということなのである。彼の時代には、残虐行為がもちろんなくはなかった。まず、市民戦争やスパルタクスが指揮した反乱があったし、最後には、アッピア街道に沿って十字架にかけられた六千人の奴隷たちの光景を想起すれば十分だ。

ルクレティウスはひどく賢明だったにもかかわらず、伝承によると、見苦しい最期を遂げたらしい。邪悪な女（*improba faemina*）が策を弄して彼に媚薬を飲ませ、彼は嫉妬に狂い、四十二歳になったばかりで、剣の上に身を投じて自殺したとのことだ。もちろん、エピクロスだったら、彼の行為を正当化したりはしなかったであろう。

注

(1) Stobaeus, *Amthologion*, XVII, 34.
(2) ディオゲネス・ラエルティオス『ギリシャ哲学者列伝』第一〇巻第一章（一一）〔加来彰俊訳、岩波文庫、一九九四年、（下）二〇九ページ〕。
(3) 同書、第一〇巻第一章（一）〔加来彰俊訳、二〇一ページ〕。
(4) *Su(i)da*（これは歴史家の名前ではなくて、十世紀の一種の百科事典である）、〝エピクロス〟の項。
(5) Sextus Empiricus, *Adversus mathematikos*, X, 18.
(6) Cicero, *De natura deorum*〔神々の性質について〕, I, 26, 72.
(7) ディオゲネス・ラエルティオス、前出書、第一〇巻第一章（八）〔加来彰俊訳、（下）二〇六〜二〇七ページ〕。
(8) Cicero, *op. cit.*, I, 26. 72.
(9) ディオゲネス・ラエルティオス、前出書、第一〇巻第一章（九）〔加来彰俊訳、（下）二〇七ページ〕。
(10) 同書、第一〇巻第一章（七）〔加来彰俊訳、二〇六ページ〕。
(11) Benjamin Farrington, *Che cosa ha veramente detto Epicuro*〔エピクロスは実際に何を言ったのか〕, 伊訳, Roma: Ubaldini, 1967, p. 21.
(12) ナウクラティスのアテナイオス、『食卓の賢人たち』3〔柳沼重剛訳、京都大学学術出版会、二〇〇〇年、一八ページ〕。
(13) これらすべての噂はディオゲネス・ラエルティオス、前出書、第一〇巻第一章（六）〔加来彰俊訳、

（下）二〇五ページ〕に報告されている。

(14) Plutarchos, *Non posse suaviter vivi secundum Epicurum*〔エピクロスに従う者は快適に生きること能わず〕, 1089c.

(15) Jakob Burckhardt, *Griechische Kulturgeschichte*, Ⅲ Bb., 478 ff.〔新井靖一訳『ギリシャ文化史』（筑摩書房、一九九二年）〕

(16) プラトン『法律』第六巻 777–778〔森進一ほか訳、岩波文庫、上、一九九三年、三七七～三七八ページ〕。

(17) ディオゲネス・ラエルティオス、前出書、第一〇巻第一章（一二一）〔加来彰俊訳、（下）二一六～二一七ページ〕。

(18) Hermippos, fr. 40 Müller.

(19) Plutarchos, *De latenter vivendo*〔隠れて生きることについて〕, 3, 1128 ff. (*cf.* fr. 551 Usener).

(20) エピクロス「主要教説」、二七〔出隆／岩崎允胤訳、岩波文庫、一九五九年、八二ページ〕。

(21) 同「断片（その一）」、五二〔出隆ほか訳、九七ページ〕。

(22) 同書、二三〔出隆ほか訳、九〇ページ〕。

(23) Ferdinand Tönnies, *Gemeinschaft und Gesellschaft*, 1887.〔杉之原寿一訳『ゲマインシャフトとゲゼルシャフト――純粋社会学の基礎概念』（岩波書店、一九八〇～一九八二年）〕

(24) エピクロス「断片（その一）」、一一〔出隆ほか訳、八八ページ〕。

(25) 同「主要教説」二九〔出隆ほか訳、八二ページ〕。

(26) Athenaios, *Deipnosophistai*,〔食卓の賢人たち〕Ⅻ, 546 f.

(27) エピクロス「断片（その一）」、五一〔出隆ほか訳、九〇ページ〕。

(28) 同書、七一〔出隆ほか訳、一〇〇ページ〕。

(29) Stobaeus, *Anthologion*, XVII, 24.

(30) *Ibid.*, XVII, 14.

(31) エピクロス「断片（その一）」、五八（出隆ほか訳、九八ページ）。
(32) Stobaeus, *op. cit.*, V, 28.
(33) エピクロス「主要教説」八（出隆ほか訳、七七ページ）。
(34) 同書、三五（出隆ほか訳、九三ページ）。
(35) エピクロス「メノイケウス宛の手紙」、一三一（出隆ほか訳、七二ページ）。
(36) エピクロス「断片（その一）」、三三（出隆ほか訳、九二ページ）。
(37) エピクロス「メノイケウス宛の手紙」、一二五（出隆ほか訳、六七ページ）。
(38) エピクロス「断片（その二）」四七（出隆ほか訳、九五ページ）。
(39) ディオゲネス・ラエルティオス、前出書、第一〇巻第一章（一一八）（加来彰俊訳、（下）二九四ページ）。
(40) エピクロス「ヘロドトス宛の手紙」（出隆ほか訳、一一～一三ページ）。
(41) ギリシャ語 *ἄτομος* は、「切る」を意味する *τεμνεῖν* と否定を示す *ἀ* との合成語。したがって、〝アトモス〟は「不可分なもの」を意味する。
(42) Cicero, *De finibus Bonorum et Malorum*（最高善と極悪論）, I, 6, 18 (*cf.* fr. 281 Usener).
(43) 傾斜 (clinamen) なる概念はルクレティウスによって作り出されたのだが、これは注解者たちの論争点の一つである。ルクレティウスは、今日では煙滅してしまったエピクロスの原文に忠実に従うことができたのであろう（仏語版訳注）。
(44) Cicero, *De natura deorum*, I, 19, 51 (*cf.* fr. 352 Usener).
(45) エピクロス「メノイケウス宛の手紙」、一二三（出隆ほか訳、六六ページ）。
(46) Plutarchos, *Placita philosophorum*（哲学者たちの教義）, I, 4 (*cf.* fr. 308 Usener).
(47) エピクロス「ヘロドトス宛の手紙」六三（出隆ほか訳、二八ページ）。
(48) 同書、六四（出隆ほか訳、二九ページ）。

(49) ダンテ・アリギエリ『神曲』第一〇曲一三〜一五行（山川丙三郎訳、上「―地獄―」六四ページ）。
(50) エピクロス「ヘロドトス宛の手紙」、四六（出隆ほか訳、一六〜一七ページ）。
(51) Benjamin Farrington, *op. cit.*, pp. 158 – 159.
(52) *cf. Ibid.*, pp. 254 – 255.
(53) アイリアノス『ギリシャ奇談集』第九巻、一二「ローマ人、エピクロス派の学者を追放のこと」（松平千秋ほか訳、岩波文庫、一九八九年、二四六ページ）。
(54) ホラティウス『書簡集』第一巻四「アルビウス・ティブッルスへ―幸福について―」一七（田中秀央ほか訳、生活社、一九四三年、二四ページ）。
(55) Cicero, *Tusculanae Disputationes*（トゥスクラナエ叢談）, IV, 3, 6 – 7; II, 3, 7.
(56) ルクレティウス『事物の本性について――宇宙論』第二巻、三一八（藤沢令夫ほか訳、「世界古典文学全集」二一（ウェルギリウス／ルクレティウス）、筑摩書房、一九六五年、三一八〜三一九ページ）。

第9章　ストア学派の人びと

「ここまで辛抱強く信頼して私に付いて来てくださった、親愛なる読者よ、あなたの人種、あなたの性別、あなたの重視しておられる星座に関係なく、あなたは心の奥底ではストア学派の哲学者かエピクロス学派の哲学者なのです。この先読まれれば、そのことがおわかりになるでしょう！」

こんな前置きを書いた人はいまだかつてないが、これはどんな哲学史の冒頭にも置かれて然るべきであろう。この両学派の弟子たちどうしの特徴的な相違は多大なのだからである。

ストア学派を正しく理解するためには、絶えずエピクロスの教説と比較して見る必要がある。実際、両方の教えは互いに対立しているからだ。いちばん大事なことは、両学派の目標が同一だったということである。それは賢く生きるということにあった。唯一の相違は、エピクロス学派の人びとにとって、この賢明さは快楽を意味したが、ストア学派の人びとにとっては義務と結びついていたという点である。これがすべてである。

ただちに付言しておくべきは、エピクロスの教えは幾世紀を通じてほとんど変わらないままできたのに対して、ストア学派の思想はひどく変化したために、この学派の最初の代表者たち（西暦紀元前三世紀）を最後の人びと（西暦一、二世紀のローマのストア学派の人びと）と比較することがほとんどできないということである。だからまず、三つの時期を区分するのがよかろう。

——古代ストア学派の哲学者たち（ゼノン、クレアンテス、クリュシッポス）
——中期のストア学派の哲学者たち（パナイティオス、ポセイドニオス）
——新ストア学派、ないしローマ・ストア学派の哲学者たち（セネカ、エピクテトス、マルクス・アウレリウス）。

古代のストア哲学——ゼノン、クレアンテス、クリュシッポス

史上最初のストア学派の哲学者はゼノンと呼ばれていた。彼はキプロス島のキティオンに西暦紀元前三三三年または三三二年に生まれた。ユダヤ系だった。ディオゲネス・ラエルティオスの記述を信ずるなら、彼はあまり美形ではなかったのであり、痩せぎすで、背はひょろ高く、色は浅黒かったらしい。本性に対して感謝せず、安直な生活を嫌うための世間的なあらゆる理由を彼はもっていた。父親のムナセアスはアジアとギリシャとの両岸の間の貿易を営んでいたし、アテナイにやって来るたびに、息子のために若干の哲学書を買い求めるのだった。そのほか、ゼノンが若かったとき、神にお伺いを立てに行き、「何をすべきでしょうか?」と尋ねると、「死者たちのところへ行け!」との託宣が下ったという。神託が彼に首吊り自殺することを命じたなどという考えは排除しなければならないから、彼はこのお告げを、死せる哲学者たち、つまり、古典作家たちの研究に没頭せよとの招待と解釈した。彼の師匠はプラトン学派のクセノクラテスとポレモンや、ソクラテス学派のスティルポンだったが、彼にもっとも影響を与えたのは、キュニコス学派のクラテスだった。両者の出会いがどうだっ

たかは、ここに描出するに値する。[1]

ゼノンは難破の後、アテナイに上って行った。すなわち、彼はフェニキアから紫の染料を船荷にして航海していて、ペイライエウス（港）の近くで難破してしまったのだ。彼はその日、ひどく意気消沈したに違いない。父親のこの仕事を好かなかったし、もう三十歳になっていて、まったく別の生活に運命づけられていると思ったのだ。心身ともに疲れ果てた彼は、本屋の前に腰を下ろし、クセノフォンの『（ソクラテスの）思い出』第二巻を読み出した。最初の数ページを繙くや、彼はソクラテスの人柄に魅惑された。読み続けてゆくうち、とうとうこらえきれずに、「こんな人物と識り合いになれたらなあ！」と叫んだ。そのとき、本屋の主人が彼にちょうど折よく店の前を通りかかった一人の老人を指さして、「あの人について行きなさい」と言った。それはクラテスだった。

良きキュニコス学派の思想家であるためには、相当な図々しさを備えている必要があったし、ゼノンはそれを備えるにはあまりに上品過ぎた。クラテスは他人の判断から彼をより独立できるようにしようと鍛えるべく試みたのだが、無駄だった。ある日、クラテスははうちわ豆のスープを入れた鉢を彼に手渡して、陶器市場のケラメイコス地区を通り抜けてこれを持って行くよう命じた。ところが、この「フェニキアの小僧」（クラテスは彼をこう呼んだ）は、こんなことは哲学者の仕事ではなくて、奴隷の仕事だと考えて、そうするのを拒んだので、クラテスは持っていた杖でその鉢を叩き割り、それで、スープがゼノンのチュニカの上にこぼれたのだった。

とはいえ、クラテスとの出会いは彼にとって決定的となった。ゼノンはこの日を想起したとき、よくこう口にしていた――「私が難破したのは、今になってみると、私にはよい航海だったのだ」。クラテスや他の賢人たちの弟子として数年を過ごしてから、ゼノンは独立し、ちょうど三十人僭主たちが数年前、千四百名のアテナイ人を処刑した場所で、（ポリュグノトスの）絵で飾られた柱廊（ストア・ポイキレー）の下で授業を開始した。〝柱廊〟はギリシャ語ではストア（στοά）であり、そのため、そこの生徒たちはそれ以後〝ストアの徒〟——つまり、「柱廊の人びと」——と呼ばれることになったのである。

ゼノンは道徳の観点から謹厳かつ非の打ちどころのない生活をした人、として記憶に留められている。彼は少年たちと遊ぶことさえ避けたのだった！　彼は一度か二度、若い小間使いを雇ったことがあったが、これも、女嫌いだと思われないためだった。彼は弟子ペルサイオスと一緒に同じ家に住んでいた。ある夜、たいそう美人の笛吹き女が裸でゼノンの寝室に現われたとき、彼はその女をこの若い弟子のベッドのほうへ優しく導いた。実を言えば、彼は気むずかしく、疑い深くて、はなはだけちだったのであり、彼がこの笛吹き女を追っ払ったのも、支払いを怖れてのことだったのではないか、との仮説を捨て切れないのである。

それはともかく、アテナイ人たちは彼をたいそう尊敬していたものだから、都の鍵を彼に託し、彼の頭を黄金の冠で飾り、そして彼の死後はブロンズ像を建立したのだった。

マケドニア王アンティゴノスも彼をすごく尊敬していたのであり、アテナイにやって来るたびごとに、彼の授業に出席するのを決して欠かすことがなかった。王とゼノンとの間では活発に文通が行われた。王は彼を宮廷に招待したのだが、この哲学者は高齢を理由に招待を拒んだ。実をいうと、ゼノンは祝宴とか、社交界の行事とか、あらゆる種類の会合とかを嫌悪していたのである。仲間が大勢集まっていると、彼は一番端の席に坐ることにしていた。「こうすることで、私は少なくとも隅で一人ぼっちの気分になれるのだ」と彼は語っていたのである。

多くの哲学者たちと同様に、彼は会話のやりとりを楽しんでいた。あるとき、彼は一人の召使いを盗みのかどで鞭打ったが、その召使いが、「私は盗みをするように運命づけられているのです」と弁解すると、「そう、そして鞭で打たれるようにもね」と彼はやり返したとのことである。

絶えずおしゃべりをしている生徒に向かって、彼は「われわれが耳を二つ持っているのに、口は一つしか持たないのは、より多くのことを聞いて、話すほうはより少なくするためなのだ」と言った。

彼は生涯の最後まで病気にかかることもなかったし、七十二歳のとき、学園から出かけて行こうとして、つまずいて倒れ、亡くなった。倒れながらも、彼は（ティモテオスの劇）『ニオベ』のなかから、「いま行くところだ、どうしてそう、私を呼び立てるのか」という一行を口にする時間があった。それから、自分で息の根をとめて死んだのだった。

彼にはたくさんの弟子がいた。喜劇作者フィレモンは彼の教えについて述べながら、こうコメントしていた——「何たる奇妙な哲学よ、この師匠は飢えることを教えているが、それでも弟子たちは集まってくるのだから。でも、私は自分独りで飢えることを学んだのだ！」(2) ゼノンの弟子のうちには、すでに挙げたペルサイオス（彼もやはりキュプロス島のキティオン出身だった）、カルケドンのヘリロス、「善悪に無関係なもの」に関する学説を導入した、通称〝セイレン〟ことアリストン、快楽主義に転向したディオニュシオス、学園の監理を継承したクレアンテスとクリュシッポスがいた。

クレアンテスはパニアスの子で、アッソスの人。西暦紀元前三三一年に生まれた。最初は拳闘家だったし、この職業は哲学に運命づけられている者にとっては実に異例なものだった。(3) 実は、彼はひどく貧乏であったために、生計の資を稼ぐのに手段を選べなかったからである。かくて彼は、夜は庭園で水汲みの仕事をし、それを粉挽きの元に運んだりした。クレアンテスがいかに貧しかったかを示す話としては、彼があるとき、若者たちを見世物へ連れて行ったが、風のために上衣がめくれて、下着をつけないでいる彼の裸の姿がみなの目にとまった、そして、そのことで彼はアテナイ人たちから拍手喝采を受けたとのことである。また、彼は自分自身を叱りつけることもたびたびであったが、誰かが彼がそうしているのを耳にして、「どなたを叱っていらっしゃるのですか」と訊ねると、彼は笑いながら、「髪は白くなっているのに、分別を欠いている老人をだ」と答えたという。

西暦紀元前二六二年頃にゼノンが亡くなってから、もうほとんど七十歳に近づいていたクレアンテスは、学園の校長になった。彼が死んだのは、ほとんど百歳の高齢だった。ディオゲネス・ラエルティオスの語るところによれば、彼の歯茎が炎症を起こして腫れ上がったため、医者たちは彼にまる二日間食事を絶つように命じた。この決められた日にちが経っても、老人は食物の摂取を再開しようとしなかった。「ありがたいことに、この二日間たいそううまくいったので、私は絶食を続けることにしたんだ」と彼は明言したのである。

クリュシッポスはアポロニオスの子で、やはり小アジアの人。西暦紀元前二八一年にキリキアのソロイに生まれた。(4) 徒競走（他の伝によれば、二輪馬車競走）に参加するためにアテナイにやってきて、まずはゼノンの、それから以後はクレアンテスの弟子として当地に留まった。クレアンテスと哲学について語っていたとき、彼はこう言うのが常だった――「ぼくには学説だけを教えてください、その証明は自分で見つけますから」。彼はよくクレアンテスと言い争うのを好んでいたが、しかしあとでそのことを後悔するのだった。「この私は、ほかのいろいろな点では仕合わせに生まれついた男だが、師匠に対してだけは、そうではない。この点では、私は不幸な人間だ」と嘆息していた。彼は引用だらけの、七百五冊の本を書いた。「学園の暴君」アポロドロスはこれらをひどく軽蔑していて、こう言うのだった、「もし誰かがクリュシッポスの書物のなかから、他人からの引用をすべて取り除いてしまえば、彼の書物のどのページも空白のままで残されることになろう」と。紀元前二三三年に彼はクレアンテスの後継者となった。彼は無敵の弁証家だったのであり、三段論法の技術を頂点にまで推し進めた。以下に一例を示そう。

もし君が何かを失わなかったなら、そのものを君は持っているのだ。
しかるに君は角を失ってはいない。
それゆえ、君は角を持っているのだ。

七十三歳のとき、彼はあまりにも笑い過ぎたために発作をおこして死んだ。ある日、驢馬が中庭で彼の無花果を食べているのを見て、（世話してくれている）老婆に向かって、「さあ、その驢馬に、無花果を飲み下してしまうように、水を割らないぶどう酒をやってくれ」と命じたのだが、そのときあまりにも笑い過ぎたので、そのために死んだのである。

ストア学派の人びとは、哲学は果樹園に比せられるというのを好んだ。すなわち、囲い壁は論理学、樹木は自然学、果実は倫理学だ、と。この隠喩を証明するために、私たちとしては論理学の限界内に留まりながら自然学の枝によじ登ることにより、倫理学の果実をはたして摘むことができるかどうかを見ることにしよう。

自然学

ゼノンにとってはエピクロスにとってと同じく、世界は神や霊魂をも含めて、物質からすっかりできあがっているのである。神を形成している質料はもちろん、第一性質——永劫の火——に属し、霊魂を形成している質料は、あまり厳密には記述され得ない、熱気（*πνεῦμα*）である。二つの宇宙論の間の決定的な相違は、ストア学派の神は宇宙の外にあるのではなくて、宇宙と符合しているということにある。ゼノンの弟子たちは、「神は知性（ヌース）、運命（ヘイマルメネー）、ゼウスと一つのものであるし、さらに、その他の多くの名前でも呼ばれている[5]」と主張していた。だから、ストア学派の人びとは西洋思想史上最初の真の汎神論者たちなのである。

こういう考え方のもっとも端的な結論は、エピクロスにとってははなはだ重要だった偶然の拒否と、どこへ行きつこうとしているかを知っている知的な自然への信仰とである。自然には偶然的であるようなものは皆無なのだ。ある動物は食べられるために生きており、他の動物は勇気の見本を私たちに示すために生きている。ナンキンムシでさえ何かに役立っている。これが私たちを朝早く目覚めさせるのは、私たちがベッドでだらけるのを妨げるためなのだ！　自然のどの局面をとってみても、善を目的とする或る力が存在する。ゼノンはこういう力を *λόγος σπερματικός*〔種子的なロゴス〕と呼んでいる。(6) ただし注意すべきは、ゼノンのロゴスをヘラクレイトスのロゴスとか、アナクサゴラスのヌースと混同してはいけないという点だ。ここではもっぱら自らの問題だけを考える知性を指しているのではなくて、行為への真の衝動を指しているのである。このロゴスはあたかも人間に対してこう要求するようなものである――「おい君たち、すまないが、気を入れて仕事に取り掛かってくれたまえ！　今から以後、君たちのスローガンは〝有はある〟ではなくて、〝有はあらねばならぬ〟なのだぞ。これに従わない者は自業自得だ」。〝義務〟を意味するギリシャ語 *καθῆκον* を創り出したのはゼノンらしい。

ストア学派の人びとには二つの原理があった。能動的原理と受動的原理、つまり、耐えしのぶものと行動するものとである。耐えしのぶのは特性を欠く質料であり、行動するのは神、言い換えると、質料の中に浸透する理性である。

時代の開闢《かいびゃく》に存在したのは神だけであり、この永劫の火は常に存在したし、常に存在し続けるであろう。それから徐々に、空気、水、大地が生じてきた。それぞれの段階で、神は「もろもろの物体の完全なる融合」に基づき、他の諸元素と結びついた。神と質料とのこういう完全な結合は、もろもろの物体の無限の分割可能性によって可能となる。新たなサイクルを生じさせることになる神を除き、すべてはいつかは大規模な火災によって終焉することになろう。(7)

容易に見てとれるように、ゼノンの主張にはエピクロスの気に入りそうなものは一つもないし、ゼノンはすべてについて反対のことを主張しているのである。エピクロスにとっては質料は無限に分割され得ないのだが、ゼノンにとってはそれが可能なのだ。一方はデモクリトスを、他方はヘラクレイトスを踏襲している。一方はすべては偶然だと言い、他方は目的原因論的な計画を信じている。エピクロス学派の人びとは無限の世界を、ストア学派の人びとは唯一の有限的な世界を説く。前者は空虚なる観念を認めるが、後者はこれを否定する。一方にとってはゼウスは外にいるのだが、他方にとってはゼウスは内部にいる。ストア学派の思想が生まれたのは、あたかもエピクロスに対してはっきりと反論するためだった、と言えるかも知れない。

第二の注目すべき点は、元来唯物論的な哲学は、ある時機には、高い道徳的内容をもった宗教運動へと発展しうるものだということである。クレアンテスの『ゼウス讃歌』の中には、キリスト教の主の祈り（主禱文）との多くの共通点が見いだされるのである。出だしはこうなっている。

他のいずれの者よりも輝かしき、おお、至高なる
永遠の権力者よ、数多の名前を持てる神、
自然を導く支配者なるゼウスよ、
万有を律法もて導く汝よ、
幸いあれ。(8)

その少し先には、「素晴らしき宇宙は汝に服従し、汝の命令をその意志とせん」とあり、これは「み旨《むね》が（天に行われると同じく地にも）行われますように[9]」を大いに想起させるものである。

倫理学

「快楽と苦痛との間に相違はない。唯一重要なものは徳である」。ゼノンの道徳を二言で要約すればこうなる。これを言い換えればおよそ次のようになろう——歯痛に苦しむのと、美女とセックスするのとでは、理論上、相違に気づかないわけにはいかないが、いずれにせよ、たとえ相違があっても、私はあまりそれに注目すべきではない、と。

善と悪はもっぱら精神にかかわるが、反対に他のすべてのことは身体にかかわっており、それら（善と悪）が肯定的（生命、健康、美、富、等）であろうと否定的（死、病気、醜、貧乏）であろうと、道徳的には中立なのである。

「ものごとは善、悪、および無関係に分かれる。善とは、知性、節制、正義、勇気、および徳を成すすべてのもの、である。悪とは、愚行、放蕩、不正、卑怯、およびあらゆる悪癖、である。無関係とは、生と死、有名と無名、苦痛と快楽、富と貧乏、健康と病気、およびその他同類のこと、である。[10]」

無関係（中立）なものに関しては、ストア学派の人びとは——彼らの善意のせいか——私たちが、好ましい価値と好ましからざる価値とを区別しうることを認めてくれている。たとえば、接吻は平手打ちよりは好ましいと見なされているのだが、ただし、それは道徳的価値について予断を下さない場合に限られるのだ。重要なことは――とゼノンは言っている――いかなる状況でも無感動（ἀπάθεια）を保つこと、換言すると、もろもろの激情に引き裂かれないようにすることである。「激情――彼はこれをπαθος《パトス》とも呼んでいる――は理性からわれわれを遠ざけるものであるし、魂の本性に反するものである。[11]」

道徳的価値だけが、すなわち、ロゴスと調和しているものだけが、真の幸福なのだ。

もう忘れてしまっておられるかも知れない方々に申し上げておくと、ロゴスとは、万有を完全のレヴェルに導くようにする、自然に固有の合理性のことである。

激情のうち、より危険な四つは、快楽、苦痛、欲望、恐怖である。さらに、七十のものをほかに列挙できようが、本書の軽やかな調子に鑑みて、それらをリストアップするのは避けることにしたい。

キュニコス学派の人びともすでに言っていたように、激情に支配された人たちは狂人である。それに対して、賢者はいかなる状況にあっても幸せである。ストア学派の哲学者は言う、「君はぼくを投獄し、拷問にかけ、殺すこともできる、だからどうだというんだい？　君はそれによって何をしたと思うのかい？　君はせいぜいぼくの命を奪うことができるくらいで、ぼくの魂を変えることはできはしないぞ！[12]」「……アニュトスやメレトスは、私を死刑にすることはできても、傷つけることはできないのです[13]」。賢者は何らの必要も覚えないがゆえに、真に豊かで、自由な人なのであり、自分自身の絶対的な主人なのである。

ストア学派の哲学者は善を為すゆえに有徳なのではなくて、有徳であるゆえに善を為すのである。ほかの点では、彼は自分にも他人にもかたくなである。彼は同情を欠陥、女々しい弱点と見なす。

「憐憫は魂の欠陥および不備の一部である。慈悲深いのは、愚かで軽率な人間である。賢者は誰に対しても平然としているし、誰に対しても犯された罪を容赦しない。懇願に屈したり、正当な厳格さから逸れたりするのは、毅然たる男のすることでない。(14)」

要するに、ストア学派の哲学者に出くわすよりも出会わないほうがましということになる。困ったことに、彼に出くわす場合がたびたびあるのだけれど。

中期のストア学派の哲学者たち――パナイティオスとポセイドニオス

パナイティオスは西暦紀元前一八五年頃にロドス島で生まれた。若い頃、ポセイドン神の神官または侍祭だったらしい。アテナイに転居してから、彼はいくつかの学校、なかでもアカデメイアと庭園《ペリパトス》に通ったのだが、その後、バビュロンのディオゲネスなる者の指導下に、心身ともにストア哲学に没頭した。四十歳のとき、彼はローマにやってきて、ギリシャ文化に熱中している知識人たちのサークルに入った。その後、歴史家ポリュビオスとの友情のおかげで、彼はとうとうスキピオ家に出入りするようになった。当時、ローマの通りでギリシャ人哲学者が散歩したり、講演したりするのを見かけるのは異例なことではなかった。彼はおそらく保守家たちからは悪く見られていたかも知れないが、しかしそれと引き換えに、粋な左派のお気に入りだったのであって、彼らのパーティによく姿を見せていた。パナイティオス、および数年後にはポセイドニオスは、ギリシャのストア哲学をラテン世界に伝えた最初の使者だったのである。(15)

スキピオ・アエミリアヌスの一行に加わって、パナイティオスは東方へも旅行したのであり、このことは彼に、ゼノンの教えと中近東の哲学とを比較する機会を与えた。西暦紀元前一二九年にアテナイに戻ってから、彼は当地でアンティパテルの後継者として、ストアの監理に当たった。没したのは七十六歳のときだった。若干の断片を除き、彼の著作は何も残されていない。

ポセイドニオスはほとんどすべてのストア学派の重要な哲学者たちと同じく、やはりアジアからやってきた。生まれたのは西暦紀元前一四〇年から一三〇年頃で、シリアのアパメアにおいてだった。アテナイで勉強し、そこで、パナイティオスの弟子となった。西暦紀元前八六年には、ロドス政府が彼を使節としてローマへ派遣した。

ポセイドニオスはギリシャの哲学者たちのうちで、おそらくもっとも多く施した人であろう。「彼は知られている世界の境界の彼方の大西洋の上に沈む太陽や、樹木に猿が群がっている、スペイン近辺のアフリカ海岸を自らの目で見たのである[16]」。彼は万能のスペシャリストだった。気象学、民族学、天文学、心理学、自然学、歴史、それにもちろん、哲学を教えたのだった。彼はロドス島に学校を創設したのであり、それがたちまちのうちにあまりにも有名になったものだから、多数のローマ人が研究を仕上げるためにここへやってきた。そのなかには、ポンペイウスやキケロのような重要人物もいたのである。

ポンペイウスが出席した日には、ポセイドニオスは重病だった。彼は関節炎でずきずきうずいていたのだが、勇敢なストア学派の哲学者だったから、微笑を浮かべながら訪問者を迎えた。「私は身体が痛いからとて、私に会うために長旅をしてやってきた人と知り合うのを妨げられたりするのを決して認めはしないつもりです」と言うのだった。キケロによると、この出会いは忘れがたいものだった。ポセイドニオスは幸福は徳なくしては存在しないという原理について長々と論じた。痛みが殊のほか激しくなるたびに、彼は叫んだ――「痛みよ、お前はこれ以上激しくはなれまいぞ！ お前がどんなに厄介者であろうと、お前を一つの不幸と見なすような満足をお前に与えたりは決してしないからなあ！」[17] 実際、その痛みは最強のものではなかったのであり、彼が死んだときには、ほとんど九十歳に近かったのである。

パナイティオスとポセイドニオスは、夥しい旅行や、出会いと経験とによって、開かれた人間になっていたので、初期ストア学派の人びとの非妥協性を和らげるに至り、中立的なものの範疇の再評価に没頭することになる。アリストテレスが当時、『ニコマコス倫理学』の中ですでに確証していたように、[18] 彼らは徳がそれだけでは、良い生活を保障するのに充分ではなく、それに健康と少々のお金や体力も必要なことを認めたのである。[19]

パナイティオスはローマにやってきたとき、ローマ人の高い道徳にすこぶる感銘を受けた。彼が見慣れていた、ギリシャ人の緩んだ風俗に比べて、ローマ市民（*civis romanus*）の生活様式が彼には〝旧き良き時代〟への幸せな回帰のように思われたのだ。実際、当時のローマ人はまだ帝国の征服によって損なわれてはいなかったし、とりわけ、堅実な実際的感覚に恵まれていた。ギリシャ思想の或る種の繊細さは理解されていなかったのだが、ストア学派の教えとうまく合致する名誉の規範に服していたのだ。さりとて、もちろん誇張はしまい。なにしろローマ市民は快楽と苦痛との区別をよく承知していたのだから。だが義務に関しては、ローマ市民にとっていかなる疑念もなかった——第一には、祖国と家族、第二には可能となれば、個人的利益、だったのである。

中期ストア哲学の最重要な革新は、神への再評価だった。ゼウス、自然、運命は、もはや同等の重要性を持たなくなり、三つの別個のものとなる。つまり、ゼウスが筆頭に来、ついで自然、そして最後に運命が続くことになる。(20) こういう階層的秩序により、この新しいストア哲学は徐々にその唯物論的刻印から解放されて行き、真の一つの宗教へと変化したのである。

新ストア学派の哲学者たち——セネカ、エピクテトス、マルクス・アウレリウス

新ストア哲学はまったくイタリアの土壌で成長するのである。その主たる代表者は、セネカ、エピクテトス、マルクス・アウレリウスであって、彼らは三人ともローマに住んだ。一人は貴族、一人は奴隷、一人は皇帝。ストア学派の人びとは階級の区別に大して頓着しなかったらしい。

セネカは西暦紀元前四年にコルドバに生まれ、まだ幼児のときにローマに連れてこられた。それから一時期エジプトでも生活し、西暦紀元三二年までここに留まった。師匠は新ピュタゴラス学派のソティオンと、ストア学派のアッタロスだった。セネカは当初は弁護士、それからは政治家だったのであり、まさしくこの後者の活動によって、彼は厄介な事態に巻き込まれたのだった。

政治は当時、危険な職業だったし、しかもそれは——たいていの人びとが信じているように——皇帝たちの狂気のせいというよりも、皇后たちの野心のせいだった。リウィア、アグリッピーナ、メッサリーナの三人は〝勇敢な〟女性だったのであり、彼女らは昼夜——とりわけ夜——陰謀を計り、いじめたり、あるいはむしろ排除したりすべき政治家の名前を教唆していたのである。セネカの場合は典型的だ。一度目はカリグラの下で、自分が結核にかかり、死にかけているとの噂を流すことによって、やっとのことで生命を救った。二度目はクラウディウスの下で、メッサリーナ（彼女は皇帝の叔母と親密な関係を結んだと言って、セネカを告発した）の中傷のせいで、八年間コルシカ島に追放された。だが、メッサリーナが彼に敵対していたとしても、アグリッピーナは彼を保護したのであって、メッサリーナの死後、アグリッピーナは彼をローマへ呼び戻し、当時十二歳だったネロの教育を彼に委ねたのである。

アグリッピーナが五四年にクラウディウスを毒殺して、ネロを皇帝の座に即位させたとき、セネカは自動的に帝国でもっとも重要な政治家になったのであり、もう一人の女性ポッパエアが彼に戦争をしかけるまでは、万事はうまく運んだ。こういう政界の陰謀に嫌悪感を覚えて、セネカはカンパニア地方に隠遁してしまう。だが不幸なことに、彼の辞任は、ローマに居残っていた者たちのパワーゲームから彼を救いはしなかった。ピソの陰謀に加担した、と不当にも告発されて、彼は自殺するよう丁重に要請されたのだった。ネロの使者がやってきて、委ねられた特権を彼に知らせたとき、彼はあまり騒ぎ立てはしなかった。一人の奴隷にローマ人宛の一通の別れの手紙を口述筆記させ、妻を抱きしめ、ドクニンジンを口にし、そして最後に、熱湯の風呂の中にわが身を運ばせ、それから発汗室の中で血管を自ら切り開いて息を絶った[21]。彼は七十歳だったし、死はもはや怖くはなかったのである。彼の死についての考えは以下のようなものだった——「『死がかくもたびたび僕を試しているのか。するに任したらよい。僕のほうでも長い間死を試していたのだ。』『いつ』と君は尋ねる。生まれる以前にです。死はないものです。そのことがどういう意味か、僕はすでに知っています。僕の前にあったことは、僕の後にもあるでしょう。現にこの状態において何かの苦痛があるならば、それは当然以前にもあった筈です——われわれが光の中に現われる前に。それにもかかわらず僕たちは、そのとき何の困苦も感じませんでした。お尋ねしますが、ランプが消えているときは、点火された後より悪い状態にあると信ずる者があったら、その者を馬鹿の骨頂とは言いませんか。われわれ人間も消火されたり点火されたりします。この点火と消火の間にわれわれは何らかの苦しみを受けますが、しかしこの両側に深い平安があります。つまり、ルキリウス君、もし僕が思い違いをしていないなら、われわれは死だけが後を追ってくると考えるところに誤りを犯しているのです。実際は、死はわれわれに先んじてもおり、またわれわれを追ってもいるのです。われわれの生まれる以前に何があったとしても、それは死です。君が生を始めないでいようとも、あるいは止《や》めようとも、そんなことが問題でしょうか。この二つのことの結果は、いずれもないものですから[22]」。

セネカは死に立ち向かったやり方のゆえにのみ、ストア学派の中に詰め込まれてきたのではないか、と私はいつも自問してきた。実際、彼の生涯を考察してみると、彼の思想と行動との間に面倒な矛盾を指摘せざるを得ないのである。換言すると、セネカは幸福を説いていたのだが、行動はまずかったのであって、一方では或る友にこんな手紙を書いていた——「銭箱の価値は、中に入っている銭次第です。いや銭箱は、入っている銭の付属品になるのです。一ぱいに詰った財布の値を定めるのに、その中に入っている銭の額が、どれだけであるかを定めない人があるでしょうか。同じことが、莫大な資産の所有主たちにも当てはまります。彼らは資産の付属品であり付録に過ぎません[23]」——が、他方では自分自身の財産を絶えず増やすことに尽力していたのである。

タキトゥスの報告を信ずるならば、セネカは死にかけている人びとに圧力をかけて、彼らの遺言状に彼の名を記させようとしたかどで、告発されたことさえあったとのことだ[24]。政治への彼の関心にしても、*ἀπάθεια*——激情から超然とした態度——とはあまり両立してはいなかった。唯一の納得できる仮説は、彼が私生活に隠遁する決心をした晩年においてはじめて、実践的な哲学者となったらしいということである。

エピクテトスは或る奴隷の奴隷だった。主人のエパフロディトスはネロの解放奴隷だったからだ。生まれたのは西暦紀元五〇年で、場所はフリュギアのヒエラポリスだった。知られている限りでは、子供のときにもう奴隷にされ、ローマに連れてこられた。彼が哲学を好んでいたことは驚くに及ばない。当時、多くの奴隷たちが哲学に没頭していたからだ。絶望的な境遇を通して、ある意味では彼らは人間の事柄をいくらか距離をもって考察しやすくなっていたのだ。若干の人名を挙げると、テオフラストスの奴隷ポンピュロス、エピクロスの奴隷ミュス、デモクリトスによって一万ドラクマで買い上げられたディアゴラス、ゼノンの奴隷ペルサイオス、そのほか、ビオン、メニッポス、ファイドン、等がいた[25]。この主題については、『奴隷たちと哲学』と題する二巻本さえ書かれている[26]。

エピクテトスに関しては、幾多の逸話が出回っている。そのうちの一つ（もちろんでっちあげられたものに決まっている）をここに大いなる楽しみをもって引用することにしたい。なにしろ、それはストア学派の性格をよく照らし出しているように思われるからだ。

主人のエパフロディトスがどういう理由からかは不明だが、エピクテトスの片脚をねじ上げた。「気をつけて！　折れちゃう！　折れちゃう！」と哲学者は主人に警告したが、聞き入れられなかった。「気をつけて！　折れちゃう！」もう一度哀れな哲学者は繰り返した。それでも主人は黙ったまま続行し、とうとうポキッという音がした。「折れちゃうって言ったでしょうが！」とエピクテトスは声を張り上げても、相手の同情を買いはしなかった。

この話はすでに述べたとおり、本当であるはずがないのであって、なにしろわけても、死刑執行人と目されているエパフロディトスは、彼を解放してやったばかりか、自費で彼に勉強させもしたのだからである。どうやら、この哲学者は足が不自由だったために、こういう逸話がつくりだされたらしい。

エピクテトスの最初の主人は、エトルスク出身の多少気の狂った、先駆的な平和主義者で騎士階級のストア哲学者ガイウス・ムソニウス・ルフスだった。彼はローマ市民たちがローマ人たることをなによりもまず誇りにしていた時代に、世界の全人民は平等だと繰り返しながら、いたるところを行ったり来たりしていた。みんなから加えられた体罰でひどい目に遭いながら、夕方帰宅することもしばしばだった。エピクテトスはひとたび自由になってからは、今度は彼も広場で説教をし始めた。けれども、ローマ人たちは彼の弁論活動にはかなり無関心だったらしい。なにしろこの世界の首都は当時、放浪説教師たちであふれていたし、彼らは日々嘲笑の対象になっていたからだ。「もし哲学を得たいと思うならば、……忘れないでおきたまえ」とエピクテトスは言っていた、「……はじめ君を嘲っていた連中も、やがては君に驚嘆するようになるであろう……[27]」と。ところが八九年には、皇帝ドミティアヌスは彼に驚嘆する代わりに、ほかのすべての哲学者もろとも、エピクテトスをも追放したのであり、哀れにも彼はエピロスのニコポリスに行き着き、ここで彼の最初の学校を開設したのだった。時の経過とともに、この哲学者はたいそう有名になったために、皇帝ハドリアヌス本人や、ニコメディア出身のローマの将軍アッリアノスが彼を訪れた。後者のごときはその後軍職を棄てて、エピクテトスのお気に入りの弟子になってしまった。

アッリアノスとの出会いは決定的だった。ソクラテスと同じく、エピクテトスも書くことを好まなかった（か、書けなかった）のであり、もしこの速記した将軍が居なかったとしたら、『語録』四巻や有名な『提要』〔手短に〕[28]はおそらく私たちに伝わらなかったであろう。

エピクテトスの思想は主として以下の原理に基づいていた。すなわち、あるものは私たちの力の中にあるが、他のものはそうでない。私たちの力の中にあるのは、意見、行動、欲望、嫌悪である。私たちの力の中にないものは、身体、富、官職、であり、したがって、これらのためにさいなまれるのはまったく無用である。君が貧乏で病気だとしても、そんなことを嘆く必要はない。なぜなら、これらのことは君の力を外れているのだから。

彼の思想の特徴的な格言を『手短に』の中からいくつか引用しておこう。

「もし水差しが気に入っているばあいならは、『土瓶が好きだ』と言いたまえ。そうすれば、それが毀《こわ》されても君の心は乱されないであろうから。もし君自身の子供や妻を深く愛しているばあいならば、『人間を愛している』と言いたまえ。そうすれば、死ぬことがあっても君の心は乱されないであろうから。[29]」

「君は何かの行為にかかろうとするときは、その行為がどのような性質のものか、思い起こさなければならない。もし君が一風呂浴びに出かけるとすれば、浴場内で起こるさまざまなこと、つまり水を跳ねかける者、肘《ひじ》でこづく者、どなり散らす者、盗みを働く者などのことを自分で思い浮かべるがいい。[30]」

「何事についても、『それを失くした』とは決して言わないように。むしろ、『お返しした』と言うがいい。[31]」

「覚えておきたまえ、君は芝居の俳優なのだ。演出家の望むがままの芝居なのだ。もし短いものを望むとすれば、短いものの、長いものを望むとすれば、長いものの。……もし君が乞食に扮するのを彼が望むなら、それも器用にやってのけるように。障害者の役でも、支配者の役でも、普通人の役でも、事情は同じだ。[32]」

「身体にかかわる事柄に……長時間を費やすのは才のない証拠である。[33]」

マルクス・アウレリウスは十二歳のときすでに、ストア学徒として生活し始めた。そこで彼はベッドをなしにして、地面の上で眠ることに決めた。一二一年にローマで貴族の金持ちの家に生まれた彼は、ハドリアヌス皇帝によって未来の皇帝に定められていたし、この地位のために、その後その娘と結婚することになる、祖父（やはり皇帝だった）アントニヌス・ピウスによって養育された。若きマルクスには十七名もの教師がついていたと言われており、そのうちには、ストア学徒ユニウス・ルスティクスなる者もいたのだった。

四十歳で皇帝の座に即いた彼は、できる限り多くの善を為そうと専念したが、運命によっていろいろ妨げられて、必ずしもうまくはいかなかった。エピクテトスが奴隷で足が不自由という不運を担っていたとすれば、マルクス・アウレリウスは不実な妻ファウスティナに苦しんでいたのであって、彼女は剣闘士たちに喜びを感じていた。彼にはコンモドゥスという息子がいたが、これはどうやら彼の子ではなかったらしいし、しかも真の犯罪者だった。それでも彼は妻子とも優しく愛したのである。

平和な性格だったにもかかわらず、この哲学者はパルティア人、ゲルマン人のクァディ族、マルコマンニ族と戦わざるを得なかったし、実をいうと、彼はこれらをかなりうまくやって切り抜けたのである。こういう遠征の一つのさ中で、一八一年に、彼はペストにかかったのだが、一ドラクマもそれに使いはしなかった。ベッドの上に横たわりながら、顔の上に亜麻布を引き寄せて、死を待ったのだった。

マルクス・アウレリウスが哲学史に載ったわけは、その思想が独創的だったからというよりも、彼が皇帝だったからだ、との印象から人は逃がれられないのである。彼が残した著作――『タ・エイス・ヘアウトン』（『自省録』〔彼自身へ〕）――は、以下のような教訓的金言の集成である。つまり、「起きることはすべて当然に起きるということ」(34)とか、「神々の仕事は摂理に満ちている」(35)とかいったことや、これらと並んで、人生の短さに関してのメランコリックなペシミズムに満ちた考察も混じっている――「いかにすべてのものが速やかに消え去ることか、一方、身体（物体）そのものは宇宙の内へ、他方それら（身体と物体）の思い出は永遠（の時間）の内へ（消え去るわけだが）[36]」とか、「アジア、ヨーロッパは（それぞれ）宇宙の一隅。全海洋は宇宙の一滴。アトスは宇宙の一小土塊。時の全現在も永遠の一点。すべてのものが小っぽけで、移ろいやすく、（無限の）内へ消え失せつつある[37]」といったように。

この皇帝はあまり陽気ではなかったし、本来のストア哲学から彼はとりわけ、行動の道学者的な厳格さを継承していたのである。すべての出来事は神々によってあらかじめ決められていると確信して、人のよいマルクス・アウレリウスは逆境をキリスト教的諦観をもって受け入れていたのだ。人生をむしろ純粋に偶然な奇跡と見なし、好ましい瞬間を利用して、できるだけましな生活をしようとしたルクレティウスの道徳的態度とは、何と強い相違があることか！　マルクス・アウレリウスはストア哲学の終焉を代表しているだけでなく、ギリシャ思想の終焉をも代表しているのだ。キリスト教が今や容赦なく押し寄せてくるのであり、幾世紀にもわたって、その掟を押しつけることになろう。

今日のストア学派の人びととエピクロス学派の人びと

今日では誰がストア学派で誰がエピクロス学派なのか？　どの点で彼らを見分けるべきなのか？　彼らはどのような外観をしているのか？　はなはだ難しい問題だ。ストア学派とは、自分の道徳的使命を固く信じている個人のことである。彼は何としてもそれを成就すべきなのだ。彼は自らの人生に意味を授ける大きな計画をいつも必要としている。だが、この計画が実際に実現されることを恐れて、ストア学派の人は一般に、できれば実現不能な、少なくとも普通の個人にとっては手の届かないような、極端に困難な課題を選ぶのである。重要なのは、道徳的意義を有する何かの名において、彼が苦しみうるということなのだ。

ストア学派の人びとはしたがって、ユニークで、永遠的で、解決不能な、〝大きな愛〟を信じる人びとである。もちろん、彼らはそれを見いだすことは決してないのだが、だからといって、妥協に屈することなく、それを熱心に追求するのを妨げられたりはしない。彼らのモットーは、「オール・オア・ナッシング」なのである。

ストア学派の人びとは、キリスト教徒、真のキリスト教徒なのだ。彼らの目標は天国であるし、彼らは肉体を苦しめ、精神を向上させることによって、それに到達しようと欲する。彼らの好みのスローガンには、「私たちは苦しむために生まれた」と「最後の者は最初の者とならん」がある。

ストア学派の人びとはマルクス主義者でもある。彼らの人生目標は例外なしにみんなのために正義を持続させることなのだ。この場合にも、短期間には到達され得ない目標を私たちは前に掲げることになる。よく言われているように、将来の太陽は、将来に属することなのだ。それを待ちながら、さまざまな革命や、プロレタリアートの独裁や、その他の快適ならざる中間段階は計画されるのである。

イタリアのラディカルな指導者マルコ・パンネッラはストア学徒である。彼の願望は、とりわけ世界中の飢えの問題を解決することにあるのだからだ。もし誰かが彼により限られた計画、たとえば、ナポリのサン・カルロ・アッラレーナ地区における飢えの問題の解決を提案しようものなら、彼はただちにそれを拒否するであろうし、しかもその理由はとりわけ、それが解決されうる危険があるからなのだ。中間段階において、彼は激しい苦悩に陥っている一国に住んでいる以上、どうしても自らを責めざるを得ないし、したがって彼はハンガー・ストライキを行い、自らを束縛し、苦悩することになる。

ところが、エピクロス学派の人はまったく別の性分を有する。人生のはかなさを自覚しているから、彼は短期間で達成可能な、ささやかな目標を定めるのである。

エピクロス学徒とは、今年中に具体的問題を解決しうるように、賃上げを要求する従業員のことなのだ。

エピクロス学徒とは、正義や自由や幸福を約束するのではなくて、〝一歩ずつ〟の政策を通して生活の段階的向上を提唱する政党に投票する人のことなのだ。

エピクロス学徒とは、あまり愛しているわけではないパートナーと、だが、共同生活を耐えるようにする生活様式（*modus vivendi*）を見いだして、その者と生活し続ける彼（または彼女）のことなのだ。

こういう両方の生活様式には、利点も不如意もある。エピクロス学派は総じて、世間とどうにか調和してゆく、より平静で、ほとんどいつも微笑している人たちである。それに反して、ストア学派は優秀な労働者たちなのだ。彼らはトランプ遊びをするときでさえ、ベストを尽くす。エピクロス学徒は積極政策を軽蔑しており、また産業のキャプテンとして成功を収めることは稀である。彼は政略的社会においてよりも、私生活においてのチャンピオンなのだ。ピレッリはストア学徒であったに違いないし、さもなくば、彼はピレッリにはならなくて、たんなるタイヤ販売業者に徹するだけで満足したことであろう。

結婚の取り決めをする前には、パートナーの星座を気にするよりも、むしろ将来の配偶者がストア主義の徴候を示しているか、それともエピクロス主義の徴候を示しているかを知るほうがましではなかろうか。

注

(1) ディオゲネス・ラエルティオス『ギリシャ哲学者列伝』第七巻、（一一）（一二）〔加来彰俊訳、岩波文庫、一九八九年〕、二〇五〜二〇六ページ。

(2) 同書、第七巻、（二七）二一八ページ。

(3) 同書、第七巻、（一六八）〜（一七六）、三四〇〜三五〇ページ。

(4) 同書、第七巻、（一七九）〜（一八九）、三五五〜三六四ページ。

(5) 同書、第七巻、（一三五）、三一〇ページ。

(6) Fr. 158 Arnim.

(7) プルタルコス『ストア学派に反対の共通概念について』(*De communibus notitiis contra stoicos*), 31, 1066a.

(8) Fr. 537 Arnim.

(9) 「マテオによる福音書」第六章一〇節〔F・バルバロ訳『新訳聖書』講談社、一九七五年、一五ページ〕参照。

(10) Stobaeus『選集』II、五七、一九。

(11) キケロ『トゥスクルム荘対談集』、IV, 5, 11.

(12) *Cf.* fr. 544－656 Arnim.

(13) エピクテトス『手短に』五三〔長坂公一訳「ギリシャ思想家集」、筑摩書房、一九六五年〕、一八九ページ。

(14) *Cf.* fr. 213 *ff.*, Arnim.

(15) M. Pohlenz, *Die Stoa,* Göttingen, 1984.

(16) Edwyn R. Bevan, *Stoics and sceptics,* Oxford, 1913, p. 88.

(17) キケロ、前出書、II, 25, 61.

(18) 本書一八四〜一八五ページ参照。

(19) ディオゲネス・ラエルティオス、前出書、第七巻、(一二八)、三〇四ページ。

(20) Aetios, *Placita,* I, 28, 5.

(21) タキトゥス『年代記』第一五巻、六〇―六五〔国原吉之助訳、岩波文庫、(下)、一九八一年〕、二八六〜二九二ページ。

(22) セネカ『道徳書簡集』第五四〔ルキリウスへの手紙〕、五四、四―五〔茂手木元蔵訳、東海大学出版会、一九九二年、一七九ページ〕。

(23) 同書、八七、一八〔茂手木元蔵訳、三七九ページ〕。

(24) タキトゥス、前出書、第一三巻、四二〔国原吉之助訳、一五四ページにはこの話が出ていない〕。

(25) アウルス・ゲッリウス『アッティカ夜話』、II, 18.

(26) この著書はヘルミッポスによって書かれたらしい。*Cf.* Jacob Burckhardt, *Griechische Kulturgeschichte,* Leipzig, 1929, II, Bd., S. 429 (VIII, Abschn., IV, "Philosophierende Sklaven und Frauen"). 〔新井靖一訳『ギリシャ文化史』、筑摩書房、一九九二年〕

(27) エピクテトス、前出書、二二〔長坂公一訳〕、一七九〜一八〇ページ。

(28) ジャコモ・レオパルディによって伊訳されたのは、数世紀も後のことである。

(29) エピクテトス、前出書、三（長坂公一訳）、一七六ページ。
(30) 同書、四（長坂公一訳）、一七六ページ。
(31) 同書、一一（長坂公一訳）、一七七ページ。
(32) 同書、一七（長坂公一訳）、一七九ページ。
(33) 同書、四一（長坂公一訳）、一八六ページ。
(34) マルクス・アウレリウス『自省録』、第四巻、一〇（水地宗明訳、法律文化社、一九九〇年）、一三一ページ。
(35) 同書、第二巻、三（水地宗明訳）、四三ページ。
(36) 同書、第二巻、一二（水地宗明訳）、五七ページ。
(37) 同書、第六巻、三六（水地宗明訳）、二八四ページ。

第10章　懐疑派の人びと

ピュロン

ピュロンはプレイスタルコスの子で、西暦紀元前三六五ないし三六〇年にエリスという小都市で生まれた。ここは数年前からファイドンの学校が隆盛を見たところである。[1] 若い時分には、画家として生計を立てようとしたが、間もなくこれを断念した。どうやら同胞市民たちから大して評価されなかったらしい。カリュストスのアンティゴノスの伝えているところでは、エリスの練成所《ギュムナシオン》には、彼が画いた松明《たいまつ》競走の絵が数点あったが、出来栄えはまあまあだったようだ。[2] 芸術を放棄してからは、彼は哲学に没頭した。まず最初にソクラテス学派の思想家ブリュソン、その後はデモクリトスの弟子アブデラのアナクサルコスの講義を聴いた。

西暦紀元前三三四年に彼はアナクサルコスと一緒に、アレクサンドロス大王の東方遠征に参加した。十年間あちこち旅して、東方の多くの学説と接触した。東方では、今日でもそうだが、当時も実際上、もろもろの情念からの離脱をはかるはなはだ奇妙な人びとがいた。シャーマンやグルや、瞑想的宗教に属した僧侶たちである。プルタルコスの伝えているところでは、ペルシャにマケドニア兵たちが到着したとき、カラノスなる名前の僧侶が、祭壇状の薪の山を自分のために築いてくれるように頼み、そして、神々に犠牲《いけにえ》をささげ、侵入者たちにこの日の好首尾を祈願した後で、炎の真ん中に身を横たえ、しかも、頭はヴェールで覆い、こうして身動きもしないで生きたまま焼身したのだった。(3) ピュロンは銅像作り（鋳造）が実際に行われるのをまだ見たことがなかったから、このシーンにひどく動転し、そして、ほんの意志の力だけでも、苦痛はいかに激しい刑罰の下であれ、これを克服できるのだということを悟ったのである。

それからインドに到達して、彼はさらに別の賢者、哲学者、裸の哲学者《ギュムノソフィフタイ》、道教信者、等々に出会った。ここではまた、彼は最高の平穏に到達するためには無為《ウ・ウェイ》を実行すべきことをじかに目撃したのだった。

帰国したとき、彼はほぼ四十歳になっていたが、郷里の町エリスに最初の懐疑派の学校を設立した。けれども誤解してはいけない。これはストアとか庭園とかのような真の学校ではなかったのだ。実際にはピュロンは他人によって邪魔されるのを好まなかったし、孤独を楽しんでいたのである。だが、ときには自らの思想の流れに引きずられて、大声で自分自身のために話し出すことがあったし、しかも彼はいつも若者たちや賛嘆者たちに取り囲まれていたから、意に反して、授業をする結果になったのだった。彼の弟子はピュロンの徒とか、困惑させる人びと《アポレーティコイ》とか、考察する人びと《スケプティコイ》（懐疑論者）とか、探求する人びと《ゼーテーティコイ》とか呼ばれていた。「彼らの哲学が〝探究的〟と呼ばれたのは、彼らはいついかなるときにも真理を探究していたからであり、また〝考察的（懐疑的）〟と呼ばれたのは、彼らはいつも（真理を）考察しつづけるだけで、決して真理を見つけ出すことができないでいたからである」(4)。

彼の思想は判断停止（ἐποχή）、つまり、他人の考えを拒否または受諾することを不能にする精神状態、言葉の出ないこと（ἀφασία）、不動心（ἀταραξία）、不安の欠如に基づいていた。だから、彼の思想を要約するとこうなる――真実であることを誓うに値するような価値とか真理は存在しない。本性上、醜とか美とか、悪とか善とか、正義とか不義とか、真とか偽とかと見なされうるものは皆無だし、優れた健康を享受するのと重病であるのとの間にいかなる相違もないのである[5]。

ピュロンの平静さに関しての逸話は無数にあり、そしていつものように、ディオゲネス・ラエルティオスが私たちの特別な情報源となっているのである。

ピュロンは周辺に生起したすべてのことに無関心だったのであり、どうやら、彼は少々退屈な人物でもあったらしい。議論の途中で相手が立ち去っても、彼はそんなことにおかまいなく、平然と話し続け、質問するのだった。ある日、アナクサルコスと一緒に散歩していて、この師匠が沼に落ちた。だが、ピュロンはあたかも何も起きなかったかのように話を続けた。アナクサルコスが少し遅れて、泥だらけになって彼に追いつくと、私たちならやるように弟子を叱りつけるどころか、この弟子が示した平静さをほめたたえたのだった[6]。

もちろんこの場合、彼は平静だったばかりか、いささかぼんやりしていたのではないか、と人は自問することもできよう。ディオゲネス・ラエルティオスの語っているところによると、彼は外出するとき、まったく前もって用心することもなく、絶えず馬車にひかれたり、溝に落ちたりする危険に出くわしていたとのことだ。それでも彼は九十歳まで無傷に生き抜いたのだが、これは疑いもなく、弟子たちが（おそらく順番を決めて）一瞬たりとも彼から目を離さなかったからなのである[7]。

ピュロンは一冊も著作を残さなかった。彼に代わって、弟子のティモン、アイネシデモス、ヌゥメニオス、等が書いたのだった。

懐疑派を研究すると、ソフィストたちのことがもちろん思い浮かぶのだが、それは両者ともが真理の存在を疑問視したからである。しかしながら、両派の思想を少しばかり注意深く検討してみると、いかに両者が相違しているかにすぐ気づく。これをどう表わすべきか？ ソフィストたちはより〝弁護人〟、より〝自由業者〟、往々にして、より〝商売〟人だったのに対して、懐疑派のほうはより〝知性人〟だった。前者が真理の存在を否定し、その代わりに言葉を評価していたのは、自らの談判の力を強めるためだったのに対して、後者はもろもろの情念からの離脱（*ἀπάθεια*）に到達しようと欲していた。ソフィストたちは真理よりも人間に信頼を寄せていた（「人間は万物の尺度である」）に対して、懐疑派の人びとはよりラディカルだったし、原則として、何物にも誰にも——真理にも、人間にも、言葉にも——信頼を寄せていなかった。彼らのモットーは、「有は存在しないし、そんなものは私にはどうでもよい！」または、ティモンがより哲学的に言っていたように、「物事のなぜは私には関心がないばかりか、なぜのなぜも関心がない[8]」。

懐疑派がストア学派と若干共通点を有するとしたら、それは身体を軽視した解脱である。ある日、キュプロス島で、僭主ニコクレオンがアナクサルコスに対して、宴席でこのご馳走をどう思うかと尋ねたところ[9]、「王様、何もかもたいへん豪勢なことです。ただ、いま一つ、さる大守の頭がこの食卓に並べて置かれるべきでしたね」とアナクサルコスは答えたのだった。ニコクレオンは何も言い返さなかったが、数年後に報復した。すなわち、アナクサルコスがキュプロス島に漂着したとき、ニコクレオンは彼を捕えて、石臼の中へ投げ込み、鉄の杵《きね》でつき砕くように死刑執行人に命じた。ところが語られているところでは、アナクサルコスは懲罰の最中にこう叫んだという――「アナクサルコスの（身体を包んでいる）袋をつき砕くがいい。だが、アナクサルコスはつき砕かれはしないさ」(10)。

同じカテゴリーに属するものとしては、〝パスクワーレの寸劇《スケッチ》〟としても知られている、トトの有名なギャグがある。一人はトト、もう一人は彼の気に入りの相方であるマリオ・カステッラーニが出会う。トトは抑えがたい笑いに襲われる。

「どうしてそんなにおかしいのかい？」とカステッラーニが尋ねる。

「だってさ、十分前に能天気がやってきたんだ。この気狂いはよ、『パスクワーレ、お前は畜生だ』と叫んでから、俺の顔をこぶしで一撃したんだ。」

「で、お前はどうしたんだい？」

「何も。どうすりゃいいんだい？　俺は笑いだしたよ。」

「で、そ奴は何と言ったかい？」

「俺の鼻の先でわめいたよ、『パスクワーレ、お前はやくざだ。手前《てめえ》をばらしてやる！』って。そして俺にもう四発びんたを食らわしたんだ。」

「で、お前はどうしたんだい？」

「俺はあんまり笑いころげたもんで、ズボンの中で小便を洩らしたよ。俺は心中で考えた、『いったいこの馬鹿者は何が言いたいんだろう？』って。」

「で、そ奴は？」

「奴はなおも俺を叩き続け、足蹴りを俺に食らわしながら、くり返し叫んだよ、『パスクワーレ、お前はくずだ、手前《てめえ》をばらしてやる！』って。」

「で、お前はどうして身を守ろうとしなかったんだい？」

「うーん……だって俺はもしかしたらパスクワーレかも知れんではないか？」

ティモン

ティモンはティマルコスを父として、プレイウスで生まれた。合唱歌舞団の踊り手だった。生まれたのは西暦紀元前三二二年頃で、まだ若い時分に、故国を出てメガラへ行き、スティルポンの教育を受けた。(11) 彼は片目が不自由で、また酒好きでもあった。ピュロンと識り合ってから懐疑主義に転向した。二人の出会いは、スタディオンへ出掛ける途中、街路においてだった。ティモンを毛嫌いしていた逍遥学派の一人アリストクレスは、この出来事を以下のようにコメントしている。「やあ、役立たずのティモン、君は何も信じないくせに、どうしてピュロンと識り合ったと君は言い張ったりするんだい？　しかも当のピュロン自身も、その当日に、ピュティア競技に出向く途中だったのだが、はたして彼は行き方を知っていたのか、それとも耄碌《もうろく》した男みたいに、たまたま歩いていたのだろうか(12)」と。

プレイウスのティモンについては、若干の断片しか伝わっていないが、その中にはこんな句が見られる――「蜂蜜が甘いものであるということを私は認めないが、それが甘いものとして現われているということには同意する」[13]。だから、ピュロンのような懐疑派の人びとは外見の存在を否定しているのではなくて、有、議論の余地のない真理、の存在を否定しているだけなのだ。極端な場合には、懐疑派の人は宗教運動や政治運動の闘士であるかも知れないし、司祭、兵士、裁判官であるかも知れない。重要なことは、彼はやろうとしていることを独断的に信じないで自らの課題を履行することなのである。私たちとしては、こういう考え方を不道徳的として完膚なきまでにきっとこきおろしたくなるであろう。しかし、こういう誘惑に抗して、むしろ、ある状況下では、ただちに攻撃に移ることをしないで、私たちはまずちょっと考えてみようではないか――「今日、絶対に真と思うことでも、明日になると蓋然的に過ぎなくなるかも知れない」と。

エポケー（ἐποχή）、判断停止とは、だいたいこういうことなのだ。赤い旅団《ブリガーテ・ロッセ》の熱狂、一九六八年の毛沢東主義者たちの陶酔、歴史を血で汚した宗教上のさまざまの迫害とそれを比べてみて、これらの結果を想像されたい。

ティモンの後、懐疑主義は、セウテスの子アルケシラオスの手に移り、この思想に転機を迎える。アイオリスのピタネに西暦紀元前三一五年に生まれた彼は、中期アカデメイア派の創始者であった[14]。ギリシャ思想からは何でも予期できたのだが、ただし、プラトン主義の者が懐疑派のパトロール隊の先頭に就くとは予期しがたいことであった。実際、それは思想の一種の「ベルリンの壁」を飛び越えるようなものだったのだ。つまり、アルケシラオスはプラトンの超感覚的世界から、完全否定のピュロンの世界へ移行したのである。つらつら考えてみるに、ソクラテスがすでに「無知の知」を実践していたのだが、それは彼にあっては、一つのアイロニー的なやり方であって、道徳的真理（それの実在が論議されたことは決してなかった）の発見を強いるためのマスターキーとして役立っていたのである。アルケシラオスは両者の所説を融合して、アカデメイアをすっかり懐疑主義で色づけしたのだった。

カルネアデス

懐疑主義的なアカデメイアの代表者のうちには、カルネアデスを想起しなければならない。カルネアデスとともに、私たちは西暦紀元前二世紀のただ中に居ることになる。彼が生まれたのは西暦紀元前二一三年、キュレネにおいてだった。亡くなったのは西暦紀元前一二八年のことである。[15] 厖大な教養を有し、大変な弁論の才能をもっていたと言われている。彼の名声はとりわけ、ローマへの旅と結びついており、ここへ彼はアリストテレス学徒クリトラオス、およびバビュロンのストア学徒ディオゲネスと一緒に、使者として派遣されたのだった。この旅行の目的は、アテナイ市から課された五十タレントの罰金を破棄してもらうことにあった。こうして世界の首都にいたとき、三人の哲学者たちが考えたことは、ローマ人たちにギリシャ人がいかに弁証術において優れているかを証示するのが自分たちの義務だということだった。さて、広場に出掛けて、そこで一連の講演を披瀝し、同じ弁士が第一部で一つのテーゼを主張し、それから第二部では、それに反対のテーゼを主張した。若いローマ人たちは、一方では、ヘラスからやってきたあらゆることに魅惑させられたことと、他方では、彼らは斬新なことにより開かれていたことから、熱狂的に拍手喝采した。ところが老人たち、とくに大カトーはそうではなかったのであって、彼はこれらのインテリたちが共和国を害する危険を見て取ったのである。三人の哲学者たちの成功に怯えて、カトーは元老院議員たちに訴えかけ、あまりに激しく非難したものだから、とうとう三人は望ましからざる人物たちとしてこの国から放逐されてしまったのだった。(16)

批判者カトー

批判者カトーはまさにそのような性質の持ち主だった。つまり、彼にとっては、有徳な人びととは、ただもっとも厳格な生活を送る者の謂だったのだ。他の人びとに対しては、彼はほんの少しの同情とか寛容をも抱いてはいなかった。たとえば、彼は或るとき、元老院議員マニリウスを追放させたことがあったが、その理由は、マニリウスが公けの広場で妻と抱擁するのを見掛けたからだった。また、奴隷は彼にとっては、駄獣以外の何物でもなかった。彼は奴隷たちを互いにけしかけて敵対させ、より容易に服従させうるようにした。そして、奴隷たちが老齢になると、彼は彼らを養い続けるよりも、むしろ売り飛ばすほうを好んだ。もしも彼らのうちの一人が過ちを犯すと、奴隷仲間によって死刑に処させ、それから彼自身の手でその奴隷を絞殺するのだった。(17)彼は哲学、そしてより一般的には、何らかの思想を抱くすべての者に警戒していたのである。

懐疑派に関していささか興味深い特徴を最後に一言。彼らは原則として、何ものをも信じていなかったから、占い師たちについて彼らがどう思っていたかは想像がつく。懐疑派の一人で、アレラーテのファヴォリヌスなる者（西暦紀元八〇～一六〇年）は、占星術者たちを罵倒して、こう言っていた。

「……この種のいかさまやぺてんは、嘘のおかげで暮らしている連中やいかさま師によって考案されたのだ。潮の満ち干が月に依存しているといった、地上の或る現象の事実だけで僭越にも、彼らは他の大なり小なり、すべての人間事象も星辰に支配されていると私たちに信じ込ませようとしている。私としては、月が海面を少しばかり上昇させるからとて、たとえば、水道管に関しての隣人どうしの訴訟とか、境界壁に関しての共同借家人どうしの訴訟とかが、天へ持ち込まれうると考えるのは馬鹿げていると思われるのである。(18)」

注

（1） ディオゲネス・ラエルティオス『ギリシャ哲学者列伝』第九巻第一一章（加来彰俊訳、岩波文庫、一九九四年、（下）一五一ページ）。
（2） 同書、第九巻第一一章（六二）（加来彰俊訳、一五二ページ）。
（3） プルタルコス「アレクサンドロス」六九（河野與一訳『プルターク英雄伝』、岩波文庫、一九五六年、（九）九五ページ）。
（4） ディオゲネス・ラエルティオス、前出書、第九巻第一一章（七〇）（加来彰俊訳、一五八ページ）。
（5） キケロ『最高善と極悪論』(*De finibus Bonorum et Malorum*), II, XIII, 43.

(6) ディオゲネス・ラエルティオス、前出書、第九巻第一一章〔六三〕〔加来彰俊訳、一五三ページ〕。
(7) 同書、第九巻第一一章〔六二〕〔加来彰俊訳、一五二ページ〕。
(8) アリストクレス、in Eusebios, *Praep. evang.*, XIV, 759 c.
(9) 正しくは、アレクサンドロスが尋ねたのである。アナクサルコスはニコクレオンにあてつけがてら答えたのだった〔訳注〕。
(10) ディオゲネス・ラエルティオス、前出書、第九巻第一〇章〔五九〕〔加来彰俊訳、一四九ページ〕。
(11) 同書、第九巻第一二章〔一〇九〕〔加来彰俊訳、一九二ページ〕。
(12) アリストクレス、前出書、XIV, 761 a.
(13) ディオゲネス・ラエルティオス、前出書、第九巻第一一章〔一〇五〕〔加来彰俊訳、一八九ページ〕。
(14) 同書、第四巻第六章〔二八〕〔加来彰俊訳、(上)三五八ページ〕。
(15) 同書、第四巻第九章〔六二〕〔加来彰俊訳、(上)三八六ページ〕。
(16) プルタルコス「マルクス・カトー」二三〔河野與一訳『プルターク英雄伝』岩波文庫、一九五四年、(五)七八〜七九ページ〕。
(17) 同書、五、一七、二一〔河野與一訳、五四〜七八ページ〕。
(18) アウルス・ゲッリウス『アッティカ夜話』(*Noctes Atticae*)、XIV, I.

第11章　懐疑の賛美者リッカルド・コレーリャ先生

リッカルド・コレーリャ先生との出会いはまったく偶然だった。私は水牛の乳からできるモッツァレッラチーズを買うために、ヴォーメラ・ヴェッキオ地区の食料品店に入ろうとして、こんな会話を耳にしたのだった。

「先生《マエストロ》」と食料品店主が言いながら、眼鏡をかけた小柄な男に品物を手渡した。「ちょうど三百グラムです。五千四百リラになります。」するとその小柄な男が答えた。

「よく分からん。どうして五千四百リラを支払わなくっちゃならないのかね？」

「ハムに対して……。」

「どのハムに？」

「先生が手にしているやつですよ。」

「ドン・カルミーネ、あんたには私がハムを手にしているように見えるとしても、それは間違いだよ。だから、一リラもあんたに渡さないよ。」

「まあ、先生。いつものお決まりの話をなさるのですね」とドン・カルミーネはぶつぶつ言った。「五分前にハムを差し上げましたよ。ここの旦那が証言できますよ。まさか、何かを手渡すたびに、先生に受取書のサインをしてもらう必要もないでしょう？」

「ドン・カルミーネ、あんたは私にハム三百グラムを手渡した、とどうしてそんなに確信しておれるのか、知りたいもんだね。あんたはせいぜい、仮説を提起できるくらいだよ、きっと僅かなハムかも知れない、何かを私にどうやら手渡したらしいという仮説をね。」

「どうやら……なんて、どうやらどころじゃありませんや！　マエストロ・コレーリャ、それじゃ先生が手にしている包みを取り戻させてください、そして、はたしてそれがハムであるかないかを調べてみましょうよ！」と食料品店主は叫びながら、絶望まじりの失望を装った。

「ドン・カルミーネ」と先生は冷静さを失うことなく答えた、「おとといもあんたに説明したはずだよ。私たちが確信しておれるようなものは皆無だということをね。あんたによれば、確かだと言えるものが一つでもあったら、どうか言ってくれたまえ。そうすれば、ハムのために二倍の支払いをするよ。」

「五分前に、ハム三百グラムを先生に手渡したことを確信していますよ」とドン・カルミーネは一瞬の躊躇もなく答えた。

「それじゃ、私としても、仮説を立てることにしよう。あんたに反対のことを証明するために、つまり、あんたは私にハムを手渡したんじゃなくて、あんたがただ、それを私に手渡したと思っているだけだということをね。」

「聞くだけなら、聞いてもいいですよ。」

「あんた、神を信じなさる？」

「もちろん、信じますよ、五分前に先生に……三百グラム手渡したのを信じているのと同じように。」

「で、あんたは神が全能だと当然信じなさるんですね」、と先生は遮った。

「ええ、当然ですよ。」

「したがって、神は世界を欲したまうとき、欲したもうたとおりに創造できるものとあんたは考えているんですね。大きくも、小さくも、人の住むものにも、砂漠にも、馴染めないようにも、科学技術の……にも。」

「神の欲したもうたとおりに、ですよ」と食料品店主は遮った。

「それじゃこの瞬間に、神が私たちのとぴたり同じ世界を創造しようと決心されるものと仮定しましょう。星々、太陽、遊星、大陸、ナポリ、ヴォーメロ、あんたの食料品店、あんた、私、そしてハムといった、私たちの周囲に存在する一財合財をもった世界をね。はたして神はそれを今なすことがおできになるだろうか、おできにならないだろうか？」

「どうしておできにならないことがあろうか！」

「確かに」と先生は会話を続けながらも、もうすでにほくそえんでいた。自分が証明をなし終えたときすぐに店主が浮かべるであろう表情のことを思ったからだ。「で、神はすでに機能している世界を創造しようと決心されたからには、すでに機能している人間たちをも、つまり、歴史的記述を初めからすでに持っている人間をも創造なさるに違いない……。」

「歴史的記憶をもっている、とはどういう意味で？」

「私たちが生きなかったにせよ、すでに或る生涯を生きたとの印象を私たちに与える記憶のことですよ」と先生は答えた。「言い換えると、神はあたかも無から私たちを創造されたかのように、過去への記憶を私たちの脳髄の中に授けられたのです。ほんとうはこの過去を私たちは生きたわけではなく、私たちは今この瞬間に生きているように、生きることができるだけなんだけれどもね。」

「するってえと？」と店主は今や考え込んで尋ねた。

「ということは」と先生は結論するのだった、「あんたは私に一グラムのハムも手渡しはしなかったということですよ。ただ私に手渡したようにあんたに思われるだけなのです。」

「だって、五分前にわたしゃ、先生《マエストロ》に手渡したじゃないですか！」

「五分前には、あんたはまだ生まれていなかったんですよ。」

「もうたくさんだ、マエストロ。さっさとハムを持ち帰って、召し上がってください！　わたしゃ、奥さまと話をつけます。でも断っとくけど、次回は先生が五千四百リラを儂に手渡したと思われないうちは、先生にはハムを受け取ったようには見えないだろうぜ。」

　この人物がひどく興味をそそったので、私はもちろん、彼を立ち去らせたくなかった。彼と近づきになる前に、食料品店主夫妻から、この人物について知っているすべてのことを語ってもらった。

「たいそう真面目な人でさ」とドン・カルミーネは続けた、「先生はこんな話をして楽しんでいるだけなんです。最後には、すっかり支払ってくれますよ。世間のみんなが先生みたいだったらなあ！　ほかの人たちは支払わないか、支払ったとしても、これ以上借金を増やさないようにするためだけなんだからね。」

「いったい、彼の職業は何なのですか？」と私は訊いた。

「音楽の教師で、リッカルド・コレーリャさんです。師範学校ピメンテル・フォンセカで教えており、結婚して、息子さんが一人います。」

「そう、でも彼は無神論者なのです」と店主夫人はつぶやきながら、十字を切った。「息子さんに洗礼を施させたがらなかったんです。もう十八歳の若者になっています。もし事故で死んだりしたら、地獄行きでしょうね。」

「いや、コレーリャ先生は洗礼を信じているんだ」とドン・カルミーネは説明した、「先生が言うには、人は瀕死のときに、どういう人生を送ったかに応じて、洗礼を受けるか否かを決めるべきなのだ、って。それで、神父が終油の秘跡を施しにやってきたとき、洗礼も聖油も同時に施せばよい、とね。」

「洗礼水と聖油を一緒とは！　イエスさま、マリアさま、どうか彼を許してくださいませ。」

コレーリャ先生は午後、私を丁重に自宅に迎え入れた。奥さんのアメーリアは一杯のコーヒーを出してくれてから、こう言って部屋を出た。

「どうか お許しを……すみません……。」

もちろん、彼女があやまったのは、辞去するからではなくて、夫が私に間違いなく語ることになるすべてのことを知っていたからである。

「親愛な技士《インジェニェーレ》さん、私は懐疑の闘士なのです」とコレーリャは私と二人だけになるや、すぐさま切り出した。「私は文明化された共存の基本ルールとしての懐疑を信じているのです。各人が銘々それぞれの個人的宗教を有しており、私のは懐疑なのです。一緒にいらしてください、ちょっとお示ししたい物があるのです。」

こう言いながら、彼は廊下に足を入れた。そこで再び、アメーリア夫人と出くわすと、彼女はまたしても「どうかお許しを」と低い声で私につぶやいた。それからとうとう、私たちは薄暗い部屋の中に入った。そこには、楽譜、レコード、書物、詰まった灰皿に囲まれて、グランドピアノが鎮座していた。

「ご覧ください」と先生は言いながら、ダマスク風絹織物で覆われた一枚の額画を私に示した。「これが私の聖者なのです！」

彼がひもを引っぱると、カーテンがするすると上がり、小さい電球から成る、一つの大きなクエスチョン・マークが現われた。先生がスイッチをひねると、小さい電球が、あたかもクリスマス・トゥリーのそれのように、規則正しく点滅しだした。

「どうもすみません。」

私が振り向くと、アメーリア夫人がドアのところで、私の寛容を乞う目配せをするのだった。

「アメ、二人だけにしてくれないか」とコレーリャは叫んで、妻を退出させた。それから、ビロードを張った小さな肘掛け椅子を私に示しながら、言うのだった、「お掛けになって、私の言うことを注意してお聴きください。世間にあるのは、クエスチョン・マークとエクスクラメーション・マーク、懐疑の闘士と絶対的確実性の闘士だけなのです。クエスチョン・マークにぶつかっても、怖がるには及びません。たしかに、それは勇敢な男、民主主義者、その者と話し合ってみて意見を異にする男には違いありません。反対に、エクスクラメーション・マークは危険です。それは固い信念の男、早晩〝取り返しのつかない決心〟をする連中なのです。ところで、今申し上げることをしかとご記憶ください――信念は一つの暴力なのです。いかなる種類の（宗教的、政治的、ないしスポーツ選手のものであれ）信念も。あらゆる戦いの背後には常に、最初の銃撃をした、固い信念の一人の男がいるものです。アイルランド、レバノン、イランには、大鎌を両手に取り、血の染みのある衣服をまとった信念が流布しており、それが殺すときには、いつも愛の名の下にそうするのです。私は父親から教えられました、懐疑は寛容と好奇心との父である、と。若者は好奇心はあるが、寛容ではあり得ない、ところが、老人は寛容だが、もはや好奇心を持ち合わせていない。ところで、偉人は好奇心もあれば、寛容でもありうるのです。信念をもつ人とは、あらかじめすべてのことを知っているようなものです。彼はいかなる懐疑もなく、何ごとにも驚かない。ところで、アリストテレスも言っているとおり、『驚くことは探究の始まり』なのです。信念を有する人は自分自身の過ちを見ようとしないが、私たちは過ちの助けなくしては何者でもありません。信念は盲目のことであり、絶対に服従することです。親父は哲学の教師でした。誰かから電話が掛かり、『コレーリャ教授でいらっしゃいますか？』と尋ねられると、父はいつもこう答えていました――『かも知れません』って。これは別に彼が才気をひけらかそうとしたのではなくて、ほんとうに彼は自分がそうなのか確信がなかったからなのです。」

「でも、何か企てようとしたら、ちょっぴり信念が必要です。信念がなかったら、私たちはアメリカもペニシリンも発見してはいなかったでしょうよ。」

「ええ。でも、これとても、懐疑から生まれる一つの信念であるに違いありません」と先生《マエストロ》は答えるのだった。「懐疑こそは、過ちを活用する術《すべ》を心得ているのです。それを私は〝開かれた目をもつ信念〟と名づけているのです。」

「〝開かれた目〟とはどういう意味ですか?」

「一例を示しましょう。次の選挙で私が共産党に投票する決心をしているものとしましょう。ところで、イタリアに少々の信念を必要とする政党が存在しているとしたら、それは共産党なのです! あなたは私に同感なさいますか?」

「……まあ、ね。たしかに信念の政党ではありますね。」

「よろしい。で、私はどうするでしょうか? 投票に出掛ける前に、政党の書記に電話し、こう言います——書記さん、あなたの党に投票するつもりですが、私が恐れるのは、あなたたちは権力に就くや否や、反民主的になるのではないかということです』。『何をおっしゃいますか!』と書記は抗議するでしょう。『私どもはあくまで民主的な政党です。ここ幾年もずっとそれは証明してきました』。『はい、たしかに』と私が答えます、『あなたたちは民主的です。でも、今は反対の立場におられる以上、あなたたちが政権に就いたなら、はたして考えを変えはしまいか、どうして私に分かりましょう。ロベスピエールだって、学生だったときには、死刑に反対の学位論文を書いたのです。そして、その後はこれらの人びとをみな虐殺してしまった……』。おそらく書記さんはその瞬間には私を悪魔に送り込み、こう言うことでしょう——『いいですか、コレーリャ同志、お好きなことをおやりなさい。私どもに投票したければ、投票してください。そうでなければ、しなくてよろしい。でも忘れないでくださいよ、いささか信念がなければ、あなたはいかなる戦いにも勝てはしないということをね！」

「で、それから？」

「それから、私は共産党員として投票するでしょうが、開いた目をもってです――起きていることをすべていつも注意深く眺めながら。ですから、私はホメイニーの若者たちがなしているように、敵の装甲車に向かって進むようなことは決してしないでしょう。要約すると、懐疑は決してイデオロギーではなくて、一つの方法なのです。人は疑いをもってよい、つまり、懐疑的であってよいし、それでも、闘うべき一つの理念を持ち続けてよいのです。私は一人の懐疑論者ですが、さりとて、私がキリスト教徒、共産党員、ナポリ・クラブのサポーターでもあることの妨げにはなりません。重要なことは、懐疑的なキリスト教徒、懐疑的な共産党員、懐疑的なサポーターであることなのです！」

「でも、あなたがピアノの前に座ったとき、少なくとも音楽の楽しみを放棄なされるのでしょうか？」と私は尋ねた、「あなたが演奏なさっていることを信じられるのではないのですか？」

「いや必ずしも」と先生は、なおも点滅し続けているクエスチョン・マークにちらっと目をやりながら答えるのだった、「たとえば、ベートーヴェンを演奏するとき、私はいつも疑っているのです。この音楽は天から直接降っているのであり、私はただプレイバックで演奏しているだけではないか、って！」

第12章　新プラトン学派の人びと

プロティノス

「……プロティノスは、自分が肉体をまとっていることを恥じている様子であった。そしてこのような気持ちから彼は、自分の先祖（種族）についても両親についても生国についても、語ることを肯《がえ》んじなかったのである。また彼は肖像画家や彫刻家の前に座ることをはなはだしく軽蔑していて、（ある時など）アメリオスに向かって、後者（アメリオス）が彼（プロティノス）の肖像画を描かせることの許可を求めた時に、こう言ったほどであった。『なるほど。自然がわれわれにまとわせた模像（肉体）を背負っているだけではまだ足りないで、もっと長持ちのする模像の模像を、まるでそれが何か眺めるに値するものであるかのように、自分の後に残すことを私が承知すべきだと、君は言うわけなのだね』。

このように彼が拒絶して、この目的のために座ることを承知しなかったので、そこでアメリオスは、その当時生存した画家たちのうちで第一人者であったカルテリオスという人を友人にもっていたので、この人を（プロティノスの）授業に出席させて——それというのも希望者はだれでも授業に通うことができたのである——長時間注視することによって、視覚から受ける印象をしだいにより鮮明なものとしていくことに慣れさせたのである。そしてそのあとで（カルテリオスが）記憶にとどめられた映像に基づいて（プロティノスの）肖像を描き、アメリオスも手伝ってその絵を似つかわしく修正して、かくしてカルテリオスの才能が、当のプロティノスの知らぬまに、彼にそっくりの肖像画を出来せしめたという次第であった。[1]」

お気に入りの弟子ポルフュリオスによって書かれた『プロティノス伝』（プロティノスの一生と彼の著作の順序について）の出だしは右のようになっている。プロティノス自身もアフリカ出身の哲学者だった。西暦紀元二〇五年、上エジプトのリコポリス（正しくはリコーン・ポリス、「狼たちの町」の意）に生まれ、幼少時からすでに禁欲主義への好みを示した。ひどく内向的な少年であって、仲間たちと遊ぶことをほとんどしなかったのであり、あえて言えば、まったく正常ではなかったのであって、もうすでに八歳になってもときどき乳を吸うために乳母のところに戻ってきたのだった。[2]二三三年には彼は深刻な神秘的危機を体験する。それまで通っていたどの哲学者も、精神性への彼の欲求を満たすことができなかったのだ。ところが或る日、友人がアンモニオス・サッカスを彼に紹介した、そして、この新しい師匠の講義を聞いたとき、「この人だ、私の求めていたのは」と友人に打ち明けたのである。

年月とともに、プロティノスの欲求は増大していき、当時のピュロンもやっていたのと同じように、ペルシャ人、マギ、裸行者、インド人らの東方の哲学を知りたくなってきた。この機会は皇帝ゴルディアヌス三世がペルシャに進攻しようとしていたとき、その軍隊に身を投じるという形で生じた。[3]けれどもプロティノスにとって不幸なことに、ゴルディアヌスはアレクサンドロスではなかった。この皇帝はメソポタミアに足を踏み入れるや否や、敵に打ち破られ、部下の兵士たちによって暗殺されたのである。プロティノスは危ういところをやっとアンティオキアに逃がれ、その後ローマに上った。彼は当時四十歳を過ぎており、肉体労働をする気になれなかった。はたして何をしたものか？　結局、彼は哲学の学校——もっと正確には、哲学的・宗教的共同体——を開設することになるのである。

プロティノスのもとへはほとんどすべての人びとがやってきた。男女の若者、哲学に熱中した人びと、医者、未亡人、たんなるやじ馬、ローマの元老院議員、といったように。後者の一人ロガティアノスは、師匠の教えに忠実に従おうとして、財産も公職も奴隷も抛《なげう》った(4)。プロティノスは高い名声を博していたため、貴族たちはしばしば息子たちを彼に託して、哲学的・道徳的思想を手ほどきしてもらうのだった。学校の建物は彼の弟子の一人ゲミナに属していたが、彼女は後に彼の妻になった。

新プラトン学派の教説は五感の生活から脱皮し、神意と合一することを目標としていた。それは忘我の極み、一種の精神的オルガズムに終わるものであって、そこでは、信徒は万有、つまり神と合一するために、個としての自己を根絶することになるのだ。伝記作者ポルフュリオスは生涯を通じてたった一度だけ、六十八歳のときに、このエクスタシーを体験したことを認めている。彼の師匠はというと、四回それに到達したという(5)。

プロティノスのファンのうちには、皇帝ガリエヌスとその后ソロニナもいたことを想起しなければならない。そしてプロティノスとしても、ただ哲学者たちだけのために、新都市プラトン市（プラトンの法制に従って生活する）をカンパニア地方に創設することを彼らに要請した。皇帝と皇后は同意を与えていたのだが、プロティノスが妬みを宮廷で買ったために実現することはなかったのである(6)。

正確を期すと、プロティノスの目的は、プラトンが六百年以前にシラクサで達成しようとしていたものと同じではなかった。つまり、神のようなプラトンが欲していたのは、社会構造全体を変えることだったのに対して、プロティノスのほうは、哲学者たちのための平和のオアシスだけで満足していたのである。

五十歳まで、プロティノスは一行すらも書くのを拒んできたが、その理由はなかんずく、当時、同門の弟子、ヘレンニオスとオリゲネスとともに師匠アンモニオス・サッカスに対して、師匠の教えを決して書き記さないと約束していたからだった。私がこういう細部をここに報告するのも、神秘的に刻印された哲学流派の中には、常に少々のピュタゴラス主義、つまり秘密セクトをつくろうとする傾向があったことを示さんがためなのである。教説を漏らすなという禁を破った最初の者がエレンニオスであり、次にオリゲネス、そして最後はプロティノス本人なのである。プロティノスは五十歳を超えて数年のうちに、四十四冊の本を書き著したのであり、これらは後にポルフュリオスによって各九章から成る六つの群に区分され、『エネアデス』（ギリシャ語 ἐννέα「九の」より）なるタイトルで知られている。さらに強調すべきことは、プロティノスが書き始めようとしたとき、彼はもうほとんど失明していたのであり、したがって、彼は一気にテクストを口述筆記させたのであって、それをもう一度読むとか校正するとかはできなかったという点である[7]。

皮膚病で手足とも膿を出していたため、プロティノスはローマを去って、ミントゥルナエ付近の、弟子の別荘に引き込もった。六十六歳で亡くなるとき、彼は次の言葉を残した――「われわれの内の神的なものを、世界《ド・パーン》（全体）の内の神的なものへ帰し昇らせようと自分は今努めているのだ[8]」と。

ちょうどこのとき、一匹の蛇が彼の横たわっていた寝台の下をくぐって、壁にあいていた穴に姿を隠したのを、その場に居合わせた者たちは見たのだった。(9)

彼はおそらく、哲学者以上に、詩人もしくは宗教の教祖だったであろう。アウグスティヌスも彼のことをこう言っている――「彼の思想の数語を変えるだけで、諸君は一キリスト教徒を持つことになろう」と。

プロティノスの体系

プロティノスによれば、知性界《コスモス・ノエートス》は、一者《ト・ヘン》、知性《ヌース》、および魂《プシュケー》という三つの存在者から成る。(10) これはキリスト教の三位一体を想起させるそれではない。父、子、聖霊とは違って、新プラトン学派の三人格には、順位があり、第一位のものになる一者は、流出により、第二位のものなる知性（英知）を、そしてこの第二位のものなる知性は、流出により第三位のものなる魂を創造したのであり、後者は感覚界《コスモス・アイステートス》を生じさせた。みなさんはマトリューシュカというロシア人形をご存知であろう。一者はこの人形で最大のものなのであり、ほかのすべての人形を包含しているのである。知性は次にくる人形であるし、魂は第三番目の人形であるし、そして最後には、すべての人形のうちで最小のものたる、感覚界がくるのである。

プロティノスの一者はソクラテス以前的なものをもっている。つまり、それはパルメニデスの一者にたいそう似ており、ちょうどアナクシメネスの空気や、アナクシマンドロスの *τὸ ἄπειρον*（ト・アペイロン「無限なるもの」）と同じく、自然のあらゆる局面の中に見いだされる。それは万有であり、万有を含み、そして、万有である以上、いかなる限界も知らない。それの主要特徴は無限であるということにある。

ここで私たちは超感覚的なものについて語らざるを得なくなったのだから、プロティノスの世界観を彼のもっとも著名な先駆者たち――プラトンとアリストテレス――のそれと比較するのも興味なしとしないであろう。

プラトンの神は善自体、あるいはむしろ、あらゆるイデアのうちで最重要なものである。けれども、善のこのイデアが、宇宙の創造神でもあるか否かはあまり明瞭ではない。それはむしろ太陽に似ていて、太陽がすでに存在している世界を照らし出すことにより、これに見られる可能性だけを与えることしかしないようなものなのである。(11)

アリストテレスに関しては、彼はより明白である。彼は無限なるものの〝現実態での〟存在を否定し、可能態で存在する無限なるものは、未完成の、不完全な何かであると考えている。アリストテレスの神は万有の外にあり、神固有の事柄に没頭しており、そして世界を考慮に値するものと見なしてはいないらしい。そういう神なる考えはだから、自己自身のみにすっかり向けられており、「自己自身を考える」(12)ことに還元されるのである。

プロティノスにとっては、第二位のものは知性（ヌース）、つまり、言わば精神とか、有のことである。換言すると、存在する知的なあらゆる現実性の総体、プラトンにとってもろもろのイデアの世界を構成していたもの、ということになるであろう。だが、一者が唯一であるのに対して、知性は多様である。その役割は一者を眺め、魂を生むことにある。そして、この第三位のものたる魂は、〝最後の女神〟、つまり、知的な現実の最後のものなのだ。[13] 魂はすでに述べたように、感覚界を創り出す。

プロティノスの体系における根本的な所与は、頂上と根底との〝往復〟運動である。つまり、三位格のそれぞれが、流出により、下方へ何かを生じるのであり、それと同時に（一者はもちろん除くが）上方を眺める（観照する）のである。[14]

人生の究極目標は一者の観照にある。いかにしてそれに到達するか？ それは容易だ、とプロティノスは答えている。「一切を取り去れ」と。[15] そしてこの残余のものには、私たちの生涯を通して興味のあるすべてのもの――諸感情、仕事、女たち、芸術、遊び、スポーツ、等――が属するのではないか、と私は怖れるものである。プロティノスはそれに見事に到達した。彼はエクスタシス（ギリシャ語 ἔκστασις は「茫然自失」を意味する）をこう描述している。

「私はしばしば肉体（の眠りを）脱して（真の）自己自身に目覚め、他のすべてのものから脱却して私自身の内部へとはいりこみ、ただただ驚嘆すべき素晴らしい美を観ることがあるが、この時ほど、自分が高次なるものの一部であることを確信したことはなかった。その時の私は最善なる生を生き、神的なものと（完全に）合一してそのなかに自らの居場所を与えられ、あの最善の生命活動を通して他の一切の知的なものを超えたところに自らを据えていたのである。このようにして神的なもののなかで安らぎを得た後に、直知の領域から思惟の領域に下ってきて、『今はどうしてこの領域に下ってきているのか、いったいどのようにして私の魂は肉体のなかに宿ったのか、私の魂はたとえ肉体のなかに宿っていても、自己自身のみで現われた時と同じ神的な姿をしているのに……』と思い惑うのである。[16]」

人間はみな自己を上昇させる力を有しているとは限らない。それができるのは、どうやら三種の部類――音楽家たち、恋人たち、哲学者たち――だけらしい。音楽家たちは哲学の助けを借りて、知覚できる音の甘さから、精神的な財産のそれへと移行する可能性をもっている。恋人たちは肉体的な美を忘れて、非肉体的な美を追求するようにする必要がある。哲学者たちはと言えば、とくに特別なことをするまでもない。なにしろ、彼らはすでに観照にすっかり耽っているからである。[17]

注

(1) ポルフュリオス『プロティノスの一生と彼の著作について』1（水地宗明ほか訳「プロティノス全集」第一巻、中央公論社、一九八六年、九六〜九七ページ）。
(2) 同書、3（水地宗明ほか訳、一一〇ページ）。
(3) 同書、3（水地宗明ほか訳、一〇〇〜一〇一ページ）。
(4) 同書、7（水地宗明ほか訳、一一一ページ）。
(5) 同書、23（水地宗明ほか訳、一三九ページ）。
(6) 同書、12（水地宗明ほか訳、一一七ページ）。
(7) 同書、8（水地宗明ほか訳、一一二ページ）。
(8) この部分は写本により三通りの異なる訓みが伝わっている。水地宗明ほか訳（本文）では「われわれの内の神を、万有の内なる神的なもののもとへ上昇（帰還）させるよう、諸君は努めたまえ」（九八ページ）を採用している。（訳注）
(9) 同書、2（水地宗明ほか訳、九八ページ）。
(10) 哲学史では、これら存在者は一般にヒュポスタシスとか本体とか呼ばれている。つまり、両概念はギ

リシャ語 ὑπὸ στάσις もしくはラテン語 sub stantia によれば、「下位にあること」を意味するのである。本体は実際、仮象の〝下に〟所在する。しかし、ここでは超感覚的世界に属する実体にかかわっているので、私たちとしては、誤解を避けるために、「存在者」〔位格〕なる概念を選ぶことにする。

(11) プラトン『国家』508－509b.〔藤沢令夫訳、「プラトン全集」一一、岩波書店、一九七六年、四七九～四八三ページ〕

(12) アリストテレス『形而上学』第一二巻第九章 1074b, 28－35.

(13) プロティノス『エネアデス』エネアス IV, 8, 5.

(14) 同書、エネアス V, 3, 17.

(15) 同書、エネアス V, 17.〔水地宗明ほか訳「プロティノス全集」第三巻、中央公論社、一九八七年、四五〇ページ〕

(16) 同書、エネアス IV, 8, 1.〔水地宗明ほか訳「プロティノス全集」第三巻、中央公論社、一九八七年、三二二ページ〕

(17) 同書、エネアス I, 3.「ディアレクティケーについて」、1－3.〔水地宗明訳「プロティノス全集」第一巻、二〇九～二一二ページ〕

第13章　熱烈な折衷主義者レナート・カッチョッポーリ

　私が何かを自慢しようとするときには、「ぼくはカッチョッポーリのもとで分析と計算を行ったんだぜ！」と言うことにしている。

　一九四八年、ナポリ大学の、工学の二年課程でのこと。メッゾカンノンネ街の大講義室は、嘘のように満員だった。座席を確保するため、私は一時間早く登校した。十時。私たちはレナート・カッチョッポーリを待つ。彼の講義を聴こうと、ありとあらゆる人びとが押しかけていた。試験にパスしなければならない学生たち、すでにそれをパスした学生たち、それに、数理分析とは何の関係もない人たち——医学部生、文学部生、やじ馬、教養人士——までもが。みんな彼の信奉者だった。

　カッチョッポーリが入場。いつものとおり、たいそうエレガントである。黒服を着用している。多少皺くちゃで、袖はチョークで汚れているが、ボタンホールにはクチナシのボタンをちゃんと差している。おそらく、昨日着ていた服なのだろう。先生は前の晩眠っていないに違いない。恋とか政治の話をしたり、ピアノを演奏したり、酒を飲んだり、歌ったりしたことであろう。彼は夜を一人で過ごすことを好まなかった。ナポリの街路を散歩したり、スペイン地区の小さなバールを訪ねたり、セルジェンテ・マッジョーレの路地でコニャックを飲んだり、ナルドネス街でグラッパを引っかけたりし、それから、話し相手が一人もいないときには、家に戻る前に、キアイア街を歩き通すのだった。さて今や、バラのようにみずみずしく、拍手の嵐の中、入場となる。（〝ピアニスト〟の手つきで）大仰な身振りの挨拶をする。毛髪が彼の額を半ば隠している。彼が天才であることは、その挙動を一目見ただけでわかる。科学者なら当然そうであるように、彼も真面目なのだが、その眼は笑っている。じっと立ったまま、彼は一列目に座っている一青年を指さした。

「君が台所にいたとする。スパゲッティをつくろうとしていて、水で一杯の鍋がキッチンテーブルの上に置いてある。レンジはもう点火された。君は一番目に何をするかい？」

「その鍋をレンジの上に載せます」と青年は躊躇なく答える。

「では、その鍋がテーブルの上ではなくて、食器棚の上にあれば？」

「同じことをします。鍋をレンジの上に載せます。」

「だめだ。もし君が数学者なら、まずそれをキッチン・テーブルの上に置き、それから先のケースの出発点に戻るはずだ！」

レナート・カッチョッポーリは一九〇四年一月二十日、ナポリに生まれた。祖父は有名なミハイル・バクーニンだった。このロシアの無政府主義者は、労働者たちよりも農民のほうを信用しており、ナポリの農村で世界革命を起こそうと決意していたのだった。彼はここ南部イタリアでは、民衆が常に君主制のもとにあったことを知らなかった。結局、彼が説得することができたのは、権力と闘おうとしていた土地の若干の貴族青年たちだけだった。

二十六歳のとき、カッチョッポーリはパドヴァ大学の代数および微積分の分析教授となった。一九三三年、彼はナポリ大学の教授に就任した。微分方程式、変数関数、測定理論の分野で顕著な業績をもたらした。一九五三年、アカデミア・デイ・リンチェイは当代のもっとも偉大な数学者の一人として彼を表彰した。だが、彼がイタリアで愛されているのは、もちろん彼のこうした学問上の業績のせいではない。カッチョッポーリはとりわけ自由な精神の持ち主だったし、さらに、黄金の心をもつ天才、例外的なピアニスト、哲学者、そして詩人でもあったのである。

ヒトラーがナポリにやってきた日の夕方、カッチョッポーリはマルテデイの或るレストランにいた。食後、彼は椅子の上に立ち上がって、並居る人びとに彼がヒトラーとムッソリーニについてどう思っているかを伝えた。その後、彼は愛していた少女サラ・マンクーゾと二人のギタリストを引きつれて、ナポリの通りをあちこち行進しながら、『ラ・マルセエーズ』を歌った。翌日の夜明けに、彼は捕えられそうになったのだが、彼の

レナート　カッチョッポーリ（1939年）

おばで化学の教授マリア・バクーニンのとりなしで、彼はやっと流刑を免れるに至った。彼は精神病だとされて、精神科病院レオナルド・ビアンキに収容されたのである。

彼の友人には、エドゥアルド・デ・フィリッポ、ジード、などはなはだ多くのナポリのインテリたちがいた。彼はおそらく独特の共産主義者と呼ばれてかまわなかったであろう。特定の政党の一員になろうとは決して欲しなかったのである。魅力的な座談の名手、巡回説教師として、彼はイタリア共産党のために忘れがたい選挙演説を行った。とりわけ、彼はもっとも困難な場所、ブルジョワジーの牙城をいつも選んでいたし、その後は、保守的な人びとの偽善、聖職者の頑固な傲慢さ、スターリンの残忍さに対して激怒し、敵対者たちだけでなく、みんなにもいくらかずけずけと言っていたのである。彼は寛容ではあったが、反逆者でもあった。ある日、彼は家に所有していた古い家具すべてをピストルで射抜いたのだった。

彼が試験官として現われた場面は——事情に通じていた人びとを除き——まさに見物だった。みんなは気狂いのように楽しんでいたのである。ある日、ギリシャ語をやったことがなく、エプシロン（ε）の存在することを知らない一人の少年がやってきた。以下はテストの顛末である。

「ひどく小さな〝3〟があって……」と少年が始める。

「何だと？〝3〟だって？」とカッチョッポーリがびっくりして尋ねる。

「〝3〟」とその学生は黒板に書いたばかりのエプシロンを示しながら、繰り返す。

「それじゃ、君は何ならそれをもっと小さくもできるのかい？」

「はい。」

「じゃ、もっと小さくしてみたまえ。」

哀れなその若者はそれを半分にした。

「いや、それでは不十分だ。もっと小さくしたまえ。」

そして、このギャグはさらに続き、とうとうこの犠牲者は私たち〝古典語を修得した〟全員の嘲笑のさなか、エプシロンをもうそれ以上小さくすることができなくなってしまったのである。

かく言う私も、正直に告白すると、計算ではそれほどうまく切り抜けたわけではない。私は彼から「失望の21番」と呼ばれる破目になったのだ。「あんたはそれ以上に値するかも知れない」と、カッチョッポーリはテストの後で私に言うのだった。「けれども、この21番があんたに学部を変える動機になるかも知れない。あんたには少し想像力があるよ、ねえ君。詩人にでもなれるかも知れない。エキスパートの忠告を聴き入れたまえ。工学を断念して、作詞家にでもなりたまえ。」

ある夜、一時頃、彼がサンタ・カテリーナ教会の階段に座っているのを見かけた。私は彼の気分がよくないのではないかと思い、何かお手伝いしましょうかと彼に尋ねた。すると、彼は傍に座るよう私を招いた。それから、彼は措置の治療力について私に語るのだった。彼は言った――「君が何かを怖がっているときには、措置を講じてみなさい。そうすれば、それが大したことでなかったことに気づくだろうよ」。私は彼が酔っ払っていたと思うのだ。それというのも、例外的と思われる金言のせいではなくて、彼が私を〝君〟呼ばわりしたからである。彼が愛していた女性は、一夜のうちに彼を見棄てた。世人の話では、彼女は党の或る仲間と一緒にカプリへ向けて出奔したとのことだ。一九五九年五月八日のことだった。その日の午後、パラッツォ・チェッラマーレの小さな住居の中で、レナート・カッチョッポーリは自殺した。前日、何人かの学生と話し合っていて、彼は言っていた――「いかなる失敗も、自殺以外には、許される。いったん自殺と決めたら、失敗をしてはいけない！」と。そして、彼は失敗しなかった。横になり、枕の上に首を載せ、こめかみにピストルを発射したのである。五十五歳だった。このニュースを読んだとき、私はまったく驚かなかった。どうしてもっと早くそれが起きなかったのかと不思議に思っていたのだ。彼はひどくロシア人っぽかったし、ひどく皮肉屋だったし、あまりにもドストエフスキー的な人物だったから、とても自然死を気長に待つはずもなかったのである。愛は彼の生涯において、決定的な重要性を占めていたに違いない。ルチオ・ヴィッラーリが語ったところによると、ある日、女流数学者マリーア・デル・レの家で、カッチョッポーリに訊いたとのことだ、――彼の意見では、史上もっとも重要な句は何かと。そして、みんなはどんなメッセージやら、と期待していたところ、彼はたんにこう答えただけだったという、「心に命じてはいけない。」「それじゃ、もっとも有用な発見は?」「オギノ＝クナウス式方法だよ、それが機能する場合のね。」「それじゃ、もっとも悪い発見は?」「オギノ＝クナウス式方法だよ、それが機能しない場合のね。」

レナート・カッチョッポーリをどうして私のギリシャ哲学史の中に採り上げたのか? どの思想流派に彼を帰属させたらよいのか? すべての流派に属し、かつどれにも属さない。彼は折衷派だったのだから。

西暦紀元前二世紀から西暦紀元前一世紀にかけて、ギリシャ＝ローマ世界では折衷派がはやりだした。これは真の哲学流派だったのではなくて、それぞれの教説から自分に好都合なものを借用していた思考様式である。懐疑主義が何も真ではないと主張していたとすれば、折衷主義は同じような前提に基づき、あらゆるものは少し真であるはずだと主張し始めたのである。そして、時間の経過につれて、さまざまな流派の創始者たちの原理がだんだんと弱まっていったので、史上〝折衷主義〟の名のもとに登場することになる、さまざまな知の一種の混合物ができあがったのである。もっとも有名な折衷主義者には、ラリッサのフィロン、アスカロンのアンティオコス、それに偉大なキケロがいる。

レナート・カッチョッポーリは自由、快楽、友情、酒、美食をひどく好んでいたのだから、疑いもなく、エピクロス主義者だった。彼の下層民との連帯は、この世の恵まれない人たちとのエピクロスの関係を髣髴《ほうふつ》させずには措かない。しかしながら同時に、彼にはストア学派的なものもあったのである。フェリーチェ・イッポリト教授の語るところでは、ある日、彼の父が、ワーグナーの熱烈なファンだったので、虫垂炎の発作にかかっていたけれども、どうしても『トリスタンとイゾルデ』の初日に欠席したくはなかった。それで、カッチョッポーリと一緒に出席した。上演後、彼は救急病院に送り込まれ、そして、手術室に彼が入るのを待つ間、カッチョッポーリは彼の手を握りながら言うのだった。

「うらやましいな！　イゾルデの死のために苦しむのと同時に、お腹の疼痛を感じるのだからね！」

だが、カッチョッポーリは犬儒《キュニコス》学派の人でもあった。ある日、パドヴァで分析の教授をしていたとき、ひげをぼうぼうに伸ばしっぱなしにし、ホームレスの服装をし、そして、ポケットからあり金をすっかり空にした後で、ミラノ行きの三等車両に乗った。貧乏とは何かを自ら知るためだった。五日後、彼は浮浪罪で逮捕されたのである。

最後に、彼の徹底的な懐疑主義を看過することはできない。有名な国会議員ルチャーナ・ヴィヴィアーニの話である。「五〇年代に、私たちは二人とも平和パルチザンと共闘しており、行進や、軍縮のためのデモや、公開討論会、等に参加した。けれども、私たち若者が、熱狂しており、一種の聖なる激情で溢れていたのに対し、彼はと言えば、いつも少しアイロニックであり、懐疑に取り憑かれており、熱狂から醒めていた。どうしてこうも超然としているのかと尋ねられると、彼は答えるのだった、『僕には確信がないんだ、せいぜいのところ蓋然性だけなんだよ』って。」

訳者あとがき

Ⅰ巻を上梓してから、ずいぶんと時間が経過してしまった。フランス語版をギリシャのアテネで購入したときには、すぐにでも訳了できそうな気がしたのだったが、着手してみて、Ⅰ巻のとき以上に遅々として、作業は容易に進まなかった。ほかの仕事に追いまくられたり、海外研修が入ったり、等で訳筆はたびたび折られる始末。このため、多くの読者諸賢、著者のクレシェンツォ、而立書房社主の宮永捷氏に、多大のご迷惑をお掛けしたことをお詫びしなければならない。

翻訳上、いちばん困ったのは引用表示の不正確さである。ドイツ語版はかなり直されているのだが、それでもまだ手つかずのままのところも多い。訳者の努力でもついに発見できずに終わった個所もいくつかある。綿密な読者がおられたら、是非ご教示をたまわりたい。

この間、クレシェンツォの本が而立書房以外の出版社からも出るようになった。とにかく表面上の華かさとは裏腹に、クレシェンツォのイタリア語はけっこう骨の折れる代物であり、おいそれと近寄れるような安直なものではない。しかしながら、読みやすさを念頭に訳出を心掛けた。成否の判断は大方にお任せする。

二〇〇二年五月十五日

谷口　伊兵衛

マ

ラ

ナ

ハ

サ

タ

カ

索　引

ア

〔訳者紹介〕

谷口伊兵衛（本名：谷口　勇）
1936 年　福井県生まれ
1963 年　東京大学大学院西洋古典学専攻修士課程修了
1970 年　京都大学大学院伊語伊文学専攻博士課程単位取得
1975 年 11 月～ 76 年 6 月　ローマ大学ロマンス語学研究所に留学
1992 年　立正大学文学部教授（英語学・言語学）
1999 年 4 月～ 2000 年 3 月　ヨーロッパ，北アフリカ，中近東で研修
主著訳書『ルネサンスの教育思想（上）』（共著）
『エズラ・パウンド研究』（共著）
『中世ペルシャ説話集』
「教養諸学シリーズ」（第一期分 7 冊完結）
「『バラの名前』解明シリーズ」既刊 7 冊
「『フーコーの振り子』解明シリーズ」既刊 2 冊
「アモルとプシュケ叢書」既刊 2 冊ほか多数

物語ギリシャ哲学史 II
――ソクラテスからプロティノスまで――

2002 年 10 月 25 日　第 1 刷発行

定　価　本体 1800 円＋税
著　者　ルチャーノ・デ・クレシェンツォ
訳　者　谷口伊兵衛
発行者　宮永捷
発行所　有限会社而立書房
〒 101－0064　東京都千代田区猿楽町 2 丁目 4 番 2 号
振替 00190－7－174567/ 電話 03（3291）5589
FAX 03（3292）8782
印　刷　有限会社科学図書
製　本　大口製本印刷株式会社

落丁・乱丁本はお取り替えいたします。

ISBN 4－88059－284－6　C 1010

ルチャーノ・デ・クレシェンツォ／谷口勇、G・ピアッザ訳

1995.4.25刊
四六判上製
128頁
定価1500円
ISBN4-88059-202-1 C0010

疑うということ

マリーア・アントニエッタ侯爵夫人の65歳の晩餐会の席に、邸の前でエンストを起こした技師デ・コンチリースも招待された。その夜、技師から、侯爵夫人は、もしかするとあったかもしれない過去とその結果招来したであろう未来を見せられる。

ルチャーノ・デ・クレシェンツォ／谷口勇、G・ピアッザ訳

ビデオ
1995.4.25発売
90分、5000円
テキストブック
1995.11.25刊
四六判上製
228頁
定価1500円
ISBN4-88059-206-4 C0070

『愛の神話』（ビデオテーク）

作家であり、映画監督で市民哲学者としても著名な、鬼才クレシェンツォがギリシャ神話をテーマにして製作したビデオテークの第1作『愛の神話』の日本語版。“愛”の典型を、映像と活字から迫る力作。

ルチャーノ・デ・クレシェンツォ／谷口伊兵衛、G・ピアッザ訳

近刊

『英雄たちの神話』（ビデオテーク）

『愛の神話』に続く第2弾。クレシェンツォの解説はますます冴え渡っている。日本語版ビデオで二重の鑑賞ができるようになっている。

A・ナヴァッロ・ペイロ／谷口伊兵衛訳

近刊

セファラード文学史

スペイン系ユダヤ人の輝かしい文学の歴史をリアル・タッチで描述した、簡にして要を得た入門書。

L・T・アルカライ／谷口　勇訳

1996.1.25刊
四六判上製
288頁
定価2400円
ISBN4-88059-210-2 C0039

セファラード —スペイン・ユダヤ人の500年間の歴史・伝統・音楽—

流浪の民の隠れた文化を音楽中心に描き尽くしている、絶好の入門書。著者は音楽家。別売りカセットテープ1500円。

谷口伊兵衛訳

近刊

ラーマーヤナ（挿絵入り／インド古典の平易な解説書）

谷口伊兵衛訳

近刊

マハーバーラタ（挿絵入り／インド古典の平易な解説書）

ルチャーノ・デ・クレシェンツォ／谷口　勇訳

1986.11.25刊
四六判上製
296頁
定価1800円
ISBN4-88059-098-3 C1010

物語 ギリシャ哲学史＊ ソクラテス以前の哲学者たち

古代ギリシャの哲学者たちが考え出した自然と人間についての哲理を、哲学者たちの日常生活の中で語り明す。IBMのマネジャーから映画監督に転進した著者は、哲学がいかに日常のことを語っているかを伝えてくれる。

ルチャーノ・デ・クレシェンツォ／谷口伊兵衛訳

近刊

物語 ギリシャ哲学史＊＊

前篇に続く、有益で楽しい哲学史ものがたり。前篇以上に著者の筆致は冴えわたる。独・仏・スペイン・韓国等の各国語に翻訳され、いずれも大成功を収めている。

ルチャーノ・デ・クレシェンツォ／谷口伊兵衛訳

近刊

ベッラヴィスタかく語りき—デ・クレシェンツォ言行録—

イタリアの異能クレシェンツォが、ニーチェの『ツアラトゥシュトラ』に擬して著した、現代に向けての新・言行録。彼自ら主役の映画も製作されている。英・西・独、等の諸国語に訳されている。

ルチャーノ・デ・クレシェンツォ／谷口伊兵衛訳

近刊

わが恋人ヘレネー—現代版トロイア物語—

イタリアの異能クレシェンツォが、トロイ戦争を舞台に波瀾万丈のスペクタクルを展開させる。十数カ国語に翻訳中の注目作品。乞う御期待。

ルチャーノ・デ・クレシェンツォ／谷口伊兵衛訳

近刊

自　　伝—ベッラヴィスタ先生の華麗な生涯—

デ・クレシェンツォの哲学者的な一生を軽妙な筆致で描き切る。映画化計画中。スペイン語他の外国語への翻訳もいくつか計画されている。

ルチャーノ・デ・クレシェンツォ／谷口伊兵衛訳

近刊

クレシェンツォのナポリ案内

現代ナポリの世にも不思議な光景をベッラヴィスタ先生こと、デ・クレシェンツォのフォーカスを通して如実に写し出している。ドイツ語にも訳された異色作品。図版多数。